江苏省中小学幼儿园教师自学考试学前教育专业专升本教材

当代世界学前教育

虞永平 主编

苏州大学出版社

图书在版编目(CIP)数据

当代世界学前教育/虞永平主编. —苏州:苏州大学出版社,2004.10(2021.5重印)
江苏省中小学幼儿园教师自学考试学前教育专业专升本教材
ISBN 978-7-81090-349-3

Ⅰ.当… Ⅱ.虞… Ⅲ.学前教育-世界-高等教育-自学考试-教材 Ⅳ.G619.1

中国版本图书馆 CIP 数据核字(2004)第 085594 号

当代世界学前教育

虞永平　主编

责任编辑　许周鹣

苏州大学出版社出版发行
(地址:苏州市十梓街1号　邮编:215006)
丹阳兴华印务有限公司印装
(地址:丹阳市胡桥镇　邮编:212313)

开本 850mm×1 168mm　1/32　印张 7.875　字数 197 千
2004 年 10 月第 1 版　　2021 年 5 月第 7 次印刷
ISBN 978-7-81090-349-3　　定价:25.00 元

苏州大学版图书若有印装错误,本社负责调换
苏州大学出版社营销部　电话:0512-67481020
苏州大学出版社网址　http://www.sudapress.com

江苏省中小学幼儿园教师自学考试学前教育专业专升本教材编写委员会

主 任 委 员 王斌泰
副主任委员 许仲梓 朱小蔓 杨九俊 孙建新
　　　　　　　鞠　勤 李学农
委　　　员（以姓氏笔画为序）
　　　　　　　孔起英 朱　曦 许卓娅 邱学青
　　　　　　　张　俊 陈春菊 周　兢 耿曙生
　　　　　　　顾荣芳 徐文彬 唐　淑 虞永平

前　言

为加快我省幼儿园教师本科学历培训步伐,优化教师队伍结构,提高幼儿园教师素质和学前教育质量,江苏省教育厅决定从2001年起启动幼儿园教师学前教育专业(专升本)自学考试,以南京师范大学为主考单位。

学前教育专业(专升本)自学考试,既是我国自学考试的一种全新形式,也是江苏省21世纪推进幼儿园教师继续教育,提高学历,以适应教育现代化需要的重要举措。

1999年,原江苏省教育委员会组织专家着手进行了幼儿园教师学前教育专业(专升本)自学考试方案和课程考试计划的制定工作。2000年,江苏省教育厅组织专家对此进行了论证,确定了《江苏省中小学幼儿园教师自学考试学前教育专业(专升本)课程考试计划》。在此基础上,江苏省教育厅又组织了一批专家根据课程计划编写教材,确立了教材编写的指导思想:根据21世纪对幼儿园教师素质的要求,适应基础教育改革的需要,突出思想政治及道德素养的提高和教育思想的转变,进一步夯实幼儿园教师文化科学素质基础,强化在教育实践中进行学习研究、自我提高的意识及能力,进一步提高幼儿园教师现代教育理论素养,树立正确的教育思想和观念,提高教育技艺水平。教材编写力求体现先进性、科学性、专业性和实用性的原则。

学前教育专业(专升本)自学考试是一项全新的事业,需要不断发展和完善,希望广大自学考试辅导教师和自学考试者在教材的使用与学习中,提出宝贵意见,为这一事业的发展和提高作出贡献。

江苏省中小学教师自学考试办公室
2001年10月

目 录

第一章 比较学前教育概论 …………………………… (1)
  引 言 ……………………………………………………… (1)
  第一节 比较学前教育的概念 …………………………… (2)
  第二节 比较学前教育的对象和特征 …………………… (6)
  第三节 比较学前教育的意义和方法 …………………… (10)

第二章 欧洲的学前教育 …………………………………… (16)
  第一节 德国的学前教育 ………………………………… (16)
  第二节 英国的学前教育 ………………………………… (44)
  第三节 法国的学前教育 ………………………………… (64)
  第四节 俄罗斯的学前教育 ……………………………… (82)
  第五节 意大利的学前教育 ……………………………… (92)
  第六节 欧洲国家学前教育比较 ………………………… (102)

第三章 美洲的学前教育 ………………………………… (111)
  第一节 美国的学前教育 ………………………………… (111)
  第二节 加拿大的学前教育 ……………………………… (144)
  第三节 巴西的学前教育 ………………………………… (160)

1

  第四节 美洲国家学前教育比较 …………………… (168)

第四章 亚洲的学前教育 ……………………………… (175)
 第一节 日本的学前教育 ………………………………… (175)
 第二节 印度的学前教育 ………………………………… (194)
 第三节 中国的学前教育 ………………………………… (200)
 第四节 亚洲国家学前教育比较 …………………… (217)

主要参考文献 ……………………………………………… (225)

附:《当代世界学前教育》考试大纲 ……………………… (226)

第一章 比较学前教育概论

引 言

如果将世界学前公共教育的源头追溯到英国空想社会主义者欧文1816年创办的"幼儿学校",世界幼儿教育已经有近两百年的历史;如果将中国的学前公共教育的源头追溯到清末1903年颁布实施的《奏定学堂章程》中的蒙养院,中国的幼儿教育也历经了百年的沧桑。无论从两百年的世界幼儿教育历史中,还是从一百年的中国幼儿教育历史中,都不难发现一国的学前教育对他国学前教育的借鉴和启发作用。例如,英国虽然在19世纪上半叶就出现了"幼儿学校",但英国19世纪下半叶学前教育的发展却主要受德国的影响,英国早期的幼儿园模式是由德国的伦克夫妇和别劳夫人介绍到英国的[1]。美国早期的学前教育又受到英国的影响,以后美国的学前教育又对世界学前教育产生了很大的影响。中国清末出现的蒙养院也是"西学东渐"大背景下的产物,德国福禄贝尔的幼儿教育思想最早是由日本辗转传入中国的。中国早期的幼稚园是清政府派人考察日本的结果[2]。可见,世界上不同国家之间

---

[1] 杨汉麟、周采:《外国学前教育史》,北京师范大学出版社1999年版,第94~95页。

[2] 陈汉才:《中国古代幼儿教育史》,广东高等教育出版社1996年版,第275~277页。

在教育领域的相互交流、相互借鉴和相互影响由来以久,而这些都基于"比较"的意识和行动。没有比较就没有鉴别,只有通过比较,才能发现别国经验的可取之处,也只有通过比较,才能揭示不同国家在教育发展上的共同点和不同点,分析那些有益的教育模式得以产生的原因、条件和背景,并进而选择适合本国教育的发展模式。在当今全球文明日益共享的条件下,没有哪个国家的教育改革不认真参考国外的情况。"如果不想固步自封,不想重走别人已经放弃了的错误道路,谁都不能忽视借鉴由各族人民组成的世界大实验室的宝贵经验。"[1]

第一节 比较学前教育的概念

在讨论比较学前教育的概念之前,有必要了解它从中脱胎的学科的来龙去脉,而要了解一门学科的性质,没有哪种方式胜过追溯它的起源及其最初的发展过程,因此,我们首先回顾一下比较教育的历史。

一、比较教育的历史发展

根据比较教育史的研究,一般将比较教育的历史分为:前学科阶段、学科奠基阶段、学科形成时期、学科发展现状。

(一) 前学科阶段

从最早出现的比较教育的记载可以发现:比较教育起源于旅行见闻。古代一些杰出的旅行家往往对他们所访问的民族的教育习惯十分感兴趣,并把这些教育习惯同自己国家的教育情况进行自然而然的比较。例如,古代的希腊旅行家对埃及人特别是波斯人的教育习惯很感兴趣,色诺芬、亚里士多德、普鲁塔克、西塞罗等

---

[1] 〔西班牙〕何塞·加里多:《比较教育概论》,万秀兰译,人民教育出版社 2001 年版,序言。

都曾在自己的著作中以旅行见闻的形式涉及比较教育。古代中国的教育成就也为大量旅行家所赞赏,9世纪的阿拉伯商人苏里曼就曾向人们描述过他在中国所看到的学校的情况。16世纪,欧洲人登上美洲大陆以后,探险、贸易、旅游等活动进一步扩大,使关于国外民族的报道更为丰富。到了17世纪,世界各民族的接触更为频繁,旅行者通常把考察别国学校并写出报道作为其旅行中一项有益的活动。直至18世纪早期,在很多编年史家和旅行家的笔下,都有大量关于其他国家风俗习惯的记述。这些旅行家并不是教育方面的专家,他们的记述只是出于对其他文化的兴趣。他们当时也没有意识到他们的旅行见闻将促成一门学科的产生。这时的比较教育尚不能称为一门学科,只能称为前学科阶段。有的学者称之为比较教育学的史前期①。

(二) 学科奠基阶段

19世纪,由于民族主义的兴起,以及公共教育的迅速普及,搜集对本国有用的外国经验成了政治家和政府机构工作人员感兴趣的工作,同时,输入外国的教育制度、政策、措施和经验也被认为是必要和可行的。特别值得一提的是法国的朱利安(1775—1848),这位外交官第一次提出了"比较教育"这一术语,并于1817年出版了《比较教育的研究计划与初步意见》,这本仅56页的小册子就比较教育的理论提出了鲜明的观点。朱利安建议:"把事实和观察结果收集起来,并将它们制成分析图表,使之互相联系,便于比较,从而演绎出一些原则和明确的法则,以便使教育成为近乎实证的科学。"②朱利安开创了比较教育的"实证"风气。同时,朱利安也是最早提出进行国际教育研究、建立国际教育机构的建议者之一。

---

① 王承绪:《比较教育学史》,人民教育出版社1999年版,第14页。
② 王承绪:《比较教育学史》,人民教育出版社1999年版,第23~24页。

鉴于朱利安第一次使用"比较教育"这一术语,以及《比较教育的研究计划与初步意见》的深远影响,后来的比较教育研究者将他誉为"比较教育之父"。但是,朱利安所在的19世纪的比较教育基本上处于奠基阶段。

(三)学科体系形成时期

1900年是比较教育史上的一个关键时刻。这一年有两件大事使比较教育学科发生了重大的变化。一是詹姆斯·E.罗素在哥伦比亚大学讲授比较教育课程,这是大学课程史上的第一次。二是英国的萨德勒爵士发表了一篇著名的演讲文稿,题为《我们从别国教育制度研究中究竟能学到什么有价值的东西》。这篇文稿反对孤立地研究教育,提出了民族性概念,主张用因素分析的方法研究比较教育。这两件大事标志着比较教育学科的形成,同时,也表明了比较教育研究进入了系统研究的阶段。这一阶段比较教育学科已远离了将外国的经验加以调整或加工,揉和到本国教育制度中来的目标,而开始理解不同国家经验的深层原因,即首先根据它们的教育较好地了解它们的民族;其次借助它们的教育经验深刻地评价本国的实践。萨德勒认为:比较研究的真正价值,不在于发现那些能从一国照搬到另一国的机制,而在于证明某种外国制度之所以崇高和伟大的精神实质是什么,以便以后通过某些手段,弥补本国的缺陷,在自己的国家里移植这种精神。这一阶段的重要人物还有康德尔、汉斯等人。

(四)比较教育的现状

第二次世界大战以后,比较教育在方法上有了新的发展,出现了不同的流派。从20世纪60年代开始,许多学者为比较教育科学的系统化作出了积极的贡献。另外一个不容忽视的事实就是很多国际组织的建立推动了比较教育的发展。如果不是国际组织的大力推动,很难想像比较教育所经历的发展,也很难想像教育经验在许多国家的传播。这里的国际组织包括:国际教育局、联合国教科文组织、经济合作与发展组织、欧洲议会、欧洲共同体、美洲国家组织、联合国儿童基金会、国际教育成就评定协会等。这些组织通过文献出版、人员培训、情报传递、召集会议等多种方式为比较教育研究提供了强有力的保障。到目前为止,除了国际比较教育协会和地区性的比较教育协会外,世界上很多国家都有自己的比较教育协会,这就从组织机构上保证了比较教育研究的开展。很多国家认识到比较教育的重要性,在大学课程中开设了比较教育课程。比较教育学科呈现出广阔的发展前景。

我国比较教育研究起步较晚,虽然20世纪初有一批学者介绍了西方的比较教育并开始进行比较教育研究,但一度中断了几十年;真正开始重视并着手研究,是近十几年的事。十多年来,我国比较教育走过了介绍、描述和比较、借鉴的阶段,现在也正像世界比较教育一样向国际教育和发展教育的领域迈进。

二、比较学前教育的概念和内容

首先,比较学前教育是比较教育学的一个分支学科,它的基本理论体系以及方法论基础都是承袭比较教育学而来的;而且,比较学前教育的产生也是与比较教育的产生相关联的,可以说,没有比较教育,也就没有比较学前教育。其次,比较学前教育又是学前教育科学体系中的一门独立学科,比较学前教育中涉及的问题都来源于学前教育学科门类,它是将比较教育学引入学前教育学科而产生的交叉性学科。因此,比较学前教育建立在比较教育和学前教育这两门学科的基础之上,既借鉴、承袭了这两门学科的基本概念和基本方法等,又不同于这两门学科的特定的研究对象和学科体系。

(一) 比较学前教育的定义

根据比较学前教育的由来以及比较学前教育的对象、目的和方法,我们可以将比较学前教育定义为:比较学前教育是比较教育学与学前教育学相交叉而产生的,是以比较分析的方法,研究当代世界各国学前教育的理论和实践,揭示学前教育发展的普遍规律和发展趋势,以改进本国学前教育的一门学科。

(二) 比较学前教育的研究内容

比较学前教育的研究内容十分丰富,一般来说,比较学前教育的研究内容包括区域研究和问题研究两大块。区域研究是指以国家或地理划分为单位,研究不同地域、国度的学前教育特点、现状,并加以比较。问题研究则以问题为单位,着重研究同一性质的问题在不同国家或地区的不同表现,以便寻找解决问题的正确途径。区域研究是问题研究的必要前提,问题研究则是区域研究的深化发展。比较学前教育的研究内容包括以下几个方面:

(1) 五大洲各主要国家学前教育的目的及目标;
(2) 五大洲各主要国家有关学前教育的政策和法规;
(3) 五大洲各主要国家学前教育的任务及内容;
(4) 五大洲各主要国家学前教育的机构及课程设置;
(5) 五大洲各主要国家学前教育的师资与培训;
(6) 五大洲各主要国家学前教育与家庭教育、社区教育之间的关系;
(7) 影响世界各国学前教育发展的主要因素;
(8) 各国学前教育发展与改革的经验与教训;
(9) 学前教育的国际化与本土化;
(10) 国际组织对世界学前教育事业的作用和贡献。

第二节 比较学前教育的对象和特征

一、比较学前教育的对象

比较学前教育作为学前教育科学大学科门类下派生的子学

科,由于它产生的时间还不长,因此,人们对其研究对象的认识还不一致,不同的研究者关注的重点也各不相同。从已有的研究及学科本身的定位来看,比较学前教育的研究对象主要包括以下几个方面。

(一) 不同国家学前教育发展的历史及过程

以国家为单位,梳理不同国家学前教育发展的历史,其间采取过哪些重大举措,效果如何,有哪些经验和教训等。由于历史的原因,有些国家实行高度中央集权的教育行政制度,而有些国家则实行高度的地方分权制。无论哪种形式都代表了对学前教育理论和实践的多种选择。而对它们的成功或失败加以分析和考察,就能使我们鉴别什么是真正具有一般价值或规律性的东西。

对不同国家学前教育发展历史的比较研究旨在从纵向上探讨学前教育的发展模式,以及不同模式与它产生的背景之间的相互关系,包括各国学前教育形成的条件,不同国家的文化习俗与学前教育的关系,不同国家的经济发展与学前教育的关系,不同国家的政治制度对学前教育的影响,以及学前教育对不同国家的政治、经济、文化、社会发展的能动作用等。研究这些带宏观性质的问题必须审视不同国家学前教育发展的历史和过程才能准确加以把握。

(二) 外国学前教育改革和发展的现状

比较学前教育研究的重点在于从横向上考察当代学前教育制度和学前教育问题,指出外国学前教育中可以借鉴和吸收的部分,为本国当前的学前教育改革服务。由于很多研究者在研究我国学前教育的改革和发展时,迫切需要获得有益的启发,因此,对国外学前教育改革和发展的前沿信息颇为关注。我国学前教育的改革与发展,也必须了解世界教育改革的新动向和研究的新成果。比较学前教育自始至终追踪国外学前教育改革和发展的现状,并对我国学前教育的改革起了积极的推进作用,充分体现了学前比较教育学科贴近现实、体现时代气息的特点。

(三) 当代外国学前教育的理论和实践

比较学前教育研究的广度涵盖了世界各国学前教育的整个领域,从理论到实践的方方面面的问题都可以作为比较学前教育的研究对象。例如,学前教育制度,学前教育行政与管理,学前教育机构设置的目的、课程设置、活动设计、教育方法、智力、情感与社会性发展,各国学前教育课程的理论来源与流派对学前教育课程模式的影响,环境与儿童的发展,学前教育机构与社区教育资源的互动等问题都可以纳入学前比较教育的范围。在选择研究课题时,研究者一般将重点放在对改进本国学前教育有重大意义的各国学前教育制度和基本理论问题上。

(四) 世界学前教育的发展、变化以及趋势

比较学前教育必须了解世界范围内学前教育发展的共性和个性,分析其政治、经济、文化、哲学背景和基础,预测学前教育发展的走向,以便及早应对可能出现的变化,促进各国学前教育事业健康稳步发展。世界比较教育组织和研究机构长期以来一直致力于这方面的工作,如针对发展中国家城市化进程中的发展不平衡问题,研究并提出了全民教育的早期计划等。

综上所述,比较学前教育是对同一或不同时空范围内两种或两种以上的学前教育领域内的理论和实践问题进行比较,比较其异同点,分析其产生的原因,探索其发展、变化的规律和趋势,从而促进学前教育的改革和发展。

二、比较学前教育的特征

从比较学前教育的研究对象的特殊性可以发现,比较学前教育具有区别于教育学科其他分支学科的特点,其特征可以归纳为以下三点:

(一) 跨学科性

比较学前教育需要运用学前教育学、比较教育学、政治学、经

济学、文化学、历史学、地理学、人口学等众多学科的知识。一项重要的比较研究,要求那些既对各自专业领域感兴趣也对比较感兴趣的专家团体参与,特别是研究进入分析阶段时,更需要求助于多种专门学科的见解。"一名比较研究者对各方面的知识越多,方法论素养越高,他的工作就越有成效。"① 由于比较学前教育的跨学科性,吸引了许多专攻教育史、教育政策学,甚至社会学、经济学等学科的人走向比较学前教育,由于比较学前教育的跨学科性特征,要求比较学前教育研究者有广阔的视野,并受过至少一门或几门专业领域的训练。

(二) 开放性

比较学前教育的开放性表现在:它不是仅研究某一个国家或某种文化的学前教育,它是开放的,是跨国界的、跨文化的,是研究若干国家和不同文化国家的教育。比较学前教育的开放性还表现在:比较学前教育研究的时间跨度也是开放的,既关注正在进行之中的学前教育的发展、变化,也关注一定历史时段内的演变过程。比较学前教育学科还将以开放的姿态关注世界范围内学前教育的新动向、新课题。

(三) 可比性

首先,比较学前教育是对两个或两个以上国家的学前教育问题进行比较,比较的对象在两个或两个以上。其次,比较的问题属于同一种性质,具有对等性。例如,中国幼儿园教师的地位与日本幼儿园教师的地位的比较研究就是属于同一性质的。比较学前教育在比较不同国家的幼教机构情况时,要注意名称上的区别,以确定两者的对等关系。例如,英国的日托中心与美国的保育中心是对等的,而英国的幼儿学校与美国的幼儿学校却不是对等的。

---

① 〔西班牙〕何塞·加里多:《比较教育概论》,万秀兰译,人民教育出版社 2001 年版,第 118 页。

第三节 比较学前教育的意义和方法

比较学前教育涉及比较教育和学前教育两门学科的基本理论和基本方法,是一门理论性很强的学科;同时,比较学前教育关注世界范围内学前教育发展的最新动态,为学前教育政策的制定、为学前教育改革方向的把握提供参照,因此,比较学前教育又是一门应用性很强的学科。

一、比较学前教育的意义

(一) 增强对外国学前教育的认识,开阔视野,增进了解

在早期的比较教育研究者看来,人类总是在不断地追求知识、获取知识。我们研究外国的教育只是因为我们想获取知识。正如比较教育学家贝雷迪所说:比较教育存在的理由在于世界上存在着各种教育制度,在于人类对知识的好奇和追求。这样的观点在今天看来也并没有过时。单凭对其他国家学前教育状况的好奇,就促使我们想方设法去获取这方面的信息。当然,一门学科的存在绝不仅仅由于好奇。由于摆在不同国家面前的学前教育问题和任务既相似又迥异,不同国家都需要了解外界的信息,并从中获得借鉴。通过对世界各国学前教育的比较研究,了解不同国家学前教育的现状、特点和问题,可以增长见识、开阔视野,增进对世界不同国家学前教育发展状况的了解,从而更清醒地反思本国学前教育的发展。比较学前教育是一种"向外看"的过程,也是一个寻求相互交流、对话的过程。

(二) 借鉴外国学前教育的经验教训,为本国学前教育的改革提供参照

"比较教育研究最根本的目的就是借鉴,以促进本国教育改革和发展,这是比较教育得以存在和发展的最重要的理由"。①

研究别国的教育可以增进对本国教育的理解,比较学前教育在介绍、分析外国学前教育的特点、问题等的基础上,揭示不同国家学前教育的经验教训,这为人们评判本国的学前教育制度提供了更为充分的依据,而不致囿于一国的狭隘经验。虽然不同国家学前教育的差异是必然的,但透过不同国家的学前教育制度,总能发现相对先进和合理的学前教育发展形态,这为本国学前教育改革提供了可选择的路径。因此,比较学前教育是实施教育改革的必不可少的工具,也是制定教育政策的有效手段。比较学前教育又是一种"向内看"的过程。

(三) 有助于了解世界学前教育发展的趋势

比较学前教育不局限于静态的描述性研究,仅仅指出各种教育之间的异同;相反,它还力图对学前教育的发展动因作出说明和解释,探讨和借鉴并抽象出世界学前教育发展的一般模式和趋势,从而把握学前教育的普遍规律。20世纪90年代是世界教育改革最频繁的年代。世界政治格局的变化,科学技术的进步,特别是信息时代的到来,都对教育提出了新的要求,各国教育改革也有许多新经验。我国教育改革与发展,必须了解世界教育改革的新动向和发展趋势。

(四) 有助于促进各国在学前教育领域的相互理解、交流和合作

比较教育从产生至今一直承担着国际教育论坛的功能。在这一论坛上,各国的教育观念和价值、理论和实践、经验和教训、困惑与抉择都能得到充分的展示,这大大增进了各国之间的相互理解,有利于逐步消除种族主义、民族主义,推进国际主义的发展,有利于世界和平。作为实施比较教育研究的国际组织——联合国教科文组织,它的三大任务是:明确理解各种国民文化和国民理想的特

---

① 冯增俊:《比较教育学》,江苏教育出版社1996年版,第131页。

殊性；对实现其理想、希望和国家要求的各国国民的同情和尊敬；充分尊重各国国民的文化和理想，研究任何使他们更加紧密地合作的可能手段，并付诸实施。这也正是比较教育的目的。当代世界学前教育和整个教育领域一样，正在发生着深刻的变革。发达国家的学前教育经过早期的民主化而呈现出多元、分裂的格局，而后起国家的学前教育正面临着普及与提高的双重任务，国际间的交流和合作可以取长补短、相互借鉴。发达国家的学前教育需要在统一规范的基础上加以整合，而后起国家的学前教育则需要从观念和实践两方面拓展思路，走出僵化的模式。

（五）促进学前教育的国际化

随着全球经济一体化时代的到来，国际社会面临着众多的全球性问题，如同环境恶化、人口激增、社会排斥、贫富分化等具有全球性质一样，教育发展与改革的问题，如全民教育、环境教育、国际理解教育，以及女童教育、儿童早期阅读等问题也具有明显的全球性，需要加强全球在教育、文化领域的交流与合作，促进学前教育的国际化，共同解决学前教育领域内所面临的问题。比较学前教育促使各国放弃一己私利，共享经验教训，为了人类的共同利益，携手并进。

二、比较学前教育的方法

（一）比较教育的方法

在讨论比较学前教育的方法之前，必须首先了解比较教育的方法。第二次世界大战以后，比较教育在方法论上有了新的发展，其中美国比较教育学家贝雷迪的"比较四步法"为世所公认，在比较教育发展史上占有重要的地位，它被视为比较教育方法的经典概括。贝雷迪提出比较研究有四个步骤或阶段，他称这四个阶段为：描述、解释、并置和比较。

1. 描述阶段

描述,即通过身临其境的实地考察搜集资料,并在此基础上对教育事实进行客观叙述。在比较教育学科开创之初,描述的方法几乎占绝对地位。早期的描述法往往给人以"旅行见闻"的印象,但这种方法却是最为直接、最为常用的一种方法而保留至今。贝雷迪的描述阶段主要指现象调查,这是一个预备或预先阶段,可以通过直接了解和借助各种文献资料来完成。

2. 解释阶段

解释阶段指的是"对教育对象的决定性因素进行深入分析"的阶段,它要求从一开始就弄清这些现象的复杂性和两可特征。在解释阶段,必须考虑各种各样的(历史的、文化的、思想的、技术的、政治的、社会的等)因素;了解事物是怎样的和为什么会这样。因此,它要求研究者必须接受多学科的方法训练,即对所描述的事实,用社会科学和人文科学的观点进行充分研究,对所描述的事实作出解释。

3. 并置阶段

并置,即分类。整理描述和解释的教育事实,按具有可比性的形式分列,将教育现象一个个排列起来,或者将获得的两个或两个以上的研究对象国的资料加以对比。此时需要统一概念,提出假说,并确定比较的标准。

4. 比较阶段

比较,即对并列的材料进行全面比较分析,验证假说,并作出定论。

上述比较的四阶段说,明确了比较研究本身的过程和顺序,而且,贝雷迪还在四阶段比较法中引进了定量和定性的研究方法,试图建立科学的比较教育学。但他对第四阶段的论述还不充分,方法也不十分明确。

在贝雷迪之后,比较教育的方法又不断推陈出新,一些社会科学的研究方法也在比较教育领域得到了尝试,比较教育方法发展的总的特点是:单纯的定量研究受到了质疑,而有必要重新审视定性研究;由对教育外部因素的过度关注(如教育与政治、经济、文化、民族性等的相互关系),转向对教育本身的关注(如学校内部的改革、管理、财政、师资、教材、课程等问题)。

(二) 比较学前教育的方法

现代比较学前教育在原有比较教育研究方法的基础上,采取了更为明确、具体、可行的研究方法,包括参观访问法、现场研究法、问卷调查法、文献整理法、统计分析法、比较法。

1. 参观访问法

参观访问法是指研究者通过参观访问研究对象,从而获得第一手资料的方法。这种方法一般用于了解外国学前教育的现状,其优点是直观具体,"眼见为实"。其局限性是参观访问的时间毕竟有限,地点、对象通常由被参观访问方来安排,因此,研究者有可能了解不到完整的、真实的、有代表性的情况。

2. 现场研究法

现场研究法是指研究人员深入研究对象之中,身临其境,参与各种活动,进行较长期的观察研究的方法。这种方法与参观法的区别在于:研究者亲自实践,有切身的体会和感性认识。近年来,我国学前教育研究者获得了各种机会,到国外学前教育机构任教,进行实地研究,加强了比较学前教育研究的实践性。

3. 问卷调查法

问卷调查法是指选取具有一定代表性的人群向他们发放经过设计的问卷,回收问卷并进行统计分析以获取有关信息的方法。问卷法的优点是面广量大,不受时间、地点的约束,需要注意的是,问卷的设计必须巧妙、合理,所选取的人群应具有代表性。

4. 文献整理法

文献法是指通过查阅重要的学前教育文献、文件资料,并对文献的线索加以整理,了解外国学前教育发展的详细情况的一种方法。例如,不同国家关于学前教育的法令、法规、教学大纲、教学计划、教材、报告书、统计资料等都可以为文献法所用。在运用文献法搜集材料的过程中,既要注意材料的客观性,使所得材料真实可靠,又要注意材料的全面性,做到旁征博引,有足够的说服力。

5. 比较法

比较法是指根据一定的标准对不同国家或地区的学前教育制度和学前教育实践进行比较研究,寻找异同点,以揭示各国学前教育的特殊规律和普遍规律的方法。比较法又可分为横向比较和纵向比较。横向比较是对两个或两个以上国家或地区的某个学前教育问题或几个学前教育问题,甚至整个学前教育体系所进行的比较研究。纵向比较是对一个国家或地区学前教育在不同历史时期的比较研究。运用比较法时要建立明确的标准,统一标准;还要注意可比性,找到两个不同事物之间的对应点,这样才能进行比较。

6. 分析法

分析法是指在广泛搜集资料的基础上,对有关资料进行因素分析、质量分析、数量分析,去除无关的现象和因素,从而达到对所研究的问题有一个实质性认识的方法。分析包括定量分析和定性分析两种,凡是可以量化的材料应该尽可能采用定量分析,而涉及质的问题和不能量化的材料则应进行定性分析。无论是采用定性分析还是定量分析,都应该坚持研究的科学性,不被数字或文字的表面意义所迷惑。

第二章 欧洲的学前教育

第一节 德国的学前教育

古老的欧洲大陆有着悠久的历史。作为文艺复兴的摇篮,这里不仅诞生了多位世界著名的教育家,还涌现了许多光辉的教育思想。在本章中,将对德国、英国、法国、俄罗斯及意大利等五个欧洲国家进行详细的阐述。

一、发展简史

德国的义务教育始于6岁。此前,上学是自愿的,也非公共教育中的一部分。然而约75%的3岁儿童与80%的5岁儿童都接受过某种形式的学前教育。学前教育在德国历史悠久,十分发达。德国是学前教育机构——幼儿园的发祥地。1837年,福禄贝尔在勃兰登堡创建幼儿教育机构后,德国的学前教育就对世界各地的幼儿教育产生了重大影响。德国的学前教育源远流长,在福禄贝尔之前就已有了一定的发展,它可以一直追溯到文艺复兴之前。

文艺复兴之前,德国学前儿童的主要教育形式是家庭教育。在儿童早期教育尤其是学前教育中,母亲扮演着十分重要的角色。一直到文艺复兴前夕,家庭教育始终是幼儿早期教育中的主导形态。

16世纪,最早发生于德国的马丁·路德宗教改革对德国教育的发展产生了巨大的影响。改革期间,德国宗教派别再浸礼派中出现了最早的集体幼儿教育设施。再浸礼派根据所有不带有信仰的圣礼是没有意义的这一点,认为对刚刚出生无信仰能力的幼儿举行洗礼是徒劳的,强调生下来就进行教会洗礼的幼儿待到成人期,必须接受再洗礼。为躲避宗教迫害,再浸礼派迁移到南麦伦地区。因为世俗的压力和贫困,他们创办了共同的教育设施,对所有教徒的幼儿进行共同教育。在这个机构里,他们注意幼儿独立自理能力的培养,强调幼儿健康和幸福的公共责任,这在德国当时的幼儿教育中是一个亮点。在其他地区,学龄前的教育仍主要在家庭中进行。

进入18世纪,德国主要实施强迫教育。在一些法令中明确要求5岁儿童必须到学校接受教育,否则对家长课以罚金。这样,学龄前儿童(5~6岁)就提前进入到正规学校接受不同于学前教育的正规教育。

18世纪末,泛爱主义出现于德国。泛爱主义者接受卢梭的思想,反对压抑儿童身心发展的经院主义和古典主义的教育,强调教育的最高任务在于增进人类现世的幸福,培养掌握实际知识的健康乐观的人。和卢梭一样,泛爱主义者认为儿童的天性是善良的,要求热爱儿童,以顺乎天性为出发点来安排儿童生活,让儿童得到自由发展。在泛爱主义者所办的学校中,以鼓励儿童的积极性为教育的主要手段,以奖励好的行为来代替体罚;它的教学方法在于使学习变成有趣的游戏,特别是语言教学;法文和拉丁文要通过日常应用来学习;户外活动和游戏占有重要地位,这些对德国后来学前教育的发展产生了一定的影响。

18世纪到19世纪初,德国出现了一批伟大的教育家、哲学家,如康德、赫尔巴特,他们都对幼儿教育发表了一些自己的看法。康德认为:教育是塑造新人并进而改良社会的重要工具。他批判了家庭教育的弊端,主张发展公共教育,要求挑选受过良好教育并有远见卓识的专家办理学校教育。他同意泛爱派的主张:重视幼儿的保育,重视儿童的游戏,认为游戏是实施儿童体育、智育、德育的重要方法与途径之一;另外,康德对儿童德育也提出了自己的看法。他受卢梭自由教育思想的影响,反对对儿童进行"奴性的约束",但儿童的自由必须是有节制的,因为儿童的本性除了善的倾向外,还有一种动物性冲动,如果听任野性的冲动自由发展,儿童就会成为一个无理性的人。康德的思想对后来一些教育家(如赫尔巴特)产生了重要影响。赫尔巴特在其晚年著作《教育学讲授纲要》第四部分按年龄阶段论述了普通教育,其中第一章、第二章专门论述了婴幼儿(0～8岁)教育。他主张0～3岁的教育主要包括体育、智育、德育,尤以体育为重,智育包括感官教育和语言教育,德育则强调把握分寸和服从成人;4～8岁主要进行德育和智育教育。

19世纪上半期,冠以各种名称的幼儿教育设施已遍布德国各地,其中最应予以关注的有1802年被称为"巴乌利美设施"的保育所和1819年瓦德蔡克设施。从1824年《一般学校新闻》上重登伦敦幼儿学校协会的创立宗旨,1826年J.威尔托哈伊马用德文翻译并出版维罗达斯比的著作开始,德国的幼儿教育受到了英国的重大影响,德国幼儿教育设施随之逐步发展起来,并开创了幼儿教育论的高潮时期。在这期间出现了弗利托娜的幼儿学校运动和阿尔古斯堡的托儿所——魏尔特的活动和思想,被誉为"幼儿园之父"的福禄贝尔的思想也逐渐成熟。

福禄贝尔深受裴斯泰洛齐思想的影响,在实践中形成了一套有自己特色的教育理论和方法。1837年,他在家乡附近的勃兰登堡开办了一所学龄前儿童教育机构,1840年将它正式命名为幼儿园,这成为世界上第一所真正的幼儿教育机构,标志着幼儿教育进入一个新的阶段。在幼儿园的工作中,福禄贝尔逐步形成了包括游戏和唱歌、玩具"恩物"以及作业的幼儿教育体系;同时,他还在幼儿园中做了训练幼儿教师的组织工作。他先后撰有《人的教育》、《慈母曲及唱歌游戏集》、《幼儿园教育学》等幼儿教育专著。福禄贝尔促进了德国学前教育事业质的飞跃,同时也对世界学前教育的发展产生了重大的影响。他首创幼儿社会教育的重要形式之———幼儿园,并且做了训练幼儿园教师的组织工作;在幼儿园实践及长期研究的基础上,创立了幼儿教育学,使它成为教育理论中的一个独立分支;他还积极进行了幼儿教育的宣传活动,提倡发展幼儿社会教育,引起社会重视入学前儿童的教育;他确定的游戏和作业成为幼儿教育的重要活动形式,他的"恩物"、作业和幼儿玩具被广泛采用,成为幼儿园不可缺少的设备。福禄贝尔重视儿童的积极活动,重视游戏对儿童的教育作用,强调儿童的天性,遵循其自然发展规律,这一切都为德国学前教育的发展开创了一个崭新的局面。自福禄贝尔之后,学前教育成为一个独立的学科发展起来,使学前儿童的教育逐步走上正轨。

1848年欧洲革命失败后,德国政府趋向保守和反动,在此形势下,德国教育一度处于停滞甚至倒退的状态。由于幼儿园曾获进步势力(包括反对党)的支持,导致当局不满。1851年8月7日,普鲁士政府以"灌输无神论"及政治上有破坏倾向等莫须有的罪名,查封福禄贝尔幼儿园,直到1860年才取消禁令。随后,各地纷纷成立福禄贝尔幼儿园团体,使幼儿园运动向纵深发展。柏林福禄贝尔主义幼儿园妇女促进协会于1860年成立。1861年,该协会设立四所幼儿园和一个幼儿园师资培训机构。1863年,家庭教育和民众教育协会亦告诞生。该协会的目标是根据福禄贝尔的思想,致力于幼儿教育的全面改革,包括设立幼儿园和幼儿园师资培训机构,创办以福禄贝尔方法为指导的儿童游戏场,以及将福禄贝尔方法引入女子学校等,使幼儿园向民众化方向发展。至1869年,该协会共设立7所幼儿园。到1870年,该协会培训幼儿园女教师两百多人。1874年,上述两个协会合并为柏林福禄贝尔协会。1871年,以别劳夫人为核心的教育协会总会成立。该协会致力于开展运用福禄贝尔教育原理进行全面教育改革的运动。

到第一次世界大战(1914年)前,德国的幼儿教育机构呈多元化之势。除了幼儿园外,还有一些从历史上沿袭下来的收容幼儿的慈善机构及幼儿学校等。第一次世界大战后,魏玛共和国成立,开始对幼儿教育进行整顿。1922年,德国政府制定《青少年法》,使幼儿园得到极大发展,成为德国幼教中的主流。第二次世界大战后,德国的学前教育主要在幼儿园及学校附设幼儿园(或学前班)进行。此外,还有多种形式的其他辅助幼教机构。

1966年后,在美国及其他发达国家的诸如开端计划、幼儿教育机会均等的影响下,德国日益重视幼儿教育。1970年,联邦德国教育审议会公布了包括学前教育在内的全国教育制度改革方案——《教育结构计划》,将3~6岁的幼儿教育第一次纳入教育体系的基础部分。到1980年,联邦德国已有近80%的幼儿入园。

在当今世界普遍重视儿童的早期教育、强调在与他国人才竞争中不使本国儿童失败在起跑线上的国际大背景下,德国也大力扩建幼儿园,发展学前教育事业。尽管德国今天并没有按《教育结构计划》把学前教育机构纳入学校教育系统,然而,德国在学前教育的指导思想上、教育内容上、方法上等都有了较大的发展。据统计,1960年,联邦德国每100名儿童平均只有33个幼儿园位置,1990年达到了76个位置,而原民主德国为95个位置。

二、法规与体制

(一) 相关法规

随着德国学前教育的发展,关于学前教育的法规与体制也逐步建立起来。早在宗教改革时期,再浸礼派就于1578年在《学校规程》中表明:所有儿童的保教工作是在整个教徒团体共同负责之下的一个公共机构里进行的;要求一经母亲断奶,幼儿就被送入

"幼儿学校"抚养到5~6岁。《学校规程》主要是向从事幼儿保教工作的人员说明其责任和各注意事项。

1717年,腓特烈威廉一世颁布了一项教育法令:凡做父母者,冬季必须送其子女入学,夏季至少学习一周时间,在内容方面则规定学习宗教、阅读、计算以及一切能增进人民幸福的学科。1737年,腓特烈威廉一世又颁布了另一项普通学校方案,规定5~15岁的儿童必须接受教育,学校开设宗教、读书、写字、算术、唱歌等课程。1763年,普鲁士政府颁布了一项普通乡村学校法,法令明确提出要对5~14岁的儿童施以强迫教育,如果受教育期间的儿童无故不上学,则要罚处其父母。另外,该法对教师的资格和标准以及教育内容等都作了明确规定。从这些法令中可以明确地看到德国18世纪实施强迫教育的特征,它将5~6岁的学龄前儿童提前纳入到了学龄期。

19世纪上半期,当各种名称的幼儿设施遍布德国时,各地政府相应制定了幼儿教育的法规和政策。1814年,石勒苏伊格—赫尔斯泰因公国在《一般学校规程》里制定了"监督学校"的规章,这所学校专门以6岁以下的幼儿为对象,主要是希望在母亲有工作而不能照顾他们时来管理这些孩子们。在迪谢尔多尔夫,1821年发布了政令,允许初等学校的教师及守寡的退职女教师在自己家里开办监督和教育6岁以下幼儿的"保育学校",这是在保护贫民阶级幼儿的同时,保障守寡的退职女教师的生活,有时甚至是以后者为主的。巴乌利勒式的保育所在各地发展起来后,引起了各地政府部门的注意,制定了许多政策。最典型的代表是1825年黑森·卡塞尔选帝侯的指令。该指令说:幼儿教育的目的在于保证孩子的安全和健康,并使其父母能安心工作。保育时间是农忙季节的5~10月上午6点到下午6点。费用主要依靠有慈善心的富有居民捐助,在未能得到捐助时,就从市、镇的金库中支付。

在英国幼儿学校的影响波及德国后,各邦政府纷纷采取措施加以推广。1827年,普鲁士教育部颁发文件,推荐怀尔德斯平的幼儿教育论文,并号召各地迅速建立幼儿学校;但后来又转而支持发展托儿所。普鲁士政府对以贫民子女为对象的幼儿教育设施采取了一些保护措施,包括1838年建立资助柏林托儿所的"中央基金";1842年,根据国王命令,免除托儿所有关团体的印刷税和手续费;1843年,依据税务局长官倓涅的指令,免除托儿所地租。值得一提的是,1839年拜恩内务部制定了托儿所规定,这个规定在当时的德国是最详细的规定,而且代表着当时德国各邦的幼儿教育政策。这个规定共18条,其中就教育对象、教育内容、教育方法、教育设施、保教人员、家长、费用及资产管理等都作了详细的说明。

19世纪上半叶,德国各邦的幼儿教育政策是:(1)将幼教机构视为私人或团体的慈善设施而予以鼓励设立,并加强监督管理。(2)在幼儿学校及托儿所中加强对贫民子女的宗教、道德教育,把这作为抵制当时革命运动及维持社会秩序的一种手段。(3)认为贫民幼教设施不应像英、法的幼儿学校和托儿所那样进行读、写、算等正规学校课程的教学,主要是给予幼儿家庭式的照料和安排,开展室外游戏以保持身体健康。这些总的政策倾向是"控制但不援助",与英、法等国的"控制但援助"的政策形成了反差。

第一次世界大战后,魏玛共和国成立,于1922年制定了《青少年法》。其中强调要设立"白天的幼儿之家",包括幼儿园、托儿所及幼儿保护机构等,提出训练修女担任看护工作,要求加强幼儿教师的培训。在此期间,幼儿园得到极大发展,成为德国幼教中的主流。在政府颁布的幼儿园条例中宣布:各种各样的幼儿教育机构,凡招收2~5岁儿童者,均称为幼儿园。政府还规定了隶属关系,规定一切幼儿园由政府监督,隶属于教育、卫生部门;幼儿园的儿童具体由地方儿童局监督,学校教养均须经儿童局许可。凡儿童在家不能得到正常教养者,则由儿童局遣之入学或入园。

在第二次世界大战中,德国东西两部分都遭到了严重破坏,教育事业几乎瘫痪。战后,为尽快着手教育事业的恢复与重建,德国制定了一系列教育政策,其中主要有:1946年,在民主德国中央国民教育管理机构领导下起草了《关于德国学校民主化的法律》,6月12日起在民主德国的整个地区内生效。其中规定:幼儿园作为非义务的教育机构,属于国民教育体系。1947年6月25日,联邦德国管制委员会第54号指令《德国教育民主化的基本原则》中称:保证一切儿童享有同等的教育机会,在一切教育机构里实行免费教育,并为生活困难的学生提供生活补助。1965年,联邦德国通过了《关于统一的社会主义教育制度的法律》,在《法律》中明确规定:学前教育机构是统一的社会主义教育制度的组成部分。20世纪60年代中期以前,联邦德国的教育发展仍较为缓慢,学前教育尚未列入学校教育系统。1966年后,联邦德国受美国及其他发达国家的影响,日益重视幼儿教育。1970年,联邦德国教育审议会公布了包括学前教育在内的全国教育制度改革方案《教育结构计划》。此方案将整个教育体系划分为初等、中等、继续教育三个领域。《教育结构计划》中要求:大力发展学前教育,将其列入学校教育系统;3~6岁的幼儿教育被纳入教育体系的基础部分,属于初等教育范围,其中5~6岁的幼儿教育被列入义务教育,作为初等教育中的入门阶段。此后,不仅5岁以上幼儿普遍入学,3~5岁幼儿的入园率也不断提高。

但忽视学前教育和小学教育是德国教育的一大弱点。从投资方面来说,德国的教育投资并不比其他国家少,但偏重于大学和文理中学。政府在削减预算、厉行财政节约时,总是向小学和幼儿园开刀。有识之士早在20世纪60年代就提出,要让80%的3~4岁儿童和95%的5~6岁儿童进入幼儿园,但这一目标至今没有实现。2002年6月13日,德国总理施罗德在德国议会就教育问题发表演讲时,呼吁对德国现行教育体制实施全面改革,为不同家庭背景和经济状况的每个孩子提供平等受教育的机会。施罗德说,德国学生在经合组织委托举办的国际中学生能力测试中的成绩很差,德国人应对其中的原因进行深刻反思。他呼吁全面改革德国教育体制,为每个孩子提供平等受教育的机会,而不是像现在这样,接受什么样的教育在很大程度上取决于"他的出身和父母的钱包"。施罗德建议,重视幼儿和学前教育,为他们将来的学习打好基础;将德国孩子接受教育的年龄适当提前;学校应根据每名学生的不同情况做到因材施教;重视学生的素质教育,培养他们的学习能力。他还强烈呼吁各州与政府合作,在全国成立1万所全日制学校。他说,德国政府近年来加大了对教育的投入,政府2002年教育和科研方面的预算高达90亿欧元,比1998年提高了21%。在施罗德发表演讲后,德国联邦议院当天还表决通过了一项议案,决定仿效德国经济贤人委员会的模式成立一个教育专家委员会,随时对德国教育领域的状况进行分析并提出建议。

(二) 体制

1. 行政与管理

联邦德国教育行政体制主要分为四级:联邦德国政府教育机构;各州教育部;地方行政公署及其所辖教育处;县市教育局或教育科。

(1)联邦德国教育机构。1949年5月23日颁布的《德意志联邦共和国基本法》虽然规定"整个学校教育在国家监督之下",但具体执行监督的主要是各州,联邦德国政府并无实际的教育管理权。为了协调全国的教育事业,1969年5月12日,联邦德国议会通过《基本法》第74条和第75条修正案,并对第91条作了修正。在经过修正的《基本法》中,联邦德国政府的教育权力扩大了。为了执行宪法规定的权力,在联邦德国政府一级先后建立了一些教育机构,主要有:常设各州教育部长会议、联邦德国政府教育和科学部、联邦德国政府与州教育计划委员会等。除此以外,联邦德国政府教育机构还包括：大学校长会议，负责协调高等教育的发展；教育顾问委员会，负责提出教育改革的建议，对各级学校的长期发展提出建议等。但是，无论哪一个机构，其职能都不是教育行政管理，而是咨询、协调、制定大政方针。这反映了联邦德国教育管理体制地方分权的特征。

（2）地方教育行政。由于实行地方分权的教育管理体制，因而，在教育行政管理上，联邦德国政府和各州享有同等的权力。但在一个州内，则实行"州集权"制，即由州政府统一管理州的教育事务，州以下的教育行政机构隶属于州教育部，由州教育部负责领导。

（3）县市教育局（科）。县市教育局（科）是最基层的教育行政机构，主管国民小学、国民初中（包括高小）和特殊学校。县市教育局（科）不设局长（或科长），由市主任秘书或县主任秘书和督学长分别掌管教育局（科）事务。联邦德国县市教育行政单位大多不设总揽全局的首长，在县市教育局（科）里也不设教育局（科）长来统率各个督学长，这种制度强调了负责教育行政者的独立精神。

在德国，教育督导是教育管理体制中的一个重要环节，也是教育行政部门监督、管理教育事务的重要手段。从与各国比较的角度来看，教育督导是德国教育管理体制中很有特色的一个方面。

在德国，政府一级并无督导机构和督导人员。在政府以下，教育督导机构分为三级：州教育部、行政公署教育处、县市教育局。在各级教育行政机构中，教育行政长官即是教育督导的负责人。由于实行地方分权，所以在不同的州，各级督导机构所承担的职能是不同的。德国教育督导的主要职能有三个方面：(1)业务监督；(2)公务监督；(3)法律监督。

业务监督。主要是指对教师的教育和教学工作情况的监督。

公务监督。这既是指对教师任职情况、工作态度的监督，以决定教师的晋升、解职，同时也指对学校组织和日常工作的监督。

法律监督。它是指根据各州颁布的有关教育法律条款,衡量和检查教师的情况,同时也指对地方行政部门在处理设立学校、提供教育用具等一系列教育外部事务中的工作情况的监督。

德国教育督导的工作内容主要包括四个方面:学校的规划和建设;课程和教学;教师管理;学生管理。

2. 学前教育机构

德国的学前教育主要有四种形式:普通幼儿园、学校附设幼儿园、学前班、特殊幼儿园。

(1) 普通幼儿园。普通幼儿园是德国传统的形式,也最普及。

按照幼儿园的设立者及其接受政府补助及辅导的程度来分,德国有三种幼儿园:1)公立幼儿园。这类幼儿园接受社会局幼教部门的监督及辅导。2)私立幼儿园。这类幼儿园接受社会局幼教部门的补助及辅导,但其教育理念及师资的聘任不受社会局幼教部门的监督或控制。3)独立自主的幼儿园。这类幼儿园不接受社会局幼教部门的补助及辅导,经费由家长缴纳。

德国学龄前教育大多由私营部门资助。约70%的幼儿园是由个体或独立机构,如慈善团体或那些积极帮助儿童与青年人的公司主办的。30%由政府的地方机构负责管理。幼儿园受有关法律的规范,政府负责监督。这些幼儿园接受的政府补贴甚少,因学前教育(3～5岁)不属于义务教育范围,所以幼儿入园(不管公立、私立)需缴纳入园费,但比较灵活,费用的多少因地区的不同而不同,有时相当昂贵。政府对那些低收入家庭提供资助,一般根据家长的收入状况及家中子女同时入园的人数来决定征收额、减收额,乃至免收学费。

德国所有的幼儿园(不分公立、私立)收费大致相同,而且幼儿园在年龄编班上,有一个非常鲜明的特点——混龄编班,即将不同年龄组的儿童编在一个班级(德国称之为小组)中游戏、生活和学习,每班至多不超过20个人。在德国全国范围内所有幼儿园中都实施混龄编班。此编班方式可追溯到19世纪的幼儿学校。为了给收入较低家庭的幼儿提供保育及减轻父母的负担,往往一个家庭里所有的学龄前儿童都在同一所幼儿学校就读。虽然在德国幼教史上有多次教育理念的更新,但这个混龄编班的特色一直保留下来,成为德国幼儿园的传统。德国的幼教界一致认为,幼儿在混龄的班组里可以熟悉各种社会行为,促进新入园小年龄儿童尽快在大年龄儿童的带领和帮助下合群,有利于不同年龄儿童相互学习,避免同龄儿童分班可能造成的竞争压力,乃至学习压力,等等;而且在独生子女愈来愈多的时代里,混龄编班更有其必要性,幼儿可以在类似家庭中有兄弟姊妹的环境下学习必要的礼让及如何处理冲突。德国幼儿园不以认知教育为主要的教育目标,所以混龄编班并不影响课程的安排。德国混龄班的年龄跨度非常大,他们最早是研究3~6岁儿童之间的混龄编班,并进行实践。以后逐渐往两头延伸,为0~12岁的混龄编班。目前,一般以3~6岁混龄为主,但也有各种不同的情况。例如,"Thomizil幼儿中心"共有82名儿童,年龄分别在2~12岁之间,分成4个班,其中两个班各为21人,另两个班各为20人。每个班的年龄分配相同:2岁2人;3~6岁13~14人;6~12岁5人。又如在"Willy Althof"幼儿园,有五个班级,全部是8个月到4岁儿童的混龄编班(因为德国政府给予8个月之前儿童的家庭一定的经济补助,所以8个月之前的儿童一般不入托),每个班的各年龄段儿童数基本相同,分别为10、11、12、12、12人。以12人的一个班级为例,其中1岁以下2人,1~2岁5人,3~4岁5人。在教师的配备上,基本为一个班级2名教师,包括1名幼儿教师(班级负责人),1名幼儿看护(教育的后备力量),有的班级还另外配备一名准实习生(正在接受培训的学生)。幼儿园里也招收上了小学的儿童,就像中国的"小饭桌"一样。中午小学生放学后,到幼儿园来做作业,做完作业可以在幼儿园玩足球等游戏。幼儿园每个班墙上都有一张表格,记录着每位小学生的放学时间、所在学校、联系电话等,便于班上老师对他们进行管理。

德国幼儿园分全日制和半日制两种。大部分幼儿园只提供半天班,而大部分家长也将其子女送往半日制幼儿园。幼儿园的设立是为了分担在职父母亲照管幼儿的压力。但是德国幼教界也非常强调亲子家庭教育,并认为这是无法通过幼儿园教育来取代的。基于这个考虑,幼儿园尽量提供半天班,即可满足大部分家长的需要。在德国有些地区,幼儿园按家长上班时间分班,以便让儿童在差不多的时候被家长送到幼儿园和接回家中,使接送时间统一起来;父母亲系双职工者,一般将孩子送往全日制幼儿园。

幼儿园的任务有两项:一是让儿童白天呆在幼儿园中,以减轻母亲料理家务和照料更年幼孩子的负担,或者为就业妇女解决照管孩子的困难;二是向儿童提供教育帮助,使他们接受早期学习,促进幼儿个性充分发展,陶冶其情感,培养其自尊心、自信心、学习兴趣、相互信任、责任感、语言能力、思维能力、注意能力和活动能力等。幼儿园以幼儿的自由活动为主,不进行读、写、算等基础知识的教学。在德国,没有统一的幼儿园教学大纲,甚至连州一级也没有统一的教学大纲,教育目标与方案在很大程度上是幼儿园开办者自主决定的。尽管如此,一般幼儿园都通过适用于所有儿童的课程设置来提高儿童的学习能力和发展能力,并通过积极的刺激来弥补儿童在家庭不利环境下造成的学习缺陷,以促进所有儿童得到健康发展。

(2) 学校附设幼儿园。学校附设的幼儿园数目较少,1993年时有 39 363 个。适合于那些已达 6 周岁、或下半年将达 6 周岁,但体格与智力均未达到入学标准的儿童,他们在此处接受一年特别的训练以便为进入学校作好准备。这种机构也称学校附设的学前班,这种幼儿园通常与小学联为一体,以便为儿童在上学后的顺利学习打好基础。学校附设的幼儿园于1939年成立于汉堡,以学前班和"入门阶段"形式组织起来。绝大多数为公立,由国家教育行政机构管辖,入园者可免交费用。

(3) 学前班。学前班与学校附设幼儿园一样,与小学相联,但它们针对的是5岁儿童,以帮助他们顺利过渡到小学。只有几个州支持这种学前班。

(4) 特殊幼儿园。德国对有生理、精神和思维障碍的学生提供了相当广泛的特殊教育服务。这一体系旨在对各种有残障的学生提供必要的教育,使之更多地融入社会。这种学校按残疾人情况进行分类,如学习困难、失明、聋哑、部分失明和精神障碍及脑子迟钝等,并提供专家照顾。德国已在公共教育中将残疾孩子的特殊教育与正常孩子的普通教育结合为一体。特殊教育起着一种重要作用,而且其作用还在扩大。

在不来梅、汉堡、下萨可森等地专门为残疾儿童开设了特殊幼儿园。这些是特殊的学校幼儿园,收容听觉、言语或视觉有缺陷的儿童。

除了以上四种机构外,德国还有多种形式的其他辅助幼教机构,主要是托儿所和"白天的母亲";另外,近年来德国又出现了一种新型的幼儿园——林间幼儿园。

(5) 托儿所接受0～3岁儿童。主要是对双职工的子女进行保育。

(6) "白天的母亲"是由联邦德国青年、家庭、健康部于1974年核准设立的一种幼儿保教形式。主要做法是:由政府提供少量经费,让一些年轻妇女在照管自己小孩之余,再帮助邻近的职业妇女在白天照管1～2个小孩,以解决他们的实际困难。这些"白天的母亲"须参加短期培训,以获得科学育儿的知识。

(7) 德国的"林间幼儿园"。2000年,慕尼黑的一个自然公园被开辟成了"林间幼儿园"。园内有成片白桦林、灌木丛、草坪和清澈的溪流。入托的孩子每天上午9点到这里集合,然后他们分成几个小组,进行自由活动,有的堆沙子做游戏,有的爬树、赛跑,有的观察蚂蚁、蜗牛。午饭时,大家席地而坐,摆上在老师帮助下准备的食品,就像在郊外野餐一样享用自己亲手做的午餐。首创这所"林间幼儿园"的郝本·黛拉对"林间幼儿园"未来的发展前景充满信心。她说,孩子们在林子里跑来跑去,非常开心。在这里用树枝、沙子、石头搭模型,既能提高他们的运动能力,又能激发他们的创造力。没有过多的管束也就不存在心理压抑,所以孩子们很少吵架、打斗,也很少生病。郝本·黛拉给孩子们定了三条必须遵守的纪律:不准吃野生果实;不准拿着棍棒跑跳;听到哨声必须马上集合。但这家幼儿园收费较高,另外,个别家长还抱怨孩子们在玩耍中有时会受一些轻伤,每天回家都是一身泥土。

三、课程

18世纪的德国以实施强迫教育为主,以教义问答、赞美歌为主要教学内容。学生主要是重复背诵教义问答中的词句,最多只能学到一些简单的读、写、算的初步知识。在1717年腓特烈威廉一世颁布的教育法令中明确规定教育内容包括宗教、阅读、计算以及一切能增进人民幸福的学科。1737年,腓特烈威廉一世又颁布了另一项普通学校方案,规定学校开设宗教、读书、写字、算术、唱歌等课程。

18世纪末,在德国泛爱主义运动中,课程重视体育(户外活动和游戏占有重要地位)、现代语和自然科学知识。1770~1774年,泛爱主义代表巴西多印行出版了小册子《初等读物》,这是与夸美纽斯《世界图解》相类似的一种带有插图的儿童读物,在当时颇受赞扬。

进入19世纪,在英国幼儿教育运动的影响下,德国幼儿教育事业掀起高潮。在1835年成立的弗利托娜的幼儿学校中,有明确的课程计划(见表2-1)。

表 2-1　上午 4 小时和下午 4 小时的时间表

午前	活动	午后	活动
8:00~9:00	野外游戏	1:00~2:00	野外游戏
9:00~9:30	唱歌、祈祷、讲圣经故事、读书或做直观练习	2:00~2:30	唱歌、祈祷、背诵歌词和格言
9:30~10:00	身体的训练活动、书写和图画	2:30~2:45	书写或图画
10:00~10:45	野外游戏和吃点心	2:45~3:30	野外游戏和吃点心
10:45~11:15	直观练习和数数	3:30~4:00	编织和读书
11:15~11:45	野外游戏	4:00~4:30	野外游戏
11:45~12:00	数数、直观练习、祈祷、唱歌	4:30~5:00	道德方面的会话、讲话练习、唱歌和祈祷

弗利托娜说,这个时间表不能像在普通的初等学校里那样被严格遵守,也不是应该严格遵守的东西,而应该按照气候、孩子们的心情、在孩子身上表现出的特别需要和要求、季节等来安排时间。可见,在弗利托娜的幼儿学校课程中是重视孩子的,同时她也重视游戏,把宗教、道德、读、写、算、唱歌、图画、直观练习、手工劳动等作为正规课程纳入了幼儿园教育中。

在与弗利托娜同时代的魏尔特所创办的阿尔古斯堡托儿所中,也有明确的课程计划:

（一）作息时间

在当地的托儿所,夏季孩子们上午 6 点就能来所,到 8 点半之前,孩子们集合完毕,首先进行祈祷和唱赞美歌,然后开始进行各种练习,每个练习项目进行半小时,一直进行到 10 点。从 10 点到 10 点半是吃点心的时间。从 10 点半到 11 点再做一个练习,这与其说是严肃的学习活动,不如说是愉快的集体生活,如集体练习、绘画练习等。从11点到12点是游戏的时间。2点之前孩子们回家、吃饭、清洗,然后再来所。从2点到4点,进行各种练习,特别是进行每天1小时的手工劳动。从4点到4点半是吃点心的时间。从4点半到5点讲各种故事,然后做游戏、回家。

(二) 各项练习的时间

各项练习的时间分配如下:

(1)祈祷和赞美歌,每周6小时;(2)讲述与圣经有关的故事,为将来的宗教教学作准备,每周2小时;(3)故事,每周5小时;(4)感觉和悟性的练习,4小时;(5)记忆练习,3小时;(6)讲话、发音及字母的练习,2小时;(7)数数,2小时;(8)图画类,6小时;(9)作法练习,1小时;(10)色彩练习,1小时;(11)造型练习,1小时;(12)测定练习,1小时;(13)职业练习,1小时;(14)名字符号的练习,1小时;(15)集体练习,1小时;(16)办事练习,1小时;(17)各种练习交替时的身体练习,2小时;(18)各种手工劳动,每周6小时。另外,正规的游戏时间每周12小时。

这个学习计划,是由包括宗教教学的智力练习的教学、手工劳动和游戏所组成的,其特点仍然是教学时间多,每半个小时的各种练习都作为正规课程,游戏是利用休息时间进行的。

19世纪是福禄贝尔从事幼儿教育实践、形成幼儿教育理论的时期。在此期间,他所从事的一些实践活动中也涉及幼儿园课程的规划与安排。福禄贝尔创建幼儿园之时,已进入垂暮之年。在此之前,他经历了创办著名的卡伊尔霍教养院等教育实践活动,并发表了《人的教育》等大量教育著作与论文。

福禄贝尔于1816年在格林森海园开办了卡伊尔霍教养园,在这里,招收5~6岁乃至17~18岁的青少年。开设两种教学课程,一种为"基础教学课程",包括会话、阅读、作文、几何、唱歌、乐器、图画、地理、历史等;另一种为"古典教学课程",包括拉丁语、希腊语、法语、乐器、历史、地理、绘画、数学、理科、建筑术等。因此,可以说卡伊尔霍教养院是由小学和中学组合而成的,至少此教养院不是自觉地、有目的地进行幼儿教育工作;但它所要求的教育原则不久却成为幼儿教育的原则和幼儿园教育的原则,其中之一即是"思考与行动、表现与认识的结合",基于这一原则,福禄贝尔努力使"教育设施与生产设施(小农场)相结合"。安排一定时间(星期三和星期六的午后或晚饭后)让孩子们进行种田、园艺、修路、家务、编笼子、细木工、手工等作业和劳动,以及摆餐具、摆木板、摆积木等游戏或集体活动等,并给予奖励。

在《人的教育》中,福禄贝尔指出:作为幼儿时期的教育内容,除游戏之外,还要通过培养共同感情的集体活动,节奏性运动、唱歌、语言练习、采集和区分植物等形式来进行博物、图画、数学等项内容的学习,以使儿童了解事物的性质、名称及用途。

在卡伊尔霍教养院衰微后,福禄贝尔于1829年发表了《黑伦巴国民教养院公告》,即所谓《黑伦巴计划》。在这一计划中附有3~4岁幼儿的"保护有产阶级孤儿并使其得到发展的设施"。与这个黑伦巴计划之后的幼儿园联系起来看,值得注意的是国民教养院里的劳动或实际作业内容及"保育和发展措施"。在作业内容方面,如鸽子和鸡的饲养、园艺作业、农耕作业、种植苗圃、公园植物、花坛植物和盆栽植物及折纸、裁纸、编纸、各种纸板的加工、木雕、木板细工、各种松土作业、图画等,连同游戏和野游一起,都被后来的幼儿园采纳为保育内容及作业的用具。

黑伦巴计划最终未能付诸实施,1836年,福禄贝尔完成了《布格多夫孤儿院初等学校案》。这所初等学校是以4~12岁的儿童为对象、有4个阶段所组成的学校。学习的第一阶段是以4~6岁的幼儿为对象的"预备学校",教育内容包括观察、说话练习、数数、唱歌、造型、体操、童话、游戏、野游、回忆等。这些内容并不是学科,而是儿童们有组织的活动。

1837年,福禄贝尔在勃兰登堡建立幼儿机构后,他设计的"恩物"作为游戏器具和作业工具在游戏、作业、图画、运动、游戏和园地的栽培活动中得到广泛使用。经过第一次、第二次世界大战后的德国幼儿园课程,注重对自然现象的观察和科学小实验,以及游戏、音乐和其他适合儿童身心发展的课程,福禄贝尔的"恩物"和蒙台梭利教具亦得到应用;各类幼儿园禁止教授基础技能(读、写、算),在幼儿期不教授外国语;在教学组织形式上,主张个别教学、小组活动,不要求组织全班儿童进行集体教学。各州对幼儿园的日程安排无特殊规定,一般来说,幼儿园儿童大体每天能受到4小时的教育。

在德国,关于幼儿园的整个教育活动,国家没有统一规定,但是,各州对其教育的目的却有着明确的指导方针,即幼儿园教育应当是家庭教育的继续,它应根据培养完人的原理和求得体、智、德全面发展的原理进行教育。并且,他们认为教育工作者除了促进幼儿的自由发展外,没有必要采取任何特定的方法。因此,幼儿园的教师也需做好组织工作,以使幼儿的个人自由游戏和集体自由游戏之间、游戏与指导活动之间、运动与轻微活动之间保持均衡。

在黑森州,幼儿园的指导方针特别强调,要尽可能地让幼儿感到在幼儿园和托儿所如同在家里一样温暖和快乐。在取得儿童的信赖感之后,儿童就能同成人一道建设活动园地,种植花草,饲养动物,探索相近事物,进行自然观察、游戏和指导性活动,通过这些活动,使儿童获得经验。此外,还积极鼓励儿童将大量的特制玩具、画册,特别是各种材料(沙子、水、木材、颜料、黏土、纸、布、器具等)恰当地利用到创造性的活动和实验中去,以建立开展艺术性活动和节奏性游戏的特殊场所;同时,引导儿童进行独立的、自由的活动。

1962年,继西柏林之后,不来梅制定了学校幼儿园的标准,而且对未到入学成熟期的儿童采取了入学义务制,将其归入了整个义务教育之中。学校幼儿园的任务就是使儿童身心的发展达到小学第一学年的要求,但不进行"读、写、算"的教育。其主要教育内容分为两大类:一是语言教育,其中包括说、听、会话、看图、唱歌、诗朗诵、即兴游戏等项;二是培养观察能力和思维能力,包括日常生活中常见的色彩概念、形状概念、数的概念、时间概念以及学习、游戏、节奏等有关的课题。

目前,德国的幼儿园还是没有确定正规的课程,不进行读、写、算等基础知识的教学,以游戏等自由活动为主。有组织的教学活动包括由教师讲故事、教唱歌、做劳作、会话和带领儿童接触自然界等。在活动的时间安排上,一般规定在上午10点以前儿童吃早点,做个人卫生工作。10～11:30是教养员开始进行有组织的教学活动。11:30以后是自由活动。德国大部分幼儿园是半日制的,中午儿童便由家长领回家。全日制的幼儿园下午以儿童自由活动为主。

德国幼教工作者认为对孩子们来讲最重要的是玩,通过玩来教他们,老师只是一个观察者、帮助者,要充分发挥孩子们的天性。这一点在德国幼儿园的实践中表现得尤为彻底。德国幼儿园是以小组和个别活动为主的,至于进行什么活动,幼儿自己决定,可以画画、听故事,可以去娃娃家,可以到户外玩,只要是幼儿园里能进行的活动,干什么都可以。德国幼教界很重视幼儿独立性以及社会适应能力的培养,只不过他们的培养方式是玩,通过玩来教孩子。

为了使儿童能够进行自由活动,幼儿园通常在每个班设立了一个活动室,布置了各种各样的兴趣角,如厨房玩具角、建筑角、图书角、生物角和其他兴趣角。儿童在兴趣角的活动可以独自进行,如独自用积木搭建一条高速公路;也可以自由结伴活动,如用拼板拼出一个复杂的图形。另外,德国绝大多数幼儿园没有钢琴等乐器,教师教唱歌用手打拍子,这样做被认为可以使儿童全神贯注学歌词,而不被动听的乐曲分散了注意力。有些儿童的家长希望孩子学奏某种乐器,则可以在自由活动时间内把孩子带到专门的训练场所去接受有关训练。对于新入园的儿童,幼儿园允许其家长陪同学习,只要家长愿意,可以允许一起参加幼儿园的各种活动。

德国幼儿教育课程的新思路:

德国是一个地方高度自治的国家,幼儿教育的改革也以地方或幼儿园为单位,没有全国统一的课程改革方案或课程大纲。目前,德国幼儿园课程的特点可归纳如下:

(1) 幼儿园教育的目标是加强孩子的自我意识,并进一步挖掘其个性特征。孩子应该被看成一个独立的人。幼儿园的任务是通过一种家庭补充式的设施,为孩子营造一种舒适与快乐的气氛。

(2) 混合编组而不是按年龄分组。通过异质分组强调尊重不同年龄孩童的相似性和相异性。

(3) 加强幼儿的积极性和生活经验。强调在游戏和运动中发展幼儿的自我。课程设计的重心是创设幼儿生活体验的活动空间和环境。

(4) 强调保育员是孩子的伙伴。保育员应特别有耐心,鼓励儿童的自主活动和学习。此外,还强调家长的参与。

(5) 课程应该促进幼儿全面和谐发展,即促进幼儿社会性行为(通过创造性合作或合作游戏),锻炼其尝试的能力。

据此,幼儿的课程被视为体验领域,包括游戏、生活教育、语言教育、动作教育、韵律与音乐教育、图像感性与劳作教育、事实与环境教育、实际生活与家政教育等八个方面:

游戏——幼儿通向真实世界的桥梁,是幼儿生活与学习的活动形式,游戏给予幼儿自由的机会,使幼儿的个性得到充分的发展。

生活教育——结合幼儿的需求与社会的实际需要,从孩子的个性与社会背景出发来促进其社会性行为。

语言教育——通过阅读图书、听故事、猜谜语、游戏等,促进幼儿的语言和表达能力。

动作教育——发展幼儿的动作能力,包括触摸、手工操作、闻气味、跳跃、跑步等,提高幼儿的行动欲望和自我创造力,学会认识和领会世界各个部分之间的相互关系。

韵律与音乐教育——通过音乐节奏、运动、舞蹈的体验,使幼儿获得感受力、想像力和心灵的陶冶。

图像感性与劳作教育——给孩子各种各样的材料,引导他们熟悉不同的工具与技术,引发孩子对创造性活动的兴趣,给他们机会设计和实现自己的想法,从而进一步训练他们的注意力和耐心。

事实与环境教育——唤起幼儿环境保护的初步意识;通过观察、访问不同的机构,促进幼儿对周围环境的兴趣,直观地体验自然过程。通过各种方式让幼儿接触事实与自然,是促进儿童成为环境保护主人的前提条件。例如,让幼儿认识能量与水的意义,减少垃圾的意义,或直接参与分拣垃圾等。

实际生活与家政教育——设计有意义的情境,给孩子以体会,形成集体生活中必须具备的技能:如穿衣;熟悉使用各种玩具;认识每年的重要事件;掌握家务劳动(整理房间、洗衣服做饭等);熟悉交通规则;学习一些仪器(收录机、煎烤箱);对紧急情况作出反应,给孩子以机会,进行模拟练习。

四、师资培养

在德国最早的幼儿教育机构中,即再浸礼派的幼儿教育中,以任命有能力的女性为主,担任保育工作,这些人被称为"主任保姆"或"保姆"。孩子们越小,越需要保姆的献身精神,必须像"母亲对待自己的孩子那样"耐心地、亲切地对待孩子,对小孩子绝对禁止体罚。保姆的工作就是要进行幼小儿童也能理解的宗教教育。

19世纪,德国幼儿教育机构遍布各地后,对保教人员也提出了一些明确的要求。在最早期、最应给予注意的"巴乌利美设施"

的"保育所"里，12名贵夫人自发地、无偿地轮班监督保育所。在这些女监督的领导下，由贫民救济设施里的孤儿院和职业介绍学校接近毕业期的12~16岁左右的年长的女孩子来当保姆，直接照看幼儿。1819年，在幼儿学校的教授瓦德塞克设立的托儿所中，除负责人瓦德塞克外，还有1名医师、1名主任教师、3名男教师和1名女教师。和巴乌利美设施一样，由受过适当训练的年龄较大的女性孤儿来直接照料婴幼儿。在迪谢尔多尔夫1821年发布的政令中，允许"初等学校的教师及守寡的退职女教师"在自己家里开办监督和教育6岁以下幼儿的"保育学校"。1825年，黑森·卡塞尔选帝侯颁布了一项幼儿教育政策，其中明确指出：……要把孩子收容在市里或村里的一个房屋、一户人家或若干私人家庭里，委托一人或数人，特别是年老无职业的女性居民来照管，要让她们保证好好地对待孩子们，用心地照料孩子们。

1839年，拜恩内务部制定了托儿所规定，其中指出：为监护和照料幼儿所选的教职员，不必要完全采用专门献身于教职并在学校教员培训所或类似设施获得预备教养的人。这些人要具备下述条件才称得上是完美的，即他们被评价为有虔诚之心、品行端正，要有说明自己无缺陷的有根据的证明书；他们处于年富力强的时期而且性情豪爽；他们单纯、开朗，能够充分表达自己，兼备友爱和适度的严肃，具备温柔和忍耐以及必要的意志力和坚忍的精神。尤其是他们热爱儿童，通过这一点，他们才具备对儿童心灵给以有效刺激和传递知识不可缺少的才能。

1835年，弗利托娜把培养照顾病人的修女和将来要成为幼儿学校教师的修女的"看护修女养成所"合并到她的幼儿学校中。这可以说是德国最早的培养幼儿教师的专门机构。接受培训的人员通常学习3~4个月，经过培训的女教师能承担音乐、算术、博物、德语和地理等课程的教学。弗利托娜的幼师培训工作不仅提高了幼儿教育的水平，而且扩大了幼儿学校运动的影响。据说到1851

年,在这所看护修女养成所培养的幼儿学校女教师的人数达到400人左右。

培养幼儿保育人员是福禄贝尔幼儿园的理论之一。1839年4月4日,福禄贝尔在《全德新闻报》上发表了一篇文章,题为《关于学前儿童的教育,以及培养学前儿童的教育人员和保育人员的设施,尤其是幼儿学校教师的培养》,文中提出作为勃兰登堡机构的扩充而建立一个培养幼儿保育人员机构的设想。这一机构主要是以愿意成为学龄前儿童的保育人员和教育人员的青年(包括女青年)为培养对象,对他们进行有关精心培养幼儿的创造性活动冲动的教学的培养。此培养机构还准备附设幼儿保育的实习场地。同年6月初,福禄贝尔开设了培训保育人员的机构和"指导游戏和作业的幼儿保育人员培训机构"。到1847年10月,福禄贝尔又提出了"女子儿童保育者及女子教育者培训所计划",在这一计划中提出只以女青年为对象,培训26周即半年的课程。在幼儿园创办后的数年间,福禄贝尔明确了要为年龄小的幼儿培训女性保育人员,为年龄大的幼儿及幼儿园等幼儿教育机构培训包括男女在内的教育人员,但培养重点变为"幼儿园女教员"。不过,其培训重点始终没有变化,那就是"使女性儿童保育人员以及男女教育人员懂得孩子的本质和发展过程,提高尊敬和热爱儿童的思想,熟悉孩子们生存的各种要求和熟练掌握通过适当保育和教育去满足其需求的本领,引导他们在其工作范围内掌握自然知识和学会照看生命,并由此授予指导孩子和解决问题的能力"。在这种思想指导下,到1851年,福禄贝尔大约培养了60名女青年和10名妇女做幼儿园保姆。这些人活跃在德国21个城市的幼儿园等幼儿教育机构中,致力于幼儿园教育方法的推广工作。不仅如此,通过福禄贝尔培养的女性们,打下了在全世界传播幼儿园的基础。因此,福禄贝尔努力培养幼儿园女教员工作就成为其幼儿园运动的一个重要支柱。

经过第一次、第二次世界大战后的德国开始重视幼儿教育。在德国设有培养幼儿园教师的特别培训学校,其修业年限为2年。自愿入学者必须是获得初中毕业证书的人或者同等学历者(修完普通教育10年),而且她们必须在家政科受过1年的实际训练或读过1年家政学校。此外,还为幼儿园的教师提供方便,使其有机会得到高级的专门训练。也就是说,她们在幼儿园工作3年之后,就可以学习2年"少年辅导员"的课程;在"少年辅导员"的课程里,学习发展心理学、医疗教育学、社会心理学、教育原理和方法。另外,满20岁的幼儿园教师就可以学习社会事业家的课程;在特殊情况下,经过特别考试,可以升入教师培训大学,修完6门课程,取得小学教师的资格。没有正式资格的人在幼儿园做助手。能做幼儿园教师的人,毫无例外,一律有资格担当少年辅导员工作。德国幼儿园的任教人员原属保姆性质,1967年后改称教师。总之,其资格必须是具备1年的工作经历,2年的专科教育,再经历1年的实习期,经国家考试合格。担任幼儿园主任者,须具备2年以上的工作经历,三年制高级专科学校毕业,再加上1年的实习期,经国家考试合格。由此可见,德国对幼儿教育工作者的要求是相当严格的。

德国每一类学校的教师都必须受过高等教育,而且还要受过从事教育工作的培训。只有通过所学专业和教育学两种国家考试,才能取得教师资格,被国家聘为终身职员。德国教师的工资一般要比同龄的其他就业人员的工资高出二分之一到1倍。但是,在德国,幼儿园教师无论在其地位方面,还是工资方面,都不同于学校教师。小学教师是国家公职人员,而幼儿园教师仅仅是雇员;小学教师的工资较高,在学校幼儿园工作的少年辅导员也是雇员,其工资比幼儿园教师高,但比小学教师要低。不过,如果幼儿园教师和少年辅导员经过小学教师必修课程的训练,也可以到小学任教。

德国培养学前儿童教师的机构主要有以下三类。

1. 技术学院

在培养学前儿童的教师中,技术学院担负着主要的责任。据统计,1982年51.6%的学前教师是从技术学院毕业的。未来的教师在中学或职业学校毕业后,获得一年以上的工作经验,再在技术学院进修3年。前两年主要学习体育、德语、社会学、宗教教育、卫生保健、心理学、教育学、教学理论与方法、儿童文学、美术、手工、音乐、律动、游戏等教育理论性较强的课程,后一年要参加学前教育实践活动。为了提高学前教师的培训质量,在课程建设中,非常重视学前教育理论与实践的紧密结合。

2. 大学

从大学毕业的学前教师所占的比例较小,1982年约为1.6%。这些大学生在校的前三年,主要是学习学前教育基本理论,进行深入的专题研究;后一年需要参加学前教育实践活动。大学毕业后往往到规模较大的学前教育机构中执教,担任行政领导等要职。

3. 培训学院

培训学院主要培养学前教师助手,1982年约有15.5%的教师助手受过培训学院的教育。培训学院的培训时间灵活多样,根据具体情况,对学生进行1~3年的培训,毕业后在学前教育机构担当教师的助手一职。

此外,德国还通过其他一些形式来培养保教工作者。在重视对未来的教师进行职业前教育的同时,还强调教师的在职进修,以提高师资队伍的水平,增强教师的适应能力。早在1982年,受过各类职前教育、拥有相应资格证书的保教工作者已占73.5%,另有15.2%的人接受在职培训。

五、家庭与社区的作用

德国是资源缺乏的国家,今天它所取得的经济成就虽然主要依靠的是受过良好教育的专业力量,但家庭教育与职业引导所起的作用也是不容低估的。德国幼儿教育的特色是:把教育的责任归之于父母,认为婴幼儿阶段父母是家庭教育的主体。德国宪法明文规定:教养儿童是父母的自然权利和义务,政府对幼儿教育站在辅助的立场上,真正担负教育责任的是父母。德国的学前教育是对家庭培养和照看等方面的补充,也是对儿童知识的获得和社交能力与心理健康的培养。德国80%以上的孩子对自己的印象颇好,他们特别感激父母在人格、修养方面对自己潜移默化的影响。孩子们欣赏的共同特征可概括为:勤奋、认真、按计划办事、言而有信并值得信赖。

家长在家庭教育中十分注意孩子成长关键时期的指导。

(1) 孩子出生后,父母便给孩子一个银行账户(在德国5马克即可开一账户)。为的是让孩子从小就学习管理自己的钱财,以便懂事后有计划地支配自己的零花钱和打工钱。

(2) 从蹒跚学步起就开始注重孩子坚强性格和参与意识的培养。孩子跌倒后,父母不是赶紧去扶,而是不断地鼓励孩子自己爬起来。为陶冶情操,鼓励孩子参与各种活动,特别是手工活动,如家庭布置、花园布局以及机器维修。

(3) 随着年龄的增大,孩子遇到的个人问题和烦恼增多,家长注意做孩子的知心朋友,既说出自己的观点,又尽量去理解孩子。

(4) 在择业问题上,尊重孩子意愿并加以适当引导,确保孩子有一个自己喜爱的职业。

家庭和社区在儿童的成长和发展中具有举足轻重的作用。学前教育机构是协助家庭对儿童进行教育的场所,政府部门、团体组织、出版界、教育专家、社会热心人士都以不同的形式资助、扶持学前儿童的家庭教育。

(一) 推行婴儿读书计划

1995年,慕尼黑市政府在市内推行了一项婴儿培育和发展的试验计划,免费向 9 个月大的婴儿赠送一个礼物包,包中有一本故事书、一本童话诗和一个婴儿图书证,以鼓励父母给婴儿讲故事,陪婴儿看图书,并到指定的国家婴儿图书馆借阅有关培育婴儿方面的书。此计划得到了青年父母和儿童教育工作者的广泛响应。1998 年,慕尼黑大学医学研究所通过研究指出,在婴儿时期开始接触书本,不但能提高儿童的听说、写作能力,而且还能减少儿童在成长过程中所产生的违法乱纪行为,降低少年犯罪率。现在德国其他地区和市镇纷纷推行婴儿读书计划,使孩子从婴儿时期就开始喜爱看书,增强未来的听写能力和遵纪守法的自觉性。

(二)开展对父母的教育活动

为了提高家庭教育的质量,一些团体组织包括卫生机构和慈善机构还通过开展对父母的教育活动,向父母传授教育子女的科学知识,培养父母教育子女的能力。例如,先向年轻的父母讲解"爱抚能使宝宝机灵健康"的道理;再把爱抚孩子的方法教给父母……

(三)实施家庭助手计划

慈善机构、社区青年服务部把经过培训的社会工作者组织起来,分派到一些特殊家庭去工作,每周义务服务 5~10 小时,给儿童父母以具体指导,帮助他们解决家庭及教育中的"疑难杂症",使他们在 1~2 年内学会自救、自助,以提高家庭生活水准和教养质量。

(四)补贴家庭教育金额

按照家庭的经济条件和子女数量,政府对特困家庭进行资助,发放教育津贴。1990 年以后,政府改革了发放津贴的办法:每年上半年,每个儿童都能得到 600 马克的补助;下半年,则根据父母的实际收入来决定补助金额。政府的大力支持,使许多经济状况较差的家庭能够满足孩子的生活及教育需求。

(五) 组织家庭互助活动

自 1987 年开始,父母们就自发组织起来,在家庭之间开展互帮互助的活动。到 1990 年,已在全国范围内建成了一个规模庞大的家庭互助联网系统,把不同的机构(如儿童中心、儿童保育、儿童急救护理、亲子游戏小组、父母儿童之家、父母儿童协会、单亲父母小组等)全部协调起来,共同为儿童的生存、发展提供优质服务。

第二节　英国的学前教育

一、发展简史

在封建社会里,英国没有专门的幼教机构,受教育的只限于封建统治阶级,而且完全是家庭教育。18 世纪末 19 世纪初,随着大机器生产的产生与发展,英国的早期教育也应运而生。1800 年,英国出现了私立儿童保育机构,由年长的妇女担任教师,称为"保姆",它是英国早期教育的雏形。

19 世纪初期,英国才有了第一所学前教育机构,发起人是罗伯特·欧文(1771—1858)。他于 1816 年在新拉纳克正式创办了英国第一所幼儿学校,专为工人阶级子女(1～6 岁的儿童)提供教育,以培养善良的性格。学校包括托儿所、幼儿园和游戏场。儿童的许多时间都是在户外度过的。欧文认为培养儿童为社会服务的精神非常重要。在幼儿学校中,教师和儿童经常进行关于自然、周围事物和现象的谈话。欧文反对在幼儿学校里用当时的教科书来教儿童,因为这些教科书里充满了宗教思想,对儿童是没有益处的。幼儿学校的教师由工厂里年轻的工人担任,欧文认为虽然他们没有教育学的素养,但都能关心和爱护儿童。1818 年,欧文亲自去瑞士,参观了裴斯泰洛齐和费伦伯格的教育实践。回来之后,他便提倡"新法",在校内装备玩具、图画、模型、地图和安全卫生的动植物等设施,并注重体育活动。1818年,兰斯登侯爵及布鲁姆勋爵等英国上流社会人士在伦敦威斯敏斯特开办了第二所幼儿学校,并邀请欧文幼儿学校教师布坎南担任校长。1820年,怀尔德斯平夫妇又在斯平脱场开办了第三所幼儿学校。后来幼儿学校被纳入英国学制系统之内。1824年,英国"幼儿教育协会"成立,进一步推动了幼儿学校的发展。

产业革命前,英国政府对幼儿教育不管不问,认为幼儿教育是一种纯慈善事业。所以,英国的学前教育在起步阶段发展并不快。英国自1833年开始实行从国库拨款的教育补助政策。1840年后,幼儿学校开始从这项政策中受益。但同时,英国政府对幼儿学校的设施、设备以及教育内容和方法加强了控制。

19世纪50年代,福禄贝尔幼儿园开始在英国发芽、生根。19世纪60年代后,英国的福禄贝尔幼儿园因受政府政策的影响一度受阻。19世纪70年代后方踏上坦途。此外,自引进福禄贝尔幼儿园后,英国的幼儿教育出现两种制度并存的局面:一种是幼儿学校及收容幼儿的小学,仍以贫民和工人的子女为对象;另一种则是幼儿园,以中上层阶级的子女为对象。但在19世纪,英国也出现了少量招收工人子女的慈善性质的免费幼儿园。第一所免费幼儿园由马瑟爵士于1873年在工业城市曼彻斯特开办。同时,英国传统的幼儿学校也逐渐受到福禄贝尔运动的影响。

1870年,英国颁布了《初等教育法》。由学区设置办学委员会,就地筹款,创办学校,补充私立学校之不足。从此,英国有了与私立学校并驾齐驱的地方公立学校。19世纪80年代,英国又颁布并落实了义务教育的规定,确定了儿童从5岁开始进行初等义务教育的规定,英国的幼儿学校被纳入这一系统。

第一次世界大战之后,杜威的实用主义教育理论和蒙台梭利的自由主义教育思想对英国的学前教育产生了很大的影响,英国的保育学校和幼儿学校都受其影响。1907年,蒙台梭利的"幼儿之家"在罗马成立后,英国也办起了一些蒙台梭利式的"幼儿之家"和幼儿师范学校。

第二次世界大战前的英国幼儿教育的发展以保育学校的创立、发展和幼儿教育方法的改革为主要内容。幼儿园被纳入保育学校系统。英国保育学校的创始人是麦克米伦姐妹。1908年,麦克米伦姐妹在博乌开设实验诊疗所;1910年改称德普特福特学校治疗中心;1911年发展为野营学校;1913年正式命名为"野外保育学校"。该校为5岁以下儿童提供教育,特别是贫民和工人的子女,其办学的首要目的是为幼儿提供适宜的环境及增进幼儿健康;其办学特点是:糅合欧文、裴斯泰洛齐、福禄贝尔及蒙台梭利的教育方法,反对拘谨的形式主义教学,注重幼儿的手工教育、感觉训练、言语教育、家政活动训练及自由游戏,在郊外开设校区,注意环境的布置以及采光、通风等条件。麦氏保育学校的创办受到英国社会各界的赞誉,英国政府也大力支持保育学校。1919年,保育学校开始接受国库补助。就在这一年,英国的幼儿园也改称为保育学校。1923年,以马格丽特·麦克米伦为首的英国保育学校联盟成立,致力于推广保育学校及保育学校教师的培训工作。从某种意义上说,麦氏的保育学校使欧文传统的幼儿教育思想得到发扬光大。

随着保育学校的持续发展,有关理论也不断充实。曾任保育学校联盟首任名誉干事的格雷斯·欧文在1920年出版的《保育学校教育》一书中提出,保育学校应尊重儿童的自然本能,努力增进其各类经验;多组织集体活动,以培养幼儿的协作精神;不应对幼儿进行读、写、算的正规教学或各种形式的测验。幼儿心理学家苏珊·艾萨克斯在《幼儿的智力发展》和《幼儿社会性的发展》等著作中,主张幼儿期的教育和纪律应是宽容的,反对压抑和绝对服从;强调尊重个体差异;此外还倡导蒙台梭利教具及教学法。英国保育学校的理论经过麦氏姐妹、格雷斯·欧文及艾萨克斯等人的努力,到20世纪30年代已初步形成了体系。

20世纪初,在儿童中心主义教育思潮广泛传播的背景下,美国进步教育运动、蒙台梭利方法以及新教育的其他方法逐渐影响到英国学前教育,英国幼儿教育界非常重视革新幼儿教育方法。一些幼儿学校开始了"做中学"、"设计教学法"的改革实验。对英国这一时期幼儿教育方法的影响更为深刻是蒙台梭利的方法,蒙台梭利关于自由教育、环境布置和感官教具的理论与实践为英国幼儿教师们所接受。1915年,在蒙台梭利协会的倡导下,英国召开了"新教育理想协议会"。会议呼吁宏扬"尊重儿童个性以及使儿童个性在自由气氛中得到充分发展"的新教育精神。1918年的《费舍教育法》也明文规定:初等教育中须贯彻"儿童中心"原则。

第二次世界大战时,由于战时需要,英国出现了另一种幼教机构——日托中心。当时这种机构曾得到政府的扶持,战后继续发展,保留至今,属于社会服务性质。日托中心招收社会救济部门选送的5岁以下或劳动妇女的无人照看的幼儿;全日制,由保姆负责保育,重在生活照顾及卫生保健。日托中心招收的幼儿将近英国幼儿的十分之一。一般由地方政府部门、企业或私人团体开办,属于卫生部门领导。

第二次世界大战后,由于经济原因,英国的幼儿教育发展受到阻碍,原有的幼教机构难以满足大量的儿童进入免费保育学校和保育班学习。于是,20世纪60年代由本部设在伦敦的自由团体儿童救济基金会发起了"幼儿游戏小组运动",并迅速发展起来。游戏小组以为幼儿提供游戏场为明确目标,以大城市为中心开始设立,接收2~5岁的幼儿。这种游戏小组属于民间组织,大多设在教会大厅、社会福利中心或学校中。经费由儿童家长自筹和管理,一些宗教及社会慈善团体、福利中心和学校也提供捐助,有些地方教育当局给予适当补贴。游戏小组有全日制的,也有每周开放两三次,每次两三个小时的。每班人数15~20人,游戏小组没有固定教师,由热心幼教工作的母亲轮流值班,有时也请专门的教师进行指导。游戏小组的活动内容主要有两方面,一是通过各种材料进行自由游戏,有些玩具还可借回家去玩一两周;二是唱歌、跳舞、讲故事等集体活动。管理人员主要是中产阶级家庭妇女。游戏小组提出的口号是"为孩子们争得一块游戏场地",在正规幼儿教育设施不足的情况下,幼儿游戏小组担负起补缺救急的任务。这一机构一直保留至今,成为英国学前教育体系的补充类型之一。

目前,英国的学前教育是在儿童5岁以前进行的幼儿教育,包括附设在小学里的保育班(教育对象一般是3~4岁的儿童)、单独开设的保育学校(一般从2岁开始)、幼儿学校。保育班、保育学校均无正式课程,而以促进儿童身体发育和发展儿童智力为目的的活动为主,也进行一些极简单的读、写、算的教学。英国的幼儿学校是初等教育的一部分,招收的对象为5~7岁的儿童。其教学目的是扩大儿童的知识领域,发展儿童智力,培养良好的生活习惯等。幼儿学校第一年的教学活动基本上与保育学校相同,相当于其他国家的幼儿园。教学是采用开放式的非正规教学方法,不在传统形式的教室中进行。许多5岁以下的幼儿上公立幼儿园或小学附属保育班,也有一些儿童上民办游戏小组或私立幼儿园。英国师婴比例为1∶3~1∶5,师幼比例为1∶10~1∶13。

英国教育部门为学前教育规定的任务是:(1)给幼儿以必要的医疗保护(免费医疗);(2)培养良好的行为习惯;(3)进行与幼儿年龄相称的学习。其学习内容是:游戏、唱歌、舞蹈、讲故事、绘画、手工(以泥、沙、木材为原料的简单手工作业)、谈话、看图讲述、礼貌教育和习惯培养以及极简单的读、写、算教学。

二、法规与体制

(一)法规

英国自1833年开始实行从国库拨款的教育补助政策。1840

年后,幼儿学校开始从这项政策中受益。同年8月,枢密院教育委员会视学官首次发出有关幼儿学校检查项目的训令,提出34个项目,包括学校设备、娱乐和身体练习、劳动、艺术模仿、学习音标、自然常识、阶梯教室的教学和纪律等方面。当时欲接受国库补助的幼儿学校,必须接受政府的监督和控制。

1870年,英国颁布了《初等教育法》。其第74条第一款规定:入学儿童的最低年龄为5岁。1918年,政府又颁布了《母亲和儿童福利法》,要求由地方行政当局为幼儿设立保育学校,招收5岁以下的幼儿。同年,又颁布了著名的《费舍尔法》。该法案的目的是在英国建立一个包括保育学校、小学、中学和专科学校在内的公共学校系统。法案要求将小学分为5～7岁(幼儿学校)和7～11岁(初级学校)两个阶段;此外,正式承认保育学校属于国民学校制度的一部分,应实行免费入学(伙食费、医疗费除外)。要求地方教育行政部门设立和援助保育学校,并决定对13所保育学校实行国库补助。但由于经费问题没有得到解决,有关扶持保育学校的规定没有全部执行。从1919年到1929年的十年间,英国保育学校仅增加15所。

1933年,以哈多为主席的调查委员会对英国初等教育进行调查后,同年发表了《关于幼儿学校及保育学校的报告》(简称《哈多报告》)。《哈多报告》提出:(1)良好的家庭是5岁以下儿童的最佳环境,但同时认为保育学校对城市儿童的发展有重要作用。建议将保育学校定为:国民教育中的理想的机构;提倡大力增设麦克米伦式的学校、幼儿学校附设的保育班。(2)建议成立以7岁以下幼儿为对象的独立的幼儿学校。指出5岁并不是区分儿童重要发展阶段的界限,而向7岁以上的少年学校过渡才是其重要发展阶段。(3)幼儿学校的教师也应遵循保育学校的原理,即注重对6岁以下儿童开展户外体育、游戏等自然性的活动和进行会话、唱歌、跳舞、图画、手工等表现能力的训练;对6岁以上的幼儿才增加读、写、算等正规教育。

1944年,邱吉尔政府通过了一个重要的教育改革法令,即《巴特勒法案》。该法案以1918年的费舍尔法案为蓝本,确定了英国现代教育体系的基础。法案中明确指出:以教育5岁以下儿童为主要目的的初等学校就是保育学校,其主要作用是培养全面发展的正常儿童,主要是进行教育,其次是进行补偿。法案还规定:2~5岁的儿童都应该进保育学校,地方教育当局应该提供保育学校和保育班的经费。此外,该法案还明确规定了保育学校由国家教育部门和地方教育当局管辖。法案还规定初等教育由三种学校实施:(1)为2~5岁的儿童设保育学校(这一年龄不属于义务教育之内)。(2)为5~7岁儿童设幼儿学校。(3)有的地方如果设立5~11岁的初等学校,则可在校内附设保育班,招收3~5岁的儿童。

《巴特勒法案》把保育学校或保育班的设置规定为地方教育行政当局的不可推卸的义务,但未能将保育学校和幼儿学校连贯起来的思想形成制度。幼儿学校仍作为义务教育的最初阶段而包括在初等教育之中。幼儿教育以5岁为界被割裂开来。

1963年的《普洛登报告》、1972年的《教育白皮书》都对英国的学前教育起了极大的推动作用。1963年,教育咨询委员会委员长普洛登女士发表了一篇报告书。该报告在第九章为义务教育前的幼儿提供教育设施中,呼吁大力发展英国的幼儿教育,尤其是在教育不发达的地区。该报告提议:(1)大量增加幼儿教育机构,希望到1980年时3~5岁的儿童都能进入幼教机构。幼儿教育应以20人为1组划分成1个"保育集体";1~3个保育集体组成一个"保育中心";它们可以与保育所或者儿童中心的诊疗所结合起来。所以保育集体每60人应配备各种资格的教师,每10人至少配有1名已修2年培训课程的保育助理来担当每天的保育工作。每周保育5天,分上午部和下午部。(2)在公立保育机构得到扩充之前,地方教育当局有义务对非盈利私立保育团体进行援助,以资鼓励。(3)最理想的是将包括保育集体在内的一切幼儿保护机构都统一在各个接纳儿童的设施及小学的领导之下。同时,在制定新的地区计划和老区重新规划时,也应充分考虑到幼儿教育。(4)在幼儿教育活动中增加教育因素。凡接受政府资助的幼儿教育机构应接受教育科学部门和地方教育当局的双重管辖。(5)努力提高幼教机构的设备和师资,提高幼教师资的素质。(6)应向贫困家庭的儿童和有语言障碍或潜在学习困难的儿童提供接受学前教育的机会。1968年,英国又制定了一项《都市发展纲要》,规定在纲要颁布后的12年中,由政府拨款资助城市贫民子女,包括为这些城市贫穷儿童设立专门的幼儿教育机构,进行身心发展方面的社会服务,等等。

1972年12月,教育科学大臣萨切尔发表了一份白皮书——《教育:扩展的架构》,提出将"扩大幼儿教育"定为内阁将要实行的四项教育政策之一。白皮书肯定了普洛登报告中具有实践意义的建议,并制定了实施计划,打算在10年内实现幼儿教育全部免费,并扩大5岁以下儿童的教育。为此,提出以下要求:第一,要调动各方面积极性。除政府外,还要依靠地方教育行政当局的周密规划,以及自由团体、教师、家长的大力协助。政府努力扩充保育学校,使4岁幼儿入园率达到90%、3岁幼儿入园率达到50%的目标能在20世纪80年代完成。第二,确保有相当数量的教师队伍。必须在进一步改革大学幼儿教师培训课程的同时,对非正式教师进行特别训练。第三,政府为实现上述计划提供必要的经费援助。政府拨给幼儿教育的经费在80年代增加到1972年的5倍以上。第四,政府将优先考虑为那些因居住环境等其他不利因素而有保育需求的3~5岁儿童提供全日制的设施。全日制设施的扩充目标是:能接受全国幼儿人口的15%。第五,当地政府应努力和社区民间团体合作,使保育学校改革能落实到民间。第六,将保育学校的师生比降到1:13。第七,加强保育学校和父母与幼儿之间的沟通。第八,保育学校将具有及早教育、及早辨别儿童问题和需求的功能。

1980年,教育法宣布:虽然年满2周岁的儿童可以进入公立幼儿园,年满3周岁的儿童可以进入幼儿班,地方教育当局有责任提供幼儿教育设施,可是法律不强求他们这样做。

1996年,新工党政府制定政策,要求所有4岁儿童就读1年的学前教育。1998年4月,英格兰和威尔士的所有地方政府部门都制定了学前教育发展计划,确定所有4岁幼儿都将接受1年高质量的学前教育,同时制定了使更多的3周岁幼儿能够进入幼儿园学习的发展目标。

(二) 体制

1. 行政与管理

英国的学前教育在宏观管理体制上实行国家、地方、学校三级管理。国家负责制定幼教的方针、政策、法规、制度,地方负责国家政策法规的贯彻执行,学校负责日常事务的具体操作。

由于英国义务教育的年龄是5~16岁,因此,英国学前教育以小学附设托儿所、小学附设幼儿班为主要形式。学校实行学校管理委员会领导下的校长负责制。托儿所或幼儿班负责人在小学校长的领导下,分工负责托儿所或幼儿班的工作。托儿所或幼儿班的负责人一般都是由小学副校长、学科组长或学校负责特殊教育的人员兼任。他们一般都是学校中层管理人员或管理委员会的委员,通过参加学校全体教职工大会、中层管理人员会议、学校管理委员会会议、学科会议等参与学校管理。对日常工作中的大事、要事,托儿所或幼儿班的负责人首先要请示校长,才能实施。也就是说,在人、财、物方面,托儿所或幼儿班的负责人只能提计划、提方案,经校长同意后,再进行具体的操作。托儿所或幼儿班负责人的任免由校长决定,校长的人选由学校管理委员会决定。学校管理委员会是学校决策性的机构,其成员具有广泛的代表性,包括校长、部分副校长、学科组长、教师代表、家长代表等。由于学校管理委员会要对办学者和家长及社区负责,因此,学校管理委员会的成员还包括地方教育当局代表、教会代表、慈善机构的代表、企业商业界的代表。一些特殊学校其学校管理委员会的成员还包括卫生健康部门或自愿者组织机构的代表。

　　幼儿教育的经费主要来自国会所核发的一部分税收金额。幼儿教育经费的65%由政府支出,分配给地方教育行政单位,不足部分由地方教育当局从地方税收抽额补助。托儿所的创办与维护由法定与自愿团体共同负责,构成所谓的"双重管制"。保育学校和保育班、幼儿班的经费或完全来自于英国政府或地方当局,或接受公款补助。根据1985年的统计,政府和地方教育当局维持的保育学校最多,占84%;而接受政府补助的保育学校占2%,不接受公款补助的保育学校只占12.5%。政府对学前游戏小组也给予资金的支持。例如,在1973年发布的通知中,将官方对游戏小组的资助作为规定颁布,鼓励各级政府支持建立游戏小组;政府向四分之一的游戏小组提供了补助金,为新建的游戏小组和游戏小组协会直接提供经费。

　　学校的课程与教学、课本内容与性质不是由教育科学部负责的,而是由教师选出的督学团负责的。这些督学处于指导地位,兼具督导与建议功能。他们虽是地方教育当局与教育科学部的联络者,但他们无权命令地方教育当局和教师。他们的一部分时间是花在举办教师的在职培训上,也时常发行一种建议性的小册子给教师参考。教师将他们视为支持性的服务人员。他们主要的职责在于提供咨询。地方性督学的功能不同于上述的督学,其主要职责乃是建议人事的任免、协助学校的管理,以及辅导教师。英国的国家教育督导机构是教育标准处。

2. 学前教育机构

　　种类繁多的学前教育机构使英国幼儿家长可以根据自己的需

要进行选择。英国主要有以下几种幼儿教育机构。

（1）幼儿学校和幼儿班。幼儿学校是独立的幼儿教育机构，由教育部门举办，招收2～5岁的儿童。幼儿班附设在小学里，招收3～4岁的儿童，进行1～2年的学前教育，儿童就近入学，以半日制为主，全日制为辅。幼儿学校的规模不同，从40名到120名不等，幼儿与教师的比例为1：10～1：13。幼儿学校和幼儿班没有正式的课程。教育内容从幼儿的实际需要出发设计课程。由幼儿自己选择日常活动，以游戏为主，为幼儿提供安全、轻松的环境，为其进入小学作准备。

（2）托儿所。英国的托儿所分为日间托儿所和寄宿托儿所。目前，托儿所在社会福利机关登记立案，主要招收2～5岁的儿童，儿童依家庭经济情况缴纳费用。托儿所一般只能收30个儿童。幼儿与保育人员的比例是1：13。近年来，社会安全和健康部、教育和科学部共同发展联合性的保育托儿机构。目前，全国儿童之家和儿童局也参加与支持此种联合性的托儿机构。托儿所根据以下标准优先选择儿童：第一，高度危险儿童，包括非意外伤害所造成的严重障碍儿童、复杂问题家庭的儿童。第二，中度危险儿童，包括单亲家庭的儿童、祖父母照顾的儿童、处境不利的儿童、家庭文化刺激贫乏的儿童、生理有缺陷的儿童等。

（3）日托中心。1870年时称托儿所。公立和私立的日托中心都必须接受地方社会福利部门的定期检查，只有在教师资格、环境设计等方面符合要求以后，才予以招生、开办。日托中心全年开放，招收出生8周至5岁的儿童，儿童在日托中心的时间为上午8:00至下午6:00；按儿童年龄分班，不同年龄班的规模不同，幼儿与教师的比例也不同，在0～3岁年龄班，最多只能有6名儿童，在3～5岁年龄班，最多只能有10名儿童，幼儿与教师比为1：3、1：4或1：5。

（4）学前教育中心。学前教育中心为父母及儿童提供良好的设备,有些还成立妈妈娃娃班、游戏小组和其他一些非正式的托儿班。他们提供看护和养育的服务。工作人员包括一位合格教师、几位受过专业训练的护士,有时还有一位社会工作人员和一位医务人员。例如,父母婴儿小组。以前是母亲婴儿小组,后来由于父亲的参与发展为父母婴儿小组,为3岁以下儿童提供服务。大多数婴儿小组每周活动1次,每次2小时。父母和孩子在一起做游戏,保教工作者和家长(如孕妇、父母、祖父母)或其他对幼儿教育感兴趣的人共同讨论教育子女中的问题,分享彼此间的教育经验。

(5)学前游戏小组。大多数学前游戏小组是由家长资助、装备和负责的。它为儿童提供游戏的伙伴、游戏的时间和空间,为儿童家长提供交流、学习的机会。家长通过参加儿童的游戏,能了解自身的教育价值,提高自信心,以便在家庭中更好地照顾和教育儿童。幼儿与教师的比例为1∶8左右。

(6)家庭保育。家庭也可以开办保育机构,这是英国幼儿教育的一个特色。这种家庭必须符合健康、安全标准,经地方社会服务部注册以后方有资格开办保育活动。近年来,英国十分重视对家庭保育的管理,资助保育者的培训,成立国家儿童保姆协会等以提高儿童保育者的素质。承担家庭保育工作的家庭全年全日开放,由主妇担当教育自己孩子和别人孩子的任务,但最多只允许照看3个5岁以下的儿童(包括自己的孩子)。

(7)联合托儿中心。为了父母的工作方便,英国还有一种幼儿教育机构,即联合托儿中心。招收0~5岁的儿童,全天开放,每天从上午8:00至下午6:00,父母可根据工作需要,接送孩子。该机构还设有父母屋,鼓励父母积极参加中心的活动,使保育和教育有机地结合起来,使幼儿园、家庭、幼儿三方面都能受教育。

三、课程

英国0～5岁儿童的课程指南分为六个领域:(1)个性、社会性和情感的发展;(2)交流、语言和读写;(3)数学发展;(4)认识和理解周围世界;(5)身体发展;(6)创造性发展。在这六个领域中,所有的目标均通过幼儿大量的感知、探索、操作活动完成。例如,在"身体发展"领域中,就非常注重通过各种身体动作来增强幼儿的自信心和成功感。

托儿所或托儿班的课程形态:英国的托儿所或托儿班过分信任儿童自发性的游戏和教师的自觉。室内外的游戏由教师使用多种教材加以引导。目前,强调的是教师与保育护士对儿童使用语言的方式要很敏感,并要发展儿童的思考技能,以使儿童的活动不只限于其社会化与情感的需要,更要有助于其认知发展。环境里的事物提供儿童许多机会去享受声、光、形、色的变化。托儿所认为培养儿童自信、独立与合作的品格是十分重要的。托儿所或托儿班并不从事正规的教学活动,故事、音乐、诗歌和自然活动是以非正式的小团体来进行的。儿童可以随心所欲地选择个人的或团体的、室内的或室外的游戏。

幼儿学校的课程形态:幼儿学校注重儿童的全面发展。学校所采取的教育方法无不配合儿童的需求,并且提供完整的机会让儿童发展和学习。幼儿学校没有正式的教学大纲,儿童可以利用教师那里的多种材料开始学习简单的读、写、算和参加各种活动。在英国幼儿学校的教学组织中,最有特点的是所谓"开放教学"。它在英国有多种名称,如"开放教育"、"非正规教育"、"非正规教学"、"完整日"等。开放教学的课程包括智能、艺术和体能等活动。教学形式不分年级,也不搞分科教学,没有固定的教材,提倡儿童的自由活动和探索,让儿童在丰富多彩的活动中获得知识、培养能力。每个儿童依自己的兴趣、能力与动机,利用学校所提供的一切资源。此时,教室成为工作室,儿童可以独立地或成群地从事活动。开放教学包括了源源不断的构想、语言发展和其他的学习经验,因此,使教育成为一种连续不断的进展过程。课程的基本内容是"游戏"。对这个阶段的儿童来说,工作与游戏没有什么区别,儿童也分辨不出学科与学科之间的不同。

以伊斯林顿区为例,学前课程安排如下:

(1) 在课程设置方面,在伊斯林顿区依据英国0~5岁儿童的课程指南,制定课程目标。

(2) 在课程开展方面,在语言和读写方面,关键要让孩子与理解他的交流意图的固定教师交谈,让孩子接触各种图书和故事,应尽早鼓励儿童和成人一起阅读,还可以让儿童制作自己的书。如果儿童在各方面都有了准备,可以鼓励他们进行书写活动,但是绝不能强迫。倾听和讲述故事是早期教育课程的重要组成部分。成人还应鼓励儿童讲述自己的故事(可制作一些挂图等来帮助儿童讲述故事),并且为他们打印出来,以让每个人阅读、欣赏。成人应根据儿童的要求随时为儿童个体或小组讲故事,还要安排讲故事的时间。

在儿童探索周围事物、认识理解世界的过程中,必须提供必要的环境、资源和时间。为了鼓励启发式游戏(是儿童自己探索发现物体的本质属性的游戏)的开展,启发式游戏口袋中装满了大量形状、大小、颜色不同的物品,如锡罐、乒乓球、棍子、圆锥、筐子、羽毛、铁链、锡片等。

儿童参与的大部分活动都是跨课程领域的,这些活动不仅能获取某一领域的知识,而且不同的儿童在同一活动中可以获得不同的技能和概念。例如,玩水游戏在促进儿童个性和社会性发展以及语言发展的同时,其本身也得到了拓展。

帮助儿童走出幼儿园,探索他们当地的环境也是非常重要的。例如,学步儿童每天都要走出幼儿园,去当地的公园或商店等地方,每周还要乘公共汽车去某个地方。

户外课程与户内课程相比,给予了儿童更广泛的游戏和学习机会。户外课程也应像户内活动一样得到精心的计划和细致的安排;在所有时间里,所有年龄段的儿童都能够自由使用户外场地。

每个儿童都有一名固定教师,这名教师与该儿童及其父母建立相对稳定的关系。一旦儿童适应了幼儿园生活,同固定教师建立了稳定关系,他们会愿意与其他教师建立关系——在这一点上,儿童会得到相应的鼓励和支持。

英国的义务教育起始于5岁儿童,因此许多5～7岁的儿童已是小学一二年级的学生,教育的基本内容包括三门核心课程(英语、数学、科学)以及七门基础课程:信息科学(即计算机科学)、设计与技术、体育、音乐、美术与手工、历史、地理。对5岁以下的儿童,没有要求实施国家课程,但考虑到幼儿园与小学衔接的问题及教育的一致性、一贯性,托幼机构主要参考国家课程,有适当的灵活性,但一般都设有九方面的学习内容:英语与文学、数学、科学、美育与创造、体育、信息技术、精神、道德、人类与社会。教学方法形式多样,主要考虑儿童的需要,但多以个别教育和小组教育为主,教育内容与活动相结合,理论与实践联系密切。

幼儿教师一般要求制定以下三种教学计划:学期计划、月周计划及日计划。教师在制定以上计划时,主要应考虑下面四个问题:(1)自身对幼儿发展的理解及对幼儿学习特点的认识;(2)自身对上述九门学科的知识准备与经验;(3)孩子现阶段所具有的能力、知识与理解力;(4)个别幼儿的特殊教育需要。

四、师资培养

幼儿教育师资队伍的水平直接关系到幼儿教育的质量。英国的保育学校、保养班由教师、保育助理、保育学生和临时工作人员组成。托儿所由保育护士或保育助理和教师组成。学前游戏小组有一名学前游戏小组指导者。

(一) 任用资格

要成为一名合格的教师有三种途径:最常见、最普遍的一种是年满 18 岁的英国青年,至少有两门功课得了"A"级,经过任何学科的三年学位学习,再加上一年或两年的教育学研究生资格证书学习就可以成为一名合格教师;其二是完成大学本科四年教育学学习;其三是经过三年的教师证书学习班学习。

想成为保育助理的学生要在扩充教育机构修满两年保育人员训练课程后,取得参加考试的资格,考试合格后获取国家保育考试协会证书。

托儿所的保育护士和保育助理的任用以修完国家保育考试课程、参加考试获得证书的人为主。

学前游戏小组通常任用修完经认可的学前游戏小组课程的人为学前游戏小组指导者。

(二) 职前教育

保育学校和保育班的教师的培养与小学教师的培养相同,由教育学院、多科技术学院教育系和艺术训练中心实施。地方教育当局对教育学院的招生对象作出了具体规定:具有良好的性格和身体、曾从事过幼教工作半年以上、年满 18 岁、具有高中毕业文凭等。

英国幼儿教育师资(主要是保育学校及保育班的教师)所学的课程如下:(1)普通教育课程。包括英语、数学、宗教、体育、教育学、心理学、教育史等。(2)职业教育课程。包括幼儿教育法、幼儿保健法、游戏等。(3)教学实习。为帮助学生了解并胜任未来的教师工作,课程中还安排了一些教学实习,内容包括观察儿童、照顾儿童以及有组织的教学实践。例如,在一至两年的教育学研究生资格证书教学过程中,学生要进行 16~18 周的教学实习。学生毕业后,尚须经过一年的实习考核,合格者方能得到由教育部颁发的合格教师证书。保育学校教师的任职资格与小学教师相同。

保育助理在扩充教育学院所学的国家保育考试课程的主要内容:儿童照顾和发展(理论与实际)、儿童的健康和照顾、家庭社区服务、一般科目、沟通和创造艺术、环境研究、家庭和社会。实习时间为40%,修业期限为两年(2000小时)。

学前游戏小组指导人的专业训练计划在各个地方当局并不一致,但基本上以1975年国家颁布的学前游戏小组指导者基础课程训练纲要为训练计划的基础,在扩充教育机构开设两年制的训练课程。课程内容由6部分组合而成:家庭和儿童,儿童和学前游戏小组,学前游戏小组和社区,儿童发展,组织学前游戏小组的实际和行政,成人和儿童、家庭、社区的关系。训练时间则根据地区的不同而有一些弹性变化,一般有这样几种情况:(1)每周一天,30周以上;(2)每周一个半天和一个晚上,2年共需120小时;(3)10周6次,2年共需120小时。

(三) 在职培训

学前教师的在职培训是确保高质量学前教育的基础。由于英国学前游戏小组的指导者中有不少未接受过专门的职业训练,所以,英国的"学前游戏小组协会"委托扩充教育机构和空中大学积极在各地兴办学前游戏小组指导者的在职培训。时间由几个星期至一年不等,结业时发给证书。

教师的在职进修与他们日后的晋级和加薪是相互联系的。因为晋级的主要依据是教师的学历水平、教学能力和教学质量。1992年,英国政府发布教育白皮书,规定新任教师要有五分之一的时间进修,正式教师每7年轮流脱产进修一次,力求在任何时间内,有3%的教师能够带薪进修。在职的幼儿教师同样实行此规定。

学者们认为要做好学前教师的在职培训应注意理论联系实际,要对教师进行教育教学方法论的培训,以促进儿童的健康发展。很多学校常年提供资金鼓励教师到大学的短期幼教培训班学习或参加省、市的各种幼教会议。如在时间上发生冲突,学校一般想办法帮助解决代课问题,甚至由学校领导亲自代课。聘请幼教专家、学者到学校给教师与家长作讲座或现场指导教师教学。组织教师参加其他学习。教师还可以参加英国早期儿童教育协会等机构开办的暑期学校,掌握指导学前教育实践的基本原则,了解儿童的现有能力,认同特殊儿童的需要,设计合适的教学方案和适当的教学计划,提高实际教学能力。教育和科学部与地方当局及其督学直接组织在职教师的进修工作,包括同教师中心领导和学校领导商定在职进修计划;安排和审批在职教师的进修经费,为教师进修创造条件;组织各种新教学手段的培训(如电子计算机和视听教学等)。

五、家庭与社区的作用

幼儿园教育离不开家庭的参与,教师和家长之间的沟通、交流是至关重要的。1988年,英国颁布的教育法,从法律上保证了父母可以参与学前教育机构的管理和儿童的学习,规定学前教育机构的管理组织中要有父母代表,地方教育机构要为父母提供培训课程,以提高教育儿童的水平。家长通过以下形式了解、参与幼儿园活动:

(1)父母联系卡。由教师通过卡片与家长取得联系,卡片上记录着学前教育机构的教育内容和方法、儿童在各方面的发展情况以及教师对家长的建议。

(2)父母屋。学前教育机构设有父母屋,在这里,教师和父母对儿童教育中的一些热点问题进行交流、讨论。

(3)布告栏。在班级门口或班级的一角设有布告栏,及时把幼儿园的大事向家长公布,或把儿童教育心理专家的科研成果向家长介绍。

(4)参与家庭教育讲座。学前教育机构不定期地举办家庭教育讲座,父母通过参加讲座了解儿童身心发展的知识,掌握家庭教育的方法。

(5)成立家长委员会。家长委员会的重要职能是为学校筹款,如通过组织游行、秋季时装表演、夏季家庭迪斯科舞蹈会、万圣节舞蹈会等活动来进行。

(6)参与学校的工作。有的学校每天都有一些家长自愿来学校帮助教师照顾孩子,每天每班至少有1~2位家长不仅参观幼儿作品展示,观看幼儿的演出和劳动成果,还和教师一起评论课程,共同商讨儿童的睡眠习惯、用厕训练、饮食内容和方法等对于儿童具有重要意义的问题。父母常常和自己的孩子在教室里共同阅读、讲故事,或者一起动手操作去探索问题。家长在幼儿园里呆的时间越长越好,这会使儿童感到安全、舒适。一旦孩子安顿下来,家长就可以以结构化的方式参与幼儿园活动,从而学到很多东西。这样可以帮助教师尽量有效地指导儿童。学校所有的时间向家长开放,家长和教师成了伙伴关系。

(7)参加各种辅导班。教师利用周末、节假日,长期为周围居民家长办班上课,如幼儿教育班、英语班、法语班、美容班、舞蹈班等。

此外,在教师的帮助下,居住在附近的几个家庭组成一个邻里互助小组,父母们相互讨论、交流,总结经验教训,相互支持,共同克服教育孩子方面的困难。

广泛利用社区教育资源:

(1)组织春游活动。教师根据自己班级活动的主题,选择春游的时间、地点、形式。春游前,教师先去联系春游地点,列出时间安排、春游目的及注意事项等。春游时,由儿童母亲来协助活动,一般1位母亲负责5个儿童,同时准备好备用药品、画板、纸张等,到达春游地点时,教师和家长鼓励儿童与自然亲近,喂养小动物,记录观察到的景物等。春游后,儿童回到班级时,大家一起写感谢信感谢别人给予的帮助;通过讲故事、绘画、泥工等活动再现春游的情景。

(2) 玩具图书馆。玩具图书馆是学前教育社区化的一个具体体现,符合资源的合理配置和使用原则。玩具图书馆,原名玩具馆,英国第一所玩具馆是由1位教师和1位母亲共同筹建的,他们把不同的家庭组织起来,使儿童能够交换玩具、扩大玩耍的范围。由于玩具的价格日涨,参与的家庭就集资购买玩具,玩具馆应运而生,并得以传播。

玩具图书馆是一个提供玩具与设备租赁服务的场所,一个提供以家庭为基础的支持性服务的场所,一个具有社会包容性的聚会场所,一个受欢迎的、友好的、家长和儿童可以一起游戏的场所。在一个有儿童所信赖的成人、成人鼓励儿童游戏(有设备、结构与行为限制)、没有压力的环境中,儿童可以学到的东西最多,而且他们最快乐。这就是玩具图书馆所能起到的作用以及所能教给孩子的东西。玩具图书馆的设备也很齐全,包括存放玩具和设备的安全场所,做点心用的厨房设备,用来冲洗、清洁玩具和进行游戏的水槽,方便适宜的便具——包括换尿布的设备,以及为有特殊需要的人所提供的设备,可以用于紧急情况的电话,等等。

玩具图书馆选择的玩具应具有游戏的价值、安全性能、耐久性能、学习性能、多功能性、设计良好、经济实惠等特点。

此外,社区中还有美术馆、展览馆、科学馆、博物馆等,为5岁以下儿童提供了各种各样有趣的服务项目,教师也鼓励家长经常带领孩子去参观,从中受益。许多社会服务机构帮助幼儿园满足儿童的特殊需要。伦敦市伊斯林顿区的政府部门还提出了"家庭学习政策",由主办单位分别在大中学校、幼儿园、社区、教堂、娱乐中心、运动俱乐部、图书馆、博物馆等组织家长和儿童共同学习。通过学习,增强了家庭成员的归属感,培养了积极的市民,发挥了社区的教育功能。这些都有助于提高幼儿园的质量,确保高质量的保育和高质量的教育。

第三节 法国的学前教育

一、发展简史

1762年,法国启蒙教育思想家、教育家卢梭出版了儿童教育小说《爱弥尔》,法国的学前教育因受卢梭教育思想的影响而发展很快,成为世界上幼儿教育发达的国家。

在法国,最早在历史上留下记录的幼儿教育机构是奥柏林的"编织学校"。1770年,奥柏林创设了编织学校,主要为所在地区贫民的子女(3岁以上的幼儿)提供教育。学校有2名指导教师,1名任手工技术指导,另1名任文化和游戏方面的指导,另外还请1女孩做"助教"。编织学校的教学内容包括:标准法语、宗教赞美歌、格言、绘画、地理、游戏、观察和采集植物、听童话故事、传授缝纫及编织方法等。但学校主要是教育而非保育,每周只开放2次。编织学校在法国历史上存在的时间并不长,它从未受到官方的扶持,它同法国其他的幼教机构(托儿所、母育学校等)并无直接继承、延续的关系。

19世纪初,巴黎第12区区长柯夏多次到英国考察、研究幼儿学校,借鉴其经验,在巴黎开办了法国最早的专门招收贫穷家庭2~5岁儿童的"托儿所",在照顾幼儿生活的同时,对他们进行宗教和道德教育,以及知识启蒙教育。随后,法国各地纷纷开办类似的托儿所,法国政府大力支持,认为它是初等教育的基础。1840年,法国创设了由国库支付的托儿所基金。有效的行政管理和大量的财政资助成为法国托儿所迅速发展的主要动力。

19世纪中叶,在别劳夫人的努力下和法国政府的支持、协助下,福禄贝尔幼儿园运动在法国掀起了热潮,并取得了许多重要成果。19世纪下半叶,法国陆续颁布了一系列法令来指导幼儿教育的发展,并确立了近代幼教制度。与此同时,法国的幼教机构开始向双轨制方向发展,法国的幼儿园为上层社会子女的专利品,平民子女只能进传统的托儿所。这种双轨制的现象与英国相似。

1881年,法国通过《费里法案》,提出国民教育的三个原则:免费、义务、世俗化。同年8月2日,在政府颁布的教育法令中又宣布,改托儿所为"母育学校",并将其并入免费的公共教育系统,实施统一的"母性养护及早期教育"。母育学校招收2~6岁的儿童,根据不同年龄男女混合编班。保教内容有:德育、日常生活知识、语言训练、唱歌、绘画、书法、体操、博物以及初步读、算等。1881年的两个法令基本上确立了法国的近代幼儿教育制度。1886年,法国政府规定:凡拥有2000名居民以上的乡、镇,都必须建1所母育学校。同时,法国政府又发布政令,对母育学校应具备的设施作了规定。"母育学校"也一直被作为法国统一幼儿教育机构的名称。

1905年,教育部长对母育学校过于强调传授知识的倾向提出批评。1908年,教育部长再次发布指令指出:母育学校的目的是对学前儿童加以照料,满足他们体、德、智三方面发展的要求;母育学校不是一般意义上的普通学校,对于有流落街头之虞和处于不良家庭的孤独的幼儿来说,母育学校乃是他们的避难所。他强调要鼓励无人照料的儿童到母育学校来,并给予平等的、热情的接待和照顾。1927年,法国政府又发出指示,详细规定了母育学校必须具备的校舍和设备标准。

经过努力,法国的幼儿教育奠定了坚实的基础,95%以上的学前儿童接受母育学校或其他学前教育机构的幼儿教育。法国的幼教机构主要有:母育学校、幼儿班、幼儿园等。学前教育虽不属于义务教育范畴,但实行免费,受教育的年龄向下延伸。目前,法国是欧洲唯一接受2岁幼儿入托的国家。1995年,教育部评估与展望司在"1995～2004年教育制度规划"报告中指出,到2004年,法国2岁儿童的入托率将由目前的35.8%增加到38.8%,3岁儿童的入园率在2000年达到100%(4～5岁儿童的入园率在80年代初已达到100%)。1970年,法国5岁儿童的入园率为100%,1980年4岁儿童的入园率为100%,1989年3岁儿童的入园率为97%,2岁儿童的入托率为33.7%。随着对儿童早期智力开发的深入研究和学龄儿童入学率的增长,人们对学前教育越来越重视。

法国幼儿教育的职能与其他国家不同,法国的幼儿教育机构承担教育、诊断、治疗三个职能,把社会、卫生、心理三者结合起来。他们认为幼儿园是卫生、教育、心理三者结合的一个团体,所以,法国注重保教结合。例如,他们研究2～4岁、4～5岁、5～6岁幼儿的一系列情绪问题,并给予心理治疗。他们制定的构成幼儿问题行为的指标十分客观,然后进行观察,进行治疗。他们认为:(1)幼儿教育的功能不仅是要重视幼儿的身心、习惯的养成,更应重视人格的健康发展,还要适应个别幼儿的各种潜能的充分发展。要培养幼儿关心别人、与人合作以及适应环境的能力,懂得民主、科学、友爱、守法。(2)提供全民免费教育,让幼儿自由入园。初等教育包括三个阶段,并涵盖了幼儿教育,即2岁至4.5半,4.5岁至8.5岁,8.5岁至11岁。(3)幼儿教育具有灵活性、开放性。对于高山偏远地区,实行送教上门,服务到家。即使只有三个孩子,也有流动车来进行教育。幼儿园招收各民族的、伤残的儿童,因为他们认为幼儿教育具有补偿功能。学前教育在法国越来越受到重视。现在,每个孩子从3岁起就有教育档案。越来越多的专家、社会工作者、医生和心理学家出现在幼儿园和幼教队伍中。法国教育部规定的学前教育宗旨有三点:"让孩子入托;使孩子合群;启发幼儿的智力。"

法国幼儿教育的功能有三:(1)教育性:提供儿童有系统的教

学经验,促进其心智发展,指导数的概念并做语文方面的基本练习;(2)社会性:使儿童有参与团体活动与社会学习的机会,并为白天工作的职业妇女提供照顾子女的适当环境;(3)补偿性:对家庭教育环境不足的儿童提供补偿教育的机会。同时,依据法国的教育法规,法国幼儿教育有以下原则:(1)自愿性:依父母意愿决定其子女是否入学;(2)免费性:幼儿教育机构多数是公立的,否则,就接受社会福利基金的津贴;(3)教育性:幼儿教育师资必须具备小学教师资格,母育学校与幼儿班均属于教育系统的机构;(4)非宗教性:幼儿教育机构不得实施宗教教育。

教育家们提出,今后法国的学前教育将朝着以下几个方向发展:(1)为儿童设计多元文化教育的课程,使儿童在了解自己国家文化的基础上,能认识、尊重、接受外国同伴的文化;(2)为儿童创设良好的环境,使儿童有更多的机会与人、物相互作用,增长知识,增强认知技能,发展交际能力;(3)深入研究儿童的计算机教育问题,更好地了解儿童学习的过程与方式,挖掘儿童的潜力,为今后的学习作好准备;(4)广泛开展学前儿童家庭教育问题的研究,实事求是地分析家长的教育目的、教育期望、教育态度、教育行为与儿童发展之间的关系,提高家长的教育能力,使幼儿园教育和家庭教育能步调一致,促进儿童的成长;(5)重视研究残缺儿童的教育问题,注意调动社会各界力量,促进残缺儿童在原有水平上得到发展。

随着科学技术的发展,法国设立了网上幼儿园,上塞纳省伊西—勒—穆里诺市两个网上托儿所将允许入托儿童的父母从互联网上看自己孩子。通过互联网摄像体系,家长们放心多了。孩子的母亲由此获得心理平衡,不会再因为外出工作不能照顾儿女而感到内疚。当然,最重要的一点是保证了工作的透明度。

二、法规与体制

（一）法规

法国是最早制定旨在保护和教育幼儿设施法令的国家。1835年2月26日,法国政府颁布了《关于在各县设立初等教育的特别视学官的规定》,提出视学官对托儿所具有视察和监督的权力。这是国家正式管理托儿所的开端。

1837年,法国政府发布了最早的有关托儿所管理和监督体系的规定。主要内容有：(1)托儿所是慈善机构的设施,分公立和私立两种,教学内容包括宗教、读、写、算、唱歌、画线等；(2)托儿所所长称为"监督",24岁以上的男女均可担任,但须具有三种证书：考试委员会发给的"能力证书"、地方自制体负责人发给的"道德证书"、大学总长授予的"住地证书"；(3)市镇村郡乃至中央各级教育委员会,对托儿所具有一般的管理、监督和惩戒的权力；(4)建立托儿所女视学官制度。自上而下,设有一般女视学官、特别女视学官和首席女视学官。条例还规定,法国托儿所的行政管理被纳入1833年颁布的初等教育法体制之内。

1881年,《费里法案》颁布。该法案更加明确地指出,国民教育三原则为"免费"、"义务"、"世俗化"。同年8月2日,在政府颁布的法令中又宣布,将托儿所等幼教机构统一改称为"母育学校",将其并入公共教育系统,以实施"母性养护及早期教育"为宗旨。宗教教育被宣布取消。母育学校作为法国统一幼儿教育机构的名称一直沿用至今。

1886年10月,法国又颁布了《戈勃莱法案》。此法案明确规定,凡是超过2000人的居民区都开办幼儿学校,免费招收2~6岁的儿童；儿童毕业后即可进入与它相衔接的小学。1887年,法国政府为加强对幼儿教育的管理,专门颁布了一个关于学龄前儿童教育大纲的通告。通告强调,所有幼儿教育机构都应受到国家和社会的重视,经费和师资应予以保证,并注重儿童身心的全面发展。

1975年,法国政府颁布了《哈比改革法案》,将发展幼儿教育、提高教育质量列为1976~1980年第七个五年计划的重点任务之一,要求学前教育发挥教育、补偿、诊断治疗、与小学衔接的四重作用。法案规定学前教育的目标是:启发儿童的个性;消除儿童由于出身和家庭条件的差异而造成的成功机会的不均等;帮助儿童顺利完成学前教育向小学教育的过渡。

1976年的法令规定,幼儿学校应有助于儿童的身体、智力和情感方面的个性品质发展,促使儿童早期发展,并从教育方面处理存在的障碍,以使他们在今后整个学习过程中实现机会均等。

1977年,教育部进一步明确规定了幼儿学校的三项目标,即教育、学前准备和照料,同时提出从以下方面对儿童进行教育培养:情感、身体、运动、行为、发音、造型表现力、想像力、口头语言、认识发展。

进入20世纪80年代以后,法国学前教育进入了一个新的发展时期。1986年,国民教育部在《幼儿学校:作用与任务》的报告中指出,幼儿学校的总目标在于使儿童的各种可能性得到发展,以形成其个性品质,并为他们提供最佳机会,使其能在学校学习和社会生活中获得成功。这样一来,使儿童"受学校教育"成为幼儿学校的首要目标。

1989年的《教育方针法》又指出,学前教育的目标是通过对美感的启蒙、对身体的意识、对灵巧动作的掌握和对集体生活的学习,发展幼儿的语言实践能力和个性,同时还注意发现儿童在感觉、运动或智力方面的障碍并及早诊断。

为了加强学前教育及其与小学教育的衔接,1990年9月6日,法国颁布的法令重新规定,幼儿学校的总目标是:开发儿童的各种潜能,提高他们的语言能力,通过审美、身体、灵巧等方面的培养和对公众生活的适应,使之形成个性,为接受小学教育并取得成功作好准备。新的法令将学前教育和小学教育作为一个整体,并把这两种教育分为三个相互关联的教学阶段:幼儿学校为起始阶段,幼儿学校的大班和小学一二年级为基础阶段,小学的后三个年级为加深阶段。每阶段的教学条件应当适应本阶段儿童的特点,教师应经常对学生进行评估并向家长通报有关情况。根据规定,每个阶段均有全国统一的培养目标、课程计划和评估标准。学前教育和小学教育在教学上的交叉,将有利于学前儿童顺利进入小学。

(二) 体制

法国幼儿教育是初等教育的组成部分之一,是由国家来统一管理的。

法国母育学校在教育行政上从属省里领导,但由于长期的传统使之与市镇有着密不可分的联系。在这样的双重领导下,校长没有财政和行政自主权,一般情况下,都是校长接受所在市镇的领导,直接处理行政、财务、教学、联络等事宜,不再设专门的职能部门,也没有其他专职管理人员。一般来讲,校舍等不动产归市镇所有,后勤工作也由市镇管理;教师是国家公职人员,教育大纲全国统一,人事和教学工作主要由省里管辖。

儿童的教育活动都由母育学校的教学小组和教育小组共同负责。教学小组由教师(包括校长和教师)组成,其任务是负责实施服务于教育目的的教学活动。教育小组成员由教师、保育员、家长和校医组成。以上所有人员都应关心和支持儿童的成长,而不论他们的年龄、性别、社会及文化背景如何。

法国的教师及所有的教育行政人员都是国家公务员,他们的待遇列入国家预算,教育方面的重要开支根据国家的财政预算决定。法国的教育经费主要来源于国家和地方政府的财政支出。1965年在政府负担的教育经费中,国家和地方分别负担84.7%和

15.3%。1979年开始,教育预算成为国家最大的经费开支。

法国的学前教育机构绝大部分为公立性质,1997～1998学年,法国有公立幼儿学校18460所,私立幼儿学校300所。学前教育机构接受2～6岁的儿童,凡年满2岁的儿童均可就近入学。各个阶层的儿童大多进入教育部管辖的母育学校和幼儿班,接受学前教育。公立幼儿学校免收学费,私立幼儿学校则由家长付费。根据教育法的规定,幼儿每周在校时间为26小时。母育学校和幼儿班开设体育、科技入门、语言交流(说、写)、手工、美术课程,由教师根据教学计划决定具体的教学内容。

法国幼儿教育机构形式多样,主要有以下几种:

1. 母育学校

母育学校与其他国家的幼儿园相似,是法国幼儿教育机构的主要形式,也称"幼儿学校",有公立和私立两种,受教育部或地方当局管辖。按照法国政府的规定,公立母育学校由国家和地方自治团体开办并支付经费,实行免费制,但不属于义务教育。相对公立母育学校,私立母育学校在母育学校中所占比例极小。私立母育学校大多由慈善团体、联合产业、商会及私人开办。母育学校招收2～6岁的儿童,幼儿按年龄分班,2～4岁为小班,4～5岁为中班,5～6岁为大班。教育内容根据儿童的年龄特征安排,中班后渗入较多文化知识性内容。大班更要加强读、写、算的基础训练。各种班级均有半日制与全日制两类,随个人意愿选择。幼儿学校每周开放4天半(周一、二、四、五及周六上午),每天开放6小时(上午、下午各3小时);目前,为满足社会的需要,每天开放时间延长为10～12小时。母育学校重视和家长的联系及身体检查,幼儿定期接受医生对其身体健康状况的检查和心理专家对其心理发展水平的测定,学校全天保育并坚持到傍晚最后一个孩子离开学校为止。班级规模在不同地区是不同的,乡镇每班10～15人,城市每班25～30人。现在政府正创造条件,减少班级人数,以保证教育质量。

2. 托儿所

这是法国学前教育中最古老的一种形式,隶属于保健部门,多附设于农村小学,也有公立、私立两种。幼儿班的性质与母育学校相似,招收2~5岁的儿童,在对儿童进行保育的同时,也对他们进行文明礼貌等方面的教育,逐渐适应未来的初等教育。

3. 幼儿班

以前,幼儿班附设在小学里,主要招收3~5岁的儿童,为儿童进入小学作好身心的准备。现在有些幼儿班独立开办,招收2~6岁的儿童。农村小学附设幼儿班,幼儿班的监督工作由教育部的母育学校女视学官担任。多数私立幼儿班则由小学的督学官负责监督。

4. 温和过渡班

这是幼儿进入正规幼儿教育机构之前的一种过渡性质的机构,它的招收对象是16个月到5岁的儿童,每次活动2.5小时,每次活动人数不超过10人。这一实验的目的是使幼儿逐步习惯离开家庭到幼儿集体中来。由于幼儿参加活动的时间不太长,家长又可以随时接送,儿童便不再因突然离家到幼儿园而在心理上产生陌生感和生活上的不适应。

5. 小小俱乐部

这种机构主要在于解决幼儿既想参加集体活动,又不愿离开家长的矛盾。招生对象是2个月至8岁的儿童,每次活动人数为10~15人。这种小小俱乐部离家近,收费少,活动时间和方式灵活,使幼儿在集体中仍有一些家庭生活的感觉,很受社会和家长的欢迎。

6. 保育室

保育室是为有紧急事件的家长临时照看学前儿童的机构,以解决家长的后顾之忧。

7. 流动车

对偏远地区的儿童,利用流动车,实行送教上门,服务到家。

8. 儿童假期中心和休息中心

这种中心主要是在寒暑假中组织儿童活动。一般招收 4～6 岁的幼儿,每期活动为 20～25 天,在这段时间里教师组织幼儿到社会中去,到大自然中去,从而达到陶冶幼儿情操、锻炼幼儿体质、增强幼儿独立生活能力的目的。

除此之外,还有微型托儿所。微型托儿所设在新建公寓中留出的部分住房内,收托 10～12 个 3 岁以下的儿童,以解决就近入托的问题。法国学前教育机构正朝着规模小型化、活动多样化、组织灵活化、教育个性化、环境家庭化的方向发展。

三、课程

进行实质性的幼儿教育改革,是提高幼儿教育质量的关键。近些年来,法国十分重视幼儿教育的改革。《幼儿学校教学大纲》的颁布,体现了法国幼儿教育课程改革的新动向。法国《幼儿学校教学大纲》就幼儿园课程的目标、内容、组织与实施等提出了新规定,基本精神如下:

(一)开放的大课程观

幼儿园必须向家长开放,并与之建立和保持彼此信赖的关系。幼儿园还必须向其他儿童教育机构开放,建立合作与协调的工作关系。幼儿园应该受到社会与国家的保护,使儿童有安全感。此外,幼儿园应该是观察、发现和解决儿童各方面的问题、缺陷的阵地。

(二)丰富的经验性课程

幼儿园是儿童进入社会的最初平台,是儿童未来学习的基础,其经验的多样性和丰富性使儿童可以通过结构化的学习来构建知识,并为小学更加系统化的学习作准备,课程活动旨在引导幼儿练习并发展其运动、情感和认识能力。幼儿学习辨别感受和情感,学习在特定的时间与空间里,在更广阔的经验中,以更合适的方式行动。

(三) 游戏是幼儿基本的活动

教师的任务是广泛使用各种游戏来进行活动,并借助各种工具、手段、情境发展幼儿的语言、思考力、身体机能、观察、记忆、想像等。

(四) 以幼儿为中心的课程观

以幼儿为中心设计课程。课程是一种方式,即满足幼儿生理、情感和认识需要的生活方式,并使之在各种群体中找到自己的位置。这种生活方式要求对环境进行发展性创设,应充分考虑图像、书刊、游戏、玩具、空间、物品和时间等要素在环境创设中的利用与安排。组织课程活动要从儿童的年龄、身心发展、兴趣、活动及其他特点出发,构建幼儿学习的方式。

(五) 结构化学习

学习的结构化旨在构建儿童的自我,强调结构化而非系统化的学习,在于尊重儿童自我经验、需要、发展的连续性以及环境的创设。结构化而非系统化的学习,即要求按课程安排活动而不是按学科分类去进行。据此,法国幼儿教育的课程以活动为中心进行。活动领域既包括了幼儿教育的课程目标领域,又包含了课程内容的领域,还规定了课程实施的基本方式。

根据大纲的基本精神,法国幼儿园课程的目标主要有三个方面:

(1) 发展和谐的人格,促进幼儿情感的成熟和社会化。幼儿教育主要是促进幼儿社会化,使幼儿参与到同伴及成人的活动中去,在活动中认识自己、认识环境,了解自己与他人的关系,学会克制自己的情绪,排除攻击性,知道与人合作,建立良好的人际关系,养成集体生活的习惯,塑造健全的人格。

（2）促进身体的发展。充分发展幼儿感觉动作的能力，学会照顾自己（穿衣、大小便），养成独立、有规律的生活习惯，使其尽早适应新的生活。

（3）发展幼儿的表达能力，启发思维、想像力和好奇心，并拓宽其视野，养成初步的分辨和鉴赏能力。

要达到这三方面的教育目标，幼儿园必须给幼儿提供适当的刺激（学习内容），供幼儿学习和联系。根据教育目标，法国幼儿园课程的主要内容和教学活动为以下几方面：

（1）身体的活动。这主要是锻炼幼儿健康强壮的体魄，形成熟练的身体动作反应，认识身体部位，熟悉身体与空间的关系等。身体的活动又可分为三种：一是身体技能活动，主要有速度、反应能力、克服障碍、解决问题及走、跑、跳等训练；二是动作协调的训练活动，主要有连贯动作、姿势训练、韵律活动、相反动作反应、游戏、舞蹈等；三是身体表达的活动，如哑剧、歌剧、舞蹈及自编动作等。

（2）口语和文字表达及沟通活动。这是指培养幼儿用语言表达自己的认识、想法、经验等，使幼儿主动与他人交流、沟通，让幼儿注意语言表达的句法、用词的准确性及不同场合的不同语调；还让幼儿学习初步的文字书写，其主要目的不在于写生字、生词、生句，而在于对视觉的训练与小肌肉动作的训练。书写特别强调幼儿在现有的水平上发展，而非揠苗助长。口语和文字表达及沟通活动又可分成几个方面，如口语沟通方面有木偶故事、排演歌剧、角色扮演等活动；语法、语调训练方面在分组活动、做实验、调查、请示教师或谈见闻、感想、听故事等活动中进行，了解并学会新的词汇及文法结构；文字书写方面有认识物体的形状、大小、颜色，辨别提示符号（字母）系统等活动，用描红等方式进行小肌肉训练，认识常见的（教室内图书上的）图形、符号、文字的形状及其意义和书写方法。此外，对于有语言障碍的幼儿，还有专门的矫治方案。

(3) 艺术及美育活动。这一内容包括艺术创造活动和审美活动。艺术创造活动有多方面的内容,如身体的姿势、手势、声音、连贯动作(如哑剧、戏剧、舞蹈)等的创造,使用不同性质的材料进行创造(如各种造型活动)。这些活动可以发展幼儿的想像力和创造力,也可以加深幼儿对世界的认识。艺术审美活动有多种不同的方式,如欣赏自然景象、阅览书籍、搜集艺术品等,从而逐渐形成审美知觉。

(4) 科学与技术活动。这是指提供给幼儿接触环境的机会,并引导幼儿去探究环境,发现并组织材料,进行初步的创造,学会操作或解决问题的方法。幼儿可利用教师提供的工具或材料进行操作活动,从敲敲打打、拆拆拼拼、修修补补中,学会折叠、拆卸、拼装、组合、装订等技能;幼儿也可在操作活动或其他探索活动中学会确定物体位置,了解物体特性,发现事物之间的逻辑关系,学会分类方法,发现物品的数目,在整理、收集物品时建立数序观念,发现并建立空间概念或空间关系,能指出物品的名称和形状;在户外活动中,能察觉出外界景象的不同及时间、季节、气温的变化;还可以开展饲养小动物或种植花木、蔬菜的活动,以了解出生、成长、繁殖、老、死、凋零等生态现象。

以上四个方面的内容,构成了法国幼儿园课程的总体框架。这四个方面的教育内容,大、中、小班各有侧重,从小班到大班,教育内容逐渐丰富,要求也逐渐提高。例如,小班的主要活动是游戏、体能、手工及自由活动,中班的主要活动是游戏、会话、体育、手工,大班的主要活动是音乐与诗歌、会话、语言、阅读与写字准备、数学、体育、手工、听故事。同一活动的内容和要求也是随年龄而增加的。但任何年龄阶段都强调教师在上课时,应适当选择、运用科学合理的方法指导幼儿开展各种活动,使幼儿在轻松愉快的气氛中学习,获得发展。

20世纪90年代初,为了加强学前教育与小学教育的衔接,法国幼儿学校开始实施跨两校（幼儿学校和小学）的新教学组织形式。1990年9月6日颁布的法令,幼儿学校的总目标是：开发儿童的各种潜能,提高他们的语言能力,通过对审美、身体、灵巧等方面的培养和对公众生活的适应,使之形成个性,为接受小学教育并取得成功作好准备。新的法令将学前教育和小学教育作为一个整体,并把这两种教育分为三个相互关联的教学阶段：起始阶段、基础阶段、加深阶段。每个阶段的教学条件应当适合本阶段儿童的特点,教师应经常对学生进行评估,并向家长通报有关情况。根据规定,每个阶段均有全国统一的培养目标、课程计划和评估标准。学前教育与小学教育在教学上的交叉,将有利于学前儿童顺利进入小学。在阅读教学中,还将小学一年级与幼儿学校大班的儿童放在一起,让小学一年级学生"指导"幼儿阅读,发挥"小老师"的作用。另外,对教师进行相同的培训,在幼教机构中从事学前教育的教师接受小学教育的培训；同样,从事小学教育的教师也接受学前教育的培训,让他们了解彼此的教育对象、教育内容、教育方法。倡导男教师加盟学前教育。幼儿园和小学是两个相邻的教育阶段,小学里男教师所占的比例高于幼儿园,鼓励男教师进入幼儿园任教,以便为幼儿提供性别构成比例相似的教育者,减少过渡的坡度。幼教师资与小学教师一起培养,可以互换,在幼、小衔接上解决了别国未能解决的问题。法国注意幼儿园与小学的衔接,不仅教师有相同职称,由相同学校培养,而且把大班和小学第一年视为一个共同的教学阶段,但禁止提前教授小学教学大纲的内容。

四、师资培养

法国是世界上学前教育普及率最高的国家,学前教育师资力量雄厚。在1988～1989学年,全国学前教育的教育工作者（包括园长、教师、助理教师）已有7.38万人。资历种类有教师、保姆、助理教师（编制外,由地方政府依实际需要聘请）。

(一) 任用资格

教师基本上由师范专科学校毕业,近年来提高到师范学院毕业。幼儿教师必须获得大学第一阶段"普通高等教育文凭"以后,才能进入师范学院。

保姆和助理教师的资格未作规定。

(二) 职前教育

早在1886年,法国官方即规定:母育学校教师与小学教师是同级教学人员,均由中等师范学校通过相同的方式培养。所以,当前法国学前教育师资的培养与小学教师的培养没有区别。

在幼儿教育不断发展的同时,法国对幼教师资的要求不断提高。19世纪末,初级师范学校(相当于中等专科学校)通过入学考试招收初等教育高年级(初中)毕业生,学制4年(2年普通教育加2年师范教育),毕业后一部分毕业生从事幼儿教育工作。

1964年,法国师范学校的招生对象从初中毕业生改为择优录取高中毕业会考合格的学生,学制1年,主要任务是进行专业教育。

1979年,为了进一步提高幼教及小教师资素质,法国教育部公布了学前和小学教师培养的新方法。其内容有:(1)将师范学校学制延长为3年。(2)以适应培养成年人的单元制来代替传统的按教学大纲和课表上课的方法。(3)学习结束时授予大学普通学习文凭,所修的课程包括哲学、历史、法律、心理学、教育学、教育科学、课程教学法等,有相当多的体育、艺术、手工劳动和社会文化活动时间。教育能力证书的国家考试规定,在三年级第三学期举行。(4)全省师范学校要在培养新师资的同时,承担起在职教师终身教育的工作,并成为教学研究中心和资料中心。

自1986年3月14日政府颁布法令后的秋季开学起,师范学校不再向高中毕业会考合格者招生,招收的学员来自普通大学第一阶段毕业生,即持有"普通高等教育文凭"或具有同等学历者。

新的招生考试包括同报考者谈教育问题的面试,以及笔试。考生通过考试后,进入师范学校学习2年。普通大学培养的初等教育师资也相应提高了入学的标准,变为面向高中毕业后又接受2年高等教育者。学习2年毕业后,大约有四分之一的初等教育师资从事幼儿教育工作。学前教育师资中还有持"特殊教育文凭"的教师,专门从事弱智儿童的教育。

1989年发布的"教育方向指导法"的一项重要内容是,宣布建立统一的、专门化的高等师范学校——大学学院。大学学院将取代目前的师范学校、地区教育中心,培养从母育学校(幼儿园)到高中的所有层次的师资。根据这一法令,从1990年起,设在综合大学里的"教师培训学院"取代了各种师范学校,学员录取沿用原来的标准,学制2年。招生工作在审查入学者人事档案和进行个别谈话的基础上进行,以确认入学者是否具备充分的职业选择动机。也就是说,今后法国从幼儿园到高中的所有师资,均出自教师培训学院。学习期间,学员享受每年七万法郎的助学金补贴。学院的教学计划包括普通教育、专业教育和教育实习。教学计划总学时为1500~1700学时,其中1000~1200学时用于理论教学,500学时(大约18~19周)用于实习。至于普通教育与专业教育的比例,第一学年为1:1.5,第二学年为1:1。规定课程内容有四个方面:(1)教育理论与实践:教育哲学、教育史、教育社会学、普通教育学、心理学、幼儿教育等理论课程,还有幼儿教育学校实习的实践部分。(2)学科教学:法语、数学、科学与技术、历史、地理、公民教育、体育、艺术教育、幼儿教育的各学科教学法等。(3)初等教师的行政与社会作用:教育制度与教育道德、教育环境的经济、社会、文化问题及其对学校的影响等理论课程和娱乐或文化中心的实习、劳动部门的实习等实践课程。(4)选修课。

为保证学前教育的质量,国家十分重视学前教育师资的培训,对母育学校教师提出了具体的要求。这些要求包括:扎实的普通文化基础,不同活动领域的学科知识与教学能力,对儿童的真正了解与关心。这就是法国母育学校教师教育的目标。有关法令要求,教师要特别留心儿童,这是使儿童得到充分发展所需要的;教师应"尊重儿童开始出现的人格中的自由和个人的小秘密,支持儿童获得自由";帮助他们发展能力,调整感情,意识到自己与周围的人所存在的各种关系;教师必须认识到儿童的社会、道德和文化方面发展的重要性,促进其品格中社会与公民意识的形成;针对儿童学习方式的变化和多样性,幼儿教师必须受到特别培训,他们应该注意不要忽视那些影响儿童认知发展的诸因素(如运动技能、情感、社会环境与文化环境等);幼儿教师通过对儿童的了解,也可以丰富他们自己的职业实践和职业文化;同时,还必须不断适应教学的改革与探索,以促进幼儿学校的改革与发展。

在母育学校教师培训中,十分强调与儿童发展和教育有密切关系的基础学科的学习,如遗传心理学、普通心理学、儿科学、营养学、神经学、精神分析学、社会学、学科教学法研究等。在母育学校教师培训中心,还强调必须在教育中掌握好基础学科知识,任何一种理论都不能直接代替教育实践;但教育实践也不能没有理论的指导,二者不能偏废。所以,除了学习教育理论课程以外,学生还要在教师培训学院教师和学前教育机构教师的指导下,参加教育实践活动,如到幼儿园见习、实习,学以致用,理论与实践相结合。学生在学校学习期间可带薪,享受教师待遇,毕业后任教,至少从教10年。

(三) 在职培训

初等教师(即学前教育师资和小学教育师资)的在职培训始于1972年。师范学校成为培训中心。这里举办的进修班带有教育实习性质(6~12周)。在进修班里,学员将理论教学(包括提高普通教育水平,更新专业学科、教育学科和教学方法知识)与实践活动结合起来。有关法律规定:每位任教5年以上的幼儿教师可在今后的任教生涯中享受36周在职教育。这一规定自1972年起实施。

法国自20世纪80年代起扩大和改进了教师进修系统。国家一级，由教育部各有关司局根据工作重点制定培训计划；中小学教师的常规在职培训由学区制定计划，各大学师范学院组织实施。进修一律免费，必要时国家还提供差旅费。一部分进修安排在周末和假期；一部分占用工作时间，参加短期进修教师的工作由实习教师暂代，另有一种代课教师负责接替长期进修教师的工作。按内容划分，一些进修限定参加者范围，一些进修自愿报名。

1982年成立的"学团"是由政府组织的、以长期计划为主的教师进修主渠道。参加进修的教育工作者在此接受为期一年的脱产学习。学团的任务是根据实际需要，设计和安排各级教育工作者的进修课程，并邀请母育学校、中小学和大学有经验的教师、学校和行政部门的领导人担任教学工作。

"暑期大学"的培训期较短，培训形式以2~8天的短期实习为主，每个进修班人数也较少，一般在30~50人。招生办法是每年由教育部发布正式通报，预先提供有关进修班的主题、参加对象、招生人数的信息，供教师们选择。

法国财政部通过立法提出所有劳工在全部服务年限中享有1200小时的在职进修机会，因此，在职的学前教育教师同样享受1200小时的在职进修机会。

1984年7月成立的法比尤斯政府，以社会的现代化和团结国民为原则，大幅度地强化计算机教学。1985年，法国提出了"全体国民学习计算机计划"，拨款20亿法郎购置电脑，在二十多座城市里都设置了以提高在职教师计算机操作能力的专业进修课程。1997年，教育部制定了一项"紧急计划"，投入6000万法郎对教师进行培训，以在教育领域推广信息与通信技术，使所有的教师都能认识到电脑的重要性。

五、家庭与社区的作用

高质量的幼儿教育应该是幼儿园教育与家庭教育、社区教育的有机结合、密切合作。在法国,这已成为幼教工作者的共识,他们注意发挥家庭和社区在儿童成长中的作用,家长与社区成员也积极配合幼儿园教育。他们采用以下几种形式参与幼儿教育。

(1) 参加、支持家长委员会。几乎每个学前教育机构都成立了家长委员会,由家长代表及教师组成,每年召开两三次会议,家长与教师一起讨论学前教育机构的教育计划、课程设置、活动安排、环境布置等问题,以更好地促进儿童的发展。

(2) 参与幼儿园教育活动。为了帮助幼儿尽快走出家庭,适应幼儿园的生活,家长来幼儿园参观、访问,参与、支持幼儿园的教育活动,和教师一起布置活动环境,开展有关教育活动等。

(3) 利用接送时间与园方交流。家长利用接送孩子的时间,主动与教师交谈。早上送孩子入园时,把孩子送到班上,并和孩子、小朋友玩一会后再离开;下午接孩子回家时,不是接了就走,而是积极与教师交流情况,以配合教师共同做好教育工作。家长把教育子女看做是自己神圣的职责,他们主动参与并大力支持幼儿园教育。

(4) 组织幼儿参观展览、郊游等活动。通过参观、郊游活动,帮助儿童学习在幼儿园、家庭里都不可能学到的东西。另外,为儿童安排游览动物园、参观博物馆等活动。

第四节 俄罗斯的学前教育

一、发展简史

俄罗斯国家由古老的东斯拉夫民族发展而来。十月革命之前,俄罗斯学前教育发展较西欧各国缓慢得多,处于一种落后的、徘徊不前的状态。十月革命之后,在俄罗斯的基础上成立了"苏维埃社会主义共和国联盟",即苏联。1991年苏联解体后,俄联邦仍然是一个幅员辽阔的大国。结合俄罗斯的历史变迁,该国的学前教育史可大体分为三个阶段。

(一) 十月革命前的俄罗斯学前教育

18世纪后期,俄国女皇叶卡特琳娜二世为缓解贵族与市民、农奴主与农奴的矛盾,宣称要用"新教育"造就"新型人",引入了当时西欧(主要是法国和奥地利)的一些教育新思潮,对教育体制作了一些改革。但西欧教育制度的资产阶级民主形式和封建农奴制的俄国在本质上是格格不入的,不少民主主义的教育家先后被流放、监禁,因此,叶卡特琳娜二世进行的改革成效甚微。

俄罗斯慈善团体在19世纪下半叶开办了许多幼儿教育机构:1845年,第一个乳婴儿童托儿所在彼得堡开办;1880年,莫斯科省纳门纺纱厂附设了第一个工厂幼儿园;1896年,皮尔穆省自治机关首先为乡村儿童设立了婴幼儿夏令托儿所。19世纪末,俄国大多数收费幼儿园都变成了升入各种学校的预备机构。1896年,全俄共有收费幼儿园66所。1900年,莫斯科开设了第一所收费的聋哑儿童寄宿幼儿园。

1764年,由进步教育家别茨考伊主持开办了俄国的第一所儿童教养院:莫斯科教养院。不久,各地也出现了许多类似的机构。1860年,在西欧福禄贝尔幼儿园运动的影响下,在彼得堡、莫斯科等大城市出现了俄国第一批幼儿园。尽管生活在沙皇政府的高压政策之下,在那个时代仍然涌现了一批杰出的俄罗斯教育家,如被列宁称为"俄国社会民主政治先驱者"的别林斯基(1811—1848)、被尊称为"俄国儿童学之父"的资产阶级民主主义教育家乌申斯基(1824—1870)等人,他们的研究大大推动了本国教育学、儿童心理学的进步。例如,乌申斯基曾细心考察了瑞士等国的幼儿教育设施,并结合自己的教育实践,为后人留下了大量著作。他重视儿童教育与民族性教育的一致性,并提出教育必须适应儿童的心理特点。他还号召教师应研究儿童的身心特点,并根据这些特点来确定教学过程。他对儿童教科书的编写也作出了突出贡献。他编写的《儿童世界》《祖国语言》等教科书非常适合幼儿及学龄初期儿童的心理特征,流传广泛,影响深远。他被后人称为俄国学前教育的奠基人。

这些十月革命前的进步教育家所倡导的教育思想对以后的俄国儿童教育家产生了深远的影响。但总的说来,十月革命前的俄罗斯学前教育主要是为封建农奴制度服务的。

（二）十月革命后的苏联学前教育

1917年,十月革命的胜利为落后的俄国教育开创了新局面,列宁的无产阶级文化教育思想成为全球第一个新型的社会主义教育思想体系。1922年,苏维埃社会主义共和国联盟成立后,由于解放妇女劳动力、保护儿童以及培养社会主义新人的需要,这一阶段儿童教育发展很快。在苏联境内,有别于欧美的社会主义学前教育学开始建立起来。苏联政府非常重视学前教育并把它看做是国民教育体系中的一部分,学前教育机构不仅接替了父母的职责,还接替父母的权威来管教孩子。在学前阶段,政府给予孩子许许多多的照顾,为他们安排各种娱乐活动,这也是所有社会主义国家学前教育的一个特色。

20世纪50~80年代的这30年,是苏联学前教育理论界最活跃的时期,涌现了苏霍姆林斯基的全面和谐发展理论、赞科夫的教学促发展理论等。在新中国成立之初,苏联的学前教育对我国产生了很大的影响。

1950年,整个苏联只有4.2万个学前教育机构,180万名入学儿童;1980年,学前教育机构已经增加到12.7万个;1990年,苏联学前教育机构已经达到14.6万个,学前教育教师161.4万人,入学儿童1260.9万人。

（三）苏联解体后的俄联邦学前教育

1991年苏联解体后，俄联邦的教育领域呈现出"非党化"、"非政治化"和"非意识形态化"的趋势，宗教开始直接或间接地渗入教育领域。

国家颁布了一些新的学前教育法规，但由于教育系统存在物质基础危机，加上社会局势的动荡不安，许多设想未能实现。在俄联邦，"危险群体"的儿童数量持续增长，教育人员缺乏一定的社会保障，儿童在教育上的差异也日趋严重。

二、法规与体制

（一）旧俄罗斯的学前教育法规及体制

从1860年起，俄国先后颁布了一些里程碑式的教育法规，使带有鲜明封建军事色彩和宗教神学气息的旧式教育向资本主义教育方向迈进一大步，为后来建立适应俄国政治经济情况的学校系统（学制）奠定了基础。但是由于政府的不重视，俄国当时的幼儿教育与西欧相比明显落后，一般的学前教育机构都是私立的、收费的，教育从内容到形式都是为上层阶级的子女服务的。这一时期，俄罗斯的学前教育机构发展非常缓慢，在1917年十月革命前，全国共有280所学前教育机构，其中250所是收费的。由于条件恶劣，教养不得法，婴幼儿的死亡率很高，一些学前教育机构甚至有"天使制造所"的恶名。

（二）苏联的学前教育法规及体制

1. 苏联学前教育的法规

1917年11月12日，苏俄教育人民委员部学前教育局成立；11月20日教育人民委员部颁布了《关于学前教育的公告》，指出苏联的学前教育制度"是整个学校制度的一个组成部分，因此必须把它有机地同人民教育的整个制度连成一气"。"儿童的公共免费教育,必须从儿童的初生时期开始。"1918年10月,苏联(俄)中央执行委员会颁布了《统一劳动学校规程》和《统一劳动学校基本原则》两个文件,规定对6~8岁的儿童实施免费的幼儿园义务教育。1919年3月的俄共(布)"九大"新党纲中,经过几次草修,涉及学前教育的条款最后确定为:(1)对17岁以下的全体男女儿童实施免费和义务的普通教育和综合技术教育(即从理论上和实践上了解一切主要生产部门);(2)为改进公共教育和解放妇女,要设立托儿所、幼儿园、托儿站等学前教育机关网。新党纲确立的各项教育原则成为后来苏联教育机构的重要指导性文件。

1959年,苏共中央颁布了《关于进一步发展学前儿童机构,改善学前儿童教育和医疗服务的措施》,把托儿所和幼儿园两个阶段的学前教育合并为统一的"托幼机构",使学前教育成为面向全体社会成员的整个教育体系的起点,并有助于保障儿童能够获得从出生到入学这一阶段的全面发展所需要的教育。

为了提高儿童的入托率,1984年,苏联部长会议通过了《关于进一步改进学前社会教育和准备儿童入学的决议》,提出由苏联教育部设立跨部门的全苏联学前教育委员会来协调各方面的工作。

1990年,苏联国家教育委员会通过了《学前教育构想》,强调幼儿期的重要性,指出要根据当代教育科学成果来改革学前教育体系,改善幼儿园办园条件,使学前教育机构呈现多元性。但由于国家的解体、社会的动荡和经济体制的变革,使学前教育受到很大冲击,草案中描绘的宏伟蓝图到现在还不能实现。

2. 苏联学前教育的体制

托儿所—幼儿园:1959年,苏共中央《关于进一步发展学前儿童机构,改善学前儿童教育和医疗服务的措施》颁布以后,托儿所—幼儿园成为苏联最重要的一种学前教育机构,在这里入学的儿童占整个受公共教育儿童人数的60%。托儿所—幼儿园招收2个月到6岁的儿童,并按年龄分为6个班级:(1)早期第一班(2个月~1岁);(2)早期第二班(1~2岁);早期第三班(2~3岁);小班(3~4岁);中班(4~5岁);大班(5~6岁)。此外,苏联也存在少量单独的托儿所和幼儿园,分别只招收2个月~3岁的婴儿和3~6岁的儿童。

集体农庄或国营农庄幼儿园:这是农村学前教育机构的一种主要形式,此外,还有季节性幼儿园等办学形式。

疗养幼儿园:这是苏联在1943年建立的一种新型学前教育机构,一般设立在环境优美、空气清新的地方。疗养幼儿园每期为3~4个月,除了教育工作之外,这类幼儿园配备专职的保健医生,通过各种锻炼措施(日光浴、冷水浴等)增强儿童的体质,帮助儿童健康成长。

幼儿之家和学前儿童之家:这是一种国家专为2个月到7岁的孤儿或家庭困难的儿童设置的学前教育机构。前者供3岁前婴幼儿入托,后者为3~7岁的儿童服务。教师在这里对儿童进行全面教育,培养儿童的各项技能,使他们作好进入小学的准备。

特殊儿童幼儿园:这是专为聋、哑、盲等有缺陷的儿童办的教育机构,根据儿童的特殊情况制定了特殊的教育大纲,以便帮助和补偿他们的缺陷,为他们进入特殊学校的学习作准备。

此外,苏联还有一种"体弱儿童幼儿园",专门接受体质较差、常生病的孩子,对他们进行特殊照顾、健身护理,以降低幼儿的发病率,提高母亲的出勤率。此外,还有家庭托儿所等形式。

(三)苏联解体后的俄联邦学前教育法规及体制

1992年,俄联邦颁布的《俄联邦教育法》首先对教育作了这样的界定:教育指为个人、社会和国家利益而进行的有目的的教学教育过程;并规定了教育机构可以是国立或非国立的,鼓励和扶植学校私有化。俄联邦国家财产委员会还成立了一个"教育机构私有化"专门管理司。《俄联邦教育法》还要求对教育机构定期进行评估鉴定、资格认证,为学前教育的发展提供了法律依据。

1994～1995年,俄联邦教育部学前教育司研制了学前教育标准草案,对学前教育机构的活动场地、空间结构、设备材料都作了严格规定。

1994年9月,俄联邦教育部、国家高教委和国家财产委员会联合制定了《关于教育领域非国有化、非垄断化(草案)》,提出了实行教育券的构想,即政府将教育拨款以教育券的形式一次性拨给学生,以完成学前教育和全部的义务教育。教育券分为两张:一张用于学前(含托儿所)教育,一张用于义务教育。教育券上没有面额,其具体面额由政府根据当年的经济状况而定。如果幼儿在家里接受教育,则可以将教育券交给所在地方教育管理机关,兑换成一定的经费作为补偿。各所幼儿园的声誉、质量将影响吸引的教育券的多少,而所有幼儿园收到的教育券数量又将会影响政府当年对该园的教育预算拨款数量。

1996年,俄联邦颁布的《俄联邦教育法》(修订本)以及召开的一系列会议,显示了俄罗斯教育发展和改革的一些新动向:(1)教育改革的方向是扩大教育的选择性,促进学生个性的发展。(2)鼓励多种形式办学。(3)建立多渠道、多形式的教育经费资助体系。(4)采取措施,保障公民和学生的教育权利。(5)实行优惠政策,稳定教师队伍。(6)加强道德教育。(7)进一步进行教育改革。

三、课程

1832年,进步教育家古格里等人向彼得堡教养院的分院葛岑村教养院提出建议,想在院内附设一年幼儿学校,但计划未被采纳。于是,他们自筹资金在院内设立了一所很小的实验幼儿学校,招收了10名寄养儿童。这所幼儿学校分为两个班,小班为4～6岁的儿童,大班为6～8岁的儿童。大、小班的学习计划各有不同,小班没有严格的作业和上课时间表。古格里认为小班教育的主要目标是发展幼儿的感受性和观察力,使之获得初步的道德概念,培养良好的行为习惯。而大班则要掌握书写、朗读、计算等技巧。1837年,彼得堡还有一所名为"劳动妇女救济院"的慈善机构开办了一个"收容所",收容母亲外出谋生的儿童,教他们学习神学、阅读、书写、计算、唱歌、体操、手工等。这些是俄罗斯学前教育课程最早期的萌芽。

目前,俄联邦学前教育的目标是促进儿童身心健康成长,发展儿童智力,向儿童传递人类文化遗产,为儿童提供学习民族艺术品的机会,发展儿童的美感等。为达到这一目标,学前教育大致有如下主要途径:游戏活动、自由活动、教学活动、特殊活动、交往活动等。

游戏活动:俄罗斯学者认为游戏是学前儿童的主要活动,角色游戏、表演游戏、体育游戏等都对儿童的身心发展有很大作用。

自由活动:自由活动的形式体现了儿童的自主性和主动性。儿童既有年龄特点,也有个别差异,应该把集体活动和小组活动、个人活动有机结合起来,通过儿童自主选择,使每个儿童都能从中获益。

教学活动:分为严格规定的专门教学活动、标准化课程和无严格规定的一般教学活动。这些活动对儿童知识的获得和智力的发展有着积极的影响,但俄联邦现在更重视后者,即无严格规定的一般教学活动,以发挥儿童在学习中的主动性和创造性。

特殊活动:相当于我国的艺术活动,但范围更为广泛。为引导儿童了解本国的艺术,教师会选择不同民族和地区的作家、诗人、艺术家的作品或不同地区的民间创作作品,通过美工活动、音乐活动、戏剧活动等独特形式对儿童进行艺术熏陶。

交往活动:活动中主张儿童和教师应该建立平等的伙伴关系,能够平等地进行合作、交往,从而促进儿童道德感的发展。

俄联邦学前教学的内容主要有体育活动、游戏、本族语言、认识环境、图画、泥工、音乐、初步数概念,等等。他们在教育上强调根据儿童的生理和发育特点,适当安排活动和课时;课程内容注意由浅到深,并尽可能地选择最适宜的教材;最后还很注重充分发挥教师教学的主动性和创造性。

四、师资培养

俄国资产阶级民主教育家乌申斯基于 1860 年前后在斯莫尔尼女子学校增设了 2 年的师范班,设置了教育学、教学法等课程。这是俄国第一所女子师范学校,为俄国女子师范教育奠定了初步基础。1871 年,彼得堡福禄贝尔协会率先在彼得堡创立了福禄贝尔学院,各地纷纷仿效。十月革命之前,这些福禄贝尔学院是俄国唯一培养有资格的学前教育人员的机构。沙皇政府始终认为幼儿教育微不足道,没有列入国民教育系统的必要。但当时一些社会团体如莫斯科幼儿园委员会、彼得堡学前教育促进会等开设了为数不多的幼儿教育机构,并担负了培训幼儿教师的工作,对俄国幼教的发展起了积极作用。1908 年,基辅的福禄贝尔协会开设了三年制的"女子师范专科学校",这是当时最大的学前教育师范学校,最多时招收 338 名学员。

十月革命前后,教师队伍鱼龙混杂。列宁提出:应依靠革命教师,坚决同反动教师作斗争,达到团结全体教师的目的。在 1920 年的困难岁月里,国家在预算上竭尽全力保证教育人民委员部的开支,对教师的培养给予了高度重视。当时,国家非常重视教师的在职培训,鼓励教师在职时继续接受教育,提高职业道德水平和自身修养。1984 年 1 月 4 日颁布的苏共中央教育改革草案中,还提出要进一步改善教师进修制度。教育部规定,教育系统的干部和教师必须每五年接受一次再培训,并建立了一个完整的进修系统:教师进修学校和高校进修系,师范院校的函授部和夜校部以及教学法教研室。幼儿园教师主要通过第一种渠道进修。

现在俄联邦的学前教育师资培养主要由高等师范院校(师范

专科学校)承担。学生在校学习的科目主要有:生理学、心理学、外语、儿童文学、儿童语言发展、儿童身体训练、儿童音乐活动、律动、学前教育学、各科教学法等必修课和选修课。

总的来说,俄联邦的学前师资培训机构层次少,结构较单一。他们使用全国统一的教学计划、大纲和教材,因此毕业生的水平整齐划一,对保证学生的质量起到了积极的作用。

五、家庭与社区的作用

俄联邦的托儿所、幼儿园和家庭有着共同的目标,它们相互之间密切合作以促进儿童的和谐发展。

学前教育机构鼓励家长、社会、企业、团体参与制定教育计划,选择教育内容,共同进行管理。此外,俄联邦对学前儿童的家教指导还具有三个明显的特点:

1. 重视发挥祖辈家长的作用

研究显示,祖母和外祖母在儿童的发展过程中起着极大的作用。为了让她们在隔代教育中取得最佳效果,国家专门设立了"祖母学校",由教育心理专家、医务工作者和学前教育工作者担任学校的教师,为祖母和外祖母普及儿童家庭教育知识。祖母学校的学制灵活,价廉质优,所以很受欢迎。

2. 考虑幼儿家长的兴趣和需要

各个幼儿园都成立家长委员会,以协助幼儿园开展工作。家长委员会成员由全体家长会议选举产生,每班约有1~2个代表,任期为1年。为了帮助家长培养儿童某一方面的技能,学前教育机构还把有关的知识印成文字材料发给家长学习。

3. 有机地结合儿童发展的情况

各个学前教育机构结合幼儿的年龄阶段进行不同的家庭教育指导和宣传。例如,当儿童快要进入小学学习时,学前教育机构便通过家长会向家长宣传:为孩子作好入学准备,不仅是物质准备,如购买学习用品等,更重要的是要激发孩子对小学的向往、热爱之情,注重心理准备。

在俄联邦,家长和社会各界人士都积极主动地参与到学前教育机构的工作中来,沟通与合作非常密切,已经形成了一种良好的传统。

第五节　意大利的学前教育①

一、发展简史

意大利最初的幼教机构称为幼儿收容所,第一所幼儿收容所是由阿波蒂1829年在克雷莫纳创办的。其实作为文艺复兴的发源地,意大利的人文主义教育家早在15世纪左右就注意到了儿童的价值。与愚昧落后、把儿童看做被"原罪"污染的小大人的中世纪封建宗教教育观截然相反,人文主义教育者关怀儿童,认为儿童是自然的生物,理应得到成人的悉心关怀与照顾。例如,人文主义的代表人物威吉乌斯(1406?—1458)在他的《儿童教育论》(1450)一书中总结了胎教、幼儿养育等问题。他提出,父母应该注意教育方法,教育方法必须根据儿童个性的不同而有所区别。此外他还主张,父母成为儿童的榜样,这是良好教育的首要条件。他提出的育儿主张在当时无疑是颇有见地的。稍后,意大利文艺复兴时期的早期空想社会主义思想家康帕内拉(1568—1639)在他的代表作《太阳城》里多处涉及幼儿教育问题。他认为在太阳城这种城市国家里,所有的儿童都得到平等的保护和教育是国家的责任,他提出可以通过在公共机构中由专家进行集体保护和教育来保障这一想法的实施;此外,他试图将科学基础教育、体育和劳动所构成的教

---

① 本节中部分资料由意大利驻中国大使馆文化处提供。

育内容通过"娱乐的方式"来进行。这证明当时的教育家已经开始认识到儿童游戏的重要性。康帕内拉的上述思想虽是"空想",却给后世带来了深刻的影响。

至19世纪,意大利诞生了一位杰出的幼儿教育家玛利亚·蒙台梭利(1870—1952)。蒙台梭利出生在意大利安科那省,1896年毕业于罗马大学医学院,是意大利历史上第一位女医学博士。她对低能儿童教育的成功研究引发了她研究正常儿童的兴趣。1907年,蒙台梭利在罗马开办了一所招收3~6岁儿童的幼儿学校,并命名为"儿童之家"。除受到卢梭、裴斯泰洛齐、福禄贝尔等人的儿童本位思想影响之外,蒙台梭利还受到她自己的医学知识和宗教思想的影响。她将最初使用于低能儿童的教育方法经过适当修改,运用于正常儿童,取得了极大的成功。她于1909年所著的《蒙台梭利方法》一书被译成二十多种文字,传遍世界各地。之后,她在不少国家开设了蒙台梭利训练课程班,在她众多学员的推广下,蒙台梭利运动被进一步扩大到世界其他国家。1913年,美国的蒙台梭利教育协会宣布成立。1929年,国际蒙台梭利协会在荷兰成立。

蒙台梭利的理论体系和实践过程虽不是完美的,但她对幼儿教育的贡献及影响早已成为幼教史上重要的篇章之一。例如,1964年版的《蒙台梭利方法》序言中指出:蒙台梭利方法重视儿童早期经验,主张通过感知的运动的协调促进智力发展等思想符合当今的儿童心理学的见解,成为它目前在美国流行的原因。1980年,美国的蒙台梭利学校已超过了2000所。直至今天为止,世界各国的幼儿教育还在从蒙台梭利思想中不断汲取养分。蒙台梭利思想体系的确立使得幼儿园有史以来最重大的一种教育体系出现在我们面前,并使得幼教思想多元化、多样化了。

自蒙台梭利之后,当代意大利学前教育的杰出代表当推瑞吉欧学前教育体系。瑞吉欧是意大利北部一个富裕的小城,仅有13

万人口。20世纪60年代以来,该市在儿童教育家罗里斯·马拉古兹的带领下,依靠市政府和社区民众的大力支持,推出了一个颇具特色的幼教体系——瑞吉欧体系。1990年,瑞吉欧的幼儿学校被美国《新闻周刊》评为"全世界最好的教育系统之一"。

二、法规与体制

1928年,新的法案开始把意大利学前教育机构和整个公共教育体系联系在一起,学前教育机构被称为一种"预备级学校",即作为初等教育的预备学校。随后,1968年2月18日的第444号法令首次提出了公立幼儿学校的概念。国家开始接管和调控学前教育,同时允许私立的学前教育机构存在,国家还为它们提供一定的经济援助。随着第444号法令的颁布,学前教育机构逐渐从"配角"变成了教育系统中的一部分。国家不仅承认学前教育具有重要的教育价值,而且赋予学前教育机构完全的教育自主权,尽管它仍然和初等教育保持着一定程度上的连贯性。第444号法令还提出儿童3岁时入园,幼儿园的环境应该有利于儿童心理的发展,教师必须经过国家的培训等。

1991年6月3日的内阁法案中颁布了有关公立幼儿学校的教育纲领"教育事业导纲"。这一蓝图式的纲领承认了学前教育作为基础教育系统的第一个非义务的教育阶段的角色与功能。纲领中还清楚地阐明了特殊儿童必须得到和健康儿童同等的教育权,幼儿学校致力于所有幼儿,为他们提供主要的受教育机会,包括那些在适应学习上有困难的幼儿。私立学校有权自行决定是否遵循这一纲领的各项要求。1994年的单项法令则包含了对各级教育体系的现行管理办法,在学校的教育权和组织权上制定了一些新的政策,为学前教育机构提供了更大的自治范围。

2000年2月10日,第30号法令重新组合了全国的学校系统,把学前教育机构更名为"幼儿学校",此后,幼儿学校成为意大利的唯一一种正规学前教育机构的形式。儿童在3~6岁时进入幼儿园,在园时间为上午8:30~12:30或上午8:30~下午4:30。目前,政府没有把托儿所包括在正式的学校系统之内。托儿所是为6个月到3岁的儿童服务的,儿童每天在托儿所的时间为上午9:00~12:00或上午9:00~下午4:00。

在政府的支持和重视之下,意大利的学前教育事业进展很快,2001年适龄幼儿的入学率已达98%(包括公立幼儿学校和私立幼儿学校)。以下数据是来自意大利教育部统计处2001年的报告(见表2-2,表2-3)。

表2-2 公立幼儿学校和私立幼儿学校的数量(时间:2001年)

公立幼儿学校		私立幼儿学校	
学校数量	13593所	学校数量	11447所
班级数量	40314个	班级数量	29326个
幼儿人数	9352848人	幼儿人数	639848人
教师人数	84903人	教师人数	41937人

表2-3 公立幼儿学校中的师幼比例和班级人数

时间	2000~2001年
师幼比例	1:11
幼儿人数/每班	23.20人

三、课程

意大利的学前教育课程及其实现的方式与途径是建立在对游戏、探索、研究以及社会生活重要性的认识上的。可以说,迄今为止,在意大利学前教育课程史上有两个最具影响力的课程体系,这就是蒙台梭利教育方案和瑞吉欧教育方案。

(一)蒙台梭利教育方案

蒙台梭利教育方案是国际著名的早期教育模式之一。蒙台梭利认为教育的目的是帮助儿童形成健全人格和建设理想的和平社会。她把前一目的称之为新人类的创造,把后者称为新社会的创建;而两个目标之间是相辅相成的,前者是直接目的,后者是最终目的。教育就是对这二者的持之以恒的追求,是创造新人类与新社会的结合。

蒙台梭利教育方案中包括日常生活练习、感觉教育、语言教育、数学教育和文化科学教育五大领域的教育内容。

1. 日常生活练习

蒙台梭利从人们的日常生活中选出符合教育目的且适合幼儿身心发展的活动作为练习的主要内容。首先是从事生活的初步动作练习(如坐、抓、站、握等),其次是照顾自己的动作练习(如穿衣等),再次是管理家务的工作(如擦桌子等)。

2. 感觉教育

感觉教育是蒙台梭利教育内容中最重要且最具特色的部分,包括视觉、听觉、触觉、味觉和嗅觉练习五大类,分别设计了相应的教具来完成。蒙台梭利指出,在进行感觉教育时应该特别重视视、听,尤其是触觉的训练。此外,由于不同的感觉能力有不同的敏感期,教师必须把握感觉教育的适宜阶段。蒙台梭利还提出感觉教育应集中在"某种感觉"的"某种属性"上进行,使"刺激孤立化"。此外,各种感觉教育的练习都按照"三段式"的练习法进行,首先让幼儿认清物体的相同属性,其次认清不同属性,最后识别差别较小的物体属性。

3. 语言教育

蒙台梭利的语言教育内容包括读和写两部分。

4. 数学教育

蒙台梭利把读、写、算组成的学习作为一个整体。她主张通过数学教具,首先帮助幼儿掌握 10 以内的计数活动,其次帮助幼儿学习 10 以内的四则运算,最后帮助幼儿学习十位、百位、千位的进位活动和多位数的四则运算以及平方、立方等概念。

5. 文化科学教育

蒙台梭利主张让幼儿学习前人所创造的文化财富——文化科学知识,包括简单的历史、地理、动物、植物等内容。

蒙台梭利的教育法包括三要素:有准备的环境、教师和教具。蒙台梭利认为,适合儿童的环境就是"有准备的环境",它包含如下要求:秩序;自由;真实与自然;美感与安全。"儿童之家"的教师被蒙台梭利称为"导师",她认为教育不是自上而下的教授,而是导师协助儿童自下而上的自我发展。导师是环境的提供者、示范者、观察者、支持者和资源者。教具是有准备的环境中必不可少的组成部分,蒙台梭利将她创造的教具称为工作材料,大致分为四类:生活训练教具、感官教具、学术性教具和文化艺术性教具。

总之,蒙台梭利教育方案重视儿童的内在需要,强调借助于能满足此内在需要的环境与活动,来促进幼儿的自我发展。但是她的教育方案也有一定的局限性:如孤立的感官训练,忽视创造力的培养而过于强调读、写、算,忽视儿童实际的生活经验,缺乏增进社会互动与发展语言的机会等。

(二)瑞吉欧教育方案

值得一提的是,瑞吉欧体系中没有预定的课程内容,也没有固定教材或预先设计好的活动方案。瑞吉欧的课程内容来自于周围的环境,来自于儿童生活中感兴趣的事物、现象和问题,来自于儿童自己的各种活动。

瑞吉欧的课程主要是以项目活动的方式开展的。项目活动是瑞吉欧教育方案的灵魂和核心。所谓项目活动,是指儿童在教师的支持、帮助和引导下,围绕大家感兴趣的某个问题或"课题"进行研究、探讨,在共同的研究、探讨中发现知识、理解意义、建构认识。项目活动的要点包括团体讨论、实地考察、探究和展示等。在瑞吉欧的教育者看来,一个项目可以始于成人的一个建议,孩子的一个观点,或者生活中的一次偶然事件。

瑞吉欧的课程方案具有独树一帜的六个特点:

(1) 弹性计划。瑞吉欧教育体系所支持、实践的课程计划类型是弹性计划,而非一成不变的教材。

(2) 合作教学。瑞吉欧将教育的过程比做教师和儿童之间的游戏,教师必须"接住儿童抛过来的球",成为儿童真正的合作伙伴。

(3) 档案支持。档案指的是对教育过程及师、幼共同工作结果的系统记录。这些记录对教师把握儿童的发展轨迹以及总结、评价已完成的活动和制定下一步活动目标起着重要的作用。

(4) 小组工作。这种小组工作的形式有利于保证同伴之间的合作研究。每个小组一般有 2~5 人,他们之间的发展水平可以有一定差距,但这种差距不是非常大的。

(5) 深入研究。瑞吉欧的项目活动不是蜻蜓点水式的探索,而是深入且富有实效的学习。教师支持和引导幼儿对同一现象、概念作多角度的全面认识。

(6) 图像语言。瑞吉欧的教师鼓励儿童用符号性的视觉表征活动来表达他们对世界的认识以及相互交流。图像语言已经与儿童的工作、学习相融合,成为孩子的另一种语言。

瑞吉欧教育成功的关键在于它的教育理念符合现代社会对人的主体性、创造性的要求。它汲取了多种教育理念的营养,如综合了杜威的生活教育思想,皮亚杰的认知相互作用论以及维果茨基的"最近发展区"的理论等。在吸收外来经验的基础上,瑞吉欧还结合自己的社会文化特色,从而创造出植根于意大利文化的学前教育课程体系。

四、师资培养

目前,意大利的学前教育师资培养主要由师范学校和师范学院承担。这两种教师培训学校都是在 1923 年的法规颁布后建立的新式的教师培训机构。根据意大利 1990 年 11 月 19 日颁布的第 341 号法令,学前教师的培训内容必须包括有关初等教育学知识的科目。要想成为幼儿学校的教师,首先必须取得初等教育学的学历,才能有资格参加教师资格考试。学历课程的标准是 1998 年 5 月 26 日经过内阁法案制定的。初等教育学的学历包括两年的基础学习,小学教师也同样需要参加这项学习。

除了这些国家统一制定的学习标准,不同的幼儿学校还会对教师的素质提出不同的要求,或组织其他的培训。例如,蒙台梭利教育就对教师有特殊的要求,因为负责蒙台梭利环境的教师需要独特的准备。

传统的蒙台梭利训练要求教师针对儿童出生到 3 岁、3~6 岁以及 6~12 岁这三个发展阶段中的任一个分别进行一整年的学习。

蒙台梭利教师必须具备对蒙台梭利理念的热情,此外,这些学校还提倡多种多样的教师培训,如深入的、长达数年的研究课程。教师将在已经通过资格认证的富有经验的导师指导下进行学习。这些蒙台梭利的导师也是通过艰苦的学习,经过实践、写作和口语考试后才获得认证的。自从 1929 年蒙台梭利成立了国际蒙台梭利协会之后,国际蒙台梭利协会师资认证已经被包括美国在内的许多国家认可。

五、家庭与社区的作用

家庭和社区在今天的意大利学前教育中起着非常重要的作用,这来源于意大利民众强烈的民主参与意识以及社会对教育事业的重视态度。

早在 1945 年,意大利国内就开始形成了教育中的社区参与理念,强调合作与参与的价值。社区参与被看做是一种用来支持创新、保护教育机构、反对过度的官僚形式所导致的危险、激励教育工作者和家长之间合作的方法。

瑞吉欧的社区—教师合作关系是当代意大利最富有代表性的学前教育机构与家庭、社区成功合作的体系之一,他们的观念和做法对我们不无启迪。

在瑞吉欧,社区的参与有两种形式:幼儿学校的社区管理模式;公立学校中的咨询委员会。

在幼儿学校的社区管理模式中,参与的第一个例子就是"市委员会"。市委员会是由幼儿学校中的相关人士和校外的热心民众组成的。市委员会的创立不仅是为了经营学校,也是为了维护儿童的利益和创造一个家长、教师、市民以及社区团体共同参与的学校。

1971年,随着管理婴幼儿中心的全国性法令的通过,社区参与的理念终于成型。社区式管理模式由幼儿、家庭、服务机构以及社会之间的相互关系所融合而成,兼具理论与实务的综合。瑞吉欧幼儿学校的社区式管理模式试图寻求并推动教育工作者、儿童、家长及社区之间强烈的互动和沟通,在这里,家庭的参与如同幼儿和教师的参与一样重要。

促成社区式管理的主要动力来自于社区咨询委员会。社区咨询委员会的职能就是代表家庭和教师,表达他们的需求。家长、教师以及镇上的民众每两年选出各个幼儿学校的咨询委员会代表。例如,在1993~1996年,全市接受学前教育服务的2250个家庭中有554位家长曾经担任过咨询委员会的代表,平均每五户家庭中就有一户参与社区幼儿学校的管理事务。在幼儿学校中,各种决策都经过共同的讨论,因此家长的参与程度非常高。

卡琳娜曾经列出瑞吉欧幼儿学校中能够让家长参与的九个重要时机:

(1) 班会。每个班的教师与家长开会讨论各项事宜,如班上教学实施的方向,举例说明已经举办过的活动,以及对教育经验所作的评价等。这一类的会议最好在晚上进行,或选择大多数家长都比较方便的时间,一年至少举办5~6次。

(2) 小组会议。教师与班上一小组的家长举行会议,通过对人数的限定,可以使教师和家长作更加亲近或更具有个别性的讨论。这种会议应该让全班每个家庭1年至少能参与1次。小组会议不仅对家长而且对教师所起的作用都是不可忽视的。

(3) 个别讨论。家长与教师进行个别讨论,可以处理某个家庭或幼儿的特殊问题,或就某个幼儿的发展进行更为深入的探讨。

(4) 主题会议。由家长和教育工作者共同发起并主导的针对某一主题的会议,在这里给所有参与会议的人提供了交换意见和观点的机会。这种会议常常向任何有兴趣与探讨或拓展这一主题的其他学校或机构开放。

(5) 专家座谈。这种会议往往采取演讲或圆桌会议的形式进行,并由多个学校参与。专家将就某个问题或大家感兴趣的话题、知识发表见解,为其他人提供学习的机会。

(6) 工作会议。这是家长为学校发展提供实质贡献的机会,家长可以帮助教师制作家具、各种设备、改良校园环境以及维修教具等。

(7) 实验活动。在这种活动中,教师和家长可以进一步获得各种技巧,如制作手工、学习烹饪、操作摄影器材等。

(8) 节庆活动。班级或全校都可以作为一个团体来组织这样一种活动,并邀请儿童的家长、朋友或邻近的居民一起来参加活动。活动内容可以是幼儿的生日庆祝会、周末活动或其他庆祝活动。

(9) 其他活动的机会。春游、野营、远足、拜访某一个幼儿的家庭等,这些都是可能的活动机会,可以促进学校和家庭及社区的交流。

总之,与家庭和社区的沟通途径以及家庭、社区在幼儿学校中所起的具体作用是因校而异的,不同学校的主、客观条件决定了各个学校在社区式管理方面的独特表现。这些差异性正在成为各个学校自己特殊的标志,而当地政府也鼓励这种多样性的存在。

第六节 欧洲国家学前教育比较

通过前面五节内容的介绍,我们已经大体上了解了德国、英国、法国、俄罗斯和意大利的学前教育概况。由于各国在政治、经济、文化等方面的差异,所以,各国学前教育的发展也相应地存在异同,本节旨在对欧洲五国学前教育作一个简略的比较。

一、发展简史

纵观各国学前教育发展简史,虽然各有特点,但也存在一些共同的地方:

(1) 在正式的学前教育机构产生之前,家庭承担着教育孩子的主要责任,成为学前教育的主要形式。

(2) 在幼儿教育发展的过程中,各国都出现了世界著名的幼儿教育专家。例如,德国的福禄贝尔,英国的欧文,法国的卢梭,俄罗斯的乌申斯基、苏霍姆林斯基、马卡连科,意大利的康帕内拉、蒙台梭利等。他们对世界幼儿教育的发展产生了重大的影响,作出了突出的贡献。

(3) 各国幼儿教育几乎都以第二次世界大战为分水岭。战后,各国都给予幼儿教育不同程度的重视。

(4) 各国幼儿教育发展虽进程不一,但彼此之间都有影响。例如,德国曾受到英、法等国的影响,法国曾受到德国,尤其是福禄贝尔的影响,俄罗斯也曾受到法国、德国、英国等国的影响。

二、法规与体制

(一) 法规

在欧洲五国学前教育的发展过程中都有一些对本国幼教事业起重要作用的相关法规。例如,德国的1825年黑森·卡塞尔选帝侯的指令、《关于德国学校民主化的法律》、《教育结构计划》;法国的《关于在各县设立初等教育的特别视学官的规定》,法国于1886年10月颁布了《戈勃莱法案》,1975年颁布了《哈比改革法案》,1989年颁布了《教育方针法》;英国1870年的《初等教育法》、1918年的《母亲和儿童福利法》、1933年的《关于幼儿学校及保育学校的报告》、1963年的《普洛登报告》、1972年的《教育白皮书》等;俄罗斯1919年3月的俄共(布)"九大"的新党纲,1994年9月俄联邦教育部、国家高教委和国家财产委员会联合制定了《关于教育领域非国有化、非垄断化(草案)》,1996年颁布的《俄联邦教育法(修订本)》等;这些法规在不同程度上促进了本国学前教育事业的发展。

(二) 体制

1. 行政与管理

就行政与管理来说,大体可分为两类,即国家统一管理与非国家统一管理。

德国:现行教育行政体制主要分为四级:联邦教育机构;各州教育部;地方行政公署及其所辖教育处;县市教育局或教育科。在德国,教育督导是教育管理体制中的一个重要环节,从与各国比较的角度来看,教育督导是德国教育管理体制中的一个特色。教育督导的主要职能有三个方面:(1)业务监督;(2)公务监督;(3)法律监督。教育督导的工作内容主要包括四个方面:学校的规划和建设;课程和教学;教师管理;学生管理。

英国的学前教育在宏观管理体制上实行国家、地方、学校三级管理。国家负责制定幼教的方针、政策、法规、制度,地方负责国家政策法规的贯彻执行,学校负责日常事务的具体操作。英国学前教育以小学附设托儿所、小学附设幼儿班为主要形式。学校实行学校管理委员会领导下的校长负责制。幼儿教育的经费主要来自国会所核发的一部分税收金额。65%的经费由政府支出,分配给所属地方教育行政单位,35%的经费由地方教育当局从地方税收中抽额补助。

法国幼儿教育由国家统一管理,在教育行政上从属省里领导,但由于长期的传统使之与市镇有着密不可分的联系,在双重领导下工作。幼儿教育大纲由国家统一颁布。法国的学前教育机构绝大部分为公立性质,1997~1998学年,法国共有公立、私立幼儿学校18760所,其中公立幼儿学校就有18460所,占幼儿学校总数的98%。

俄罗斯的学前教育是国民教育体系的基础和有机组成部分,学前教育机构分为国立和非国立两类。俄罗斯鼓励和扶植学校私有化,俄联邦国家财产委员会还成立了一个"教育机构私有化"专门管理司。1994年9月俄联邦教育部、国家高教委和国家财产委员会联合制定了《关于教育领域非国有化、非垄断化(草案)》,提出了实行教育券的构想,即政府将教育拨款以教育券的形式一次性拨给学生,以完成学前教育和全部的义务教育。

2. 学前教育机构

回顾前面五节的内容,我们可以发现:普通幼儿园、学前班或学校附设幼儿园、托儿所虽然在组织与实施上有所不同,但基本上是每个国家都有的幼儿教育机构。另外,各国在这方面也具有各自的特色。

德国:幼儿园不论公立、私立都实行混合编班;有专门为残疾儿童开办的特殊幼儿园。德国没有统一的幼儿园教学大纲,甚至连州一级也没有统一的教学大纲,教育目标与方案在很大程度上是幼儿园开办者自主决定的。德国学前教育的目标是向儿童提供教育帮助,使他们接受早期学习,促进幼儿个性充分发展,陶冶其情感,培养其自尊心、自信心、学习兴趣、相互信任、责任感、语言能力、思维能力、注意能力和活动能力等;加强孩子的自我意识,并进一步挖掘其个性特征;孩子应该被看成一个独立的人。幼儿园的任务是,通过一种家庭补充式的设施,为孩子营造一种舒适与快乐的气氛。

法国:幼儿园名称一直沿用"母育学校",实行混龄编班;设有小小俱乐部、保育室、流动车、儿童假期中心和儿童活动中心,以满足不同儿童、不同地区在不同时间与不同地点的需要。法国学前教育的目标是促进儿童体力、社会性、智力、艺术能力的和谐发展,为儿童的未来生活作好准备,其中特别强调要培养儿童的乐感、绘画能力和手工制作能力,发展儿童对美的欣赏能力和表达能力,增强儿童对环境的适应能力,使儿童懂得民主、科学,学会遵纪守法,发展健康的人格,以增进人类的幸福。

英国:学前教育中心、学前游戏小组重视家长的参与以及家长素质的提高,并给予家庭办幼儿园的权利,这是英国幼儿教育一个最大的特色。英国学前教育的目标是使儿童在身体、智力、语言、情感、社会、精神、道德和文化等各方面得到发展,其中特别强调要丰富儿童的地理和历史知识,培养儿童的社会、文化技能,帮助儿童了解人类与社会的关系、科学与技术的关系,以及信息技术对世界发展的作用,培养儿童的个性与能力,为儿童将来走上社会打好基础。

俄罗斯:学前教育是俄罗斯国民教育体系的基础和有机组成部分;实施学前教育的机构有托儿所、幼儿园以及托幼混合的一体化机构。此外,还有集体农庄或国营农庄幼儿园、疗养幼儿园、特殊儿童幼儿园等。俄罗斯的学前教育目标是促进儿童身心健康成长,发展儿童智力,向儿童传递人类文化遗产,为儿童提供学习民族艺术的机会,发展儿童的美感。

欧洲各国幼儿教育尽管存在着差别,但也有共同特点:幼儿园可分为公立、私立两种;以半日制为主,全日制为辅;幼儿园没有正式的课程,以游戏为主要活动方式;各国学前教育都重视幼儿的全面发展。

三、课程

欧洲五国课程目标、内容、组织与实施:

德国是一个地方高度自治的国家,幼儿教育的改革也以地方或幼儿园为单位,没有全国统一的课程改革方案或课程大纲。德国幼儿园课程的目标是向儿童提供教育帮助,使他们接受早期学习,促进幼儿个性充分发展,通过适用于所有儿童的课程设置来提高儿童的学习能力和发展能力,并通过积极的刺激来弥补儿童在家庭不利环境下造成的学习缺陷,以促进所有儿童得到健康发展。目前,德国的幼儿园还是没有确定正规的课程,不进行读、写、算等基础知识的教学,以游戏等自由活动为主。德国的大部分幼儿园是半日制的,中午儿童便由家长领回家。全日制的幼儿园下午以儿童自由活动为主。对于新入园的儿童,幼儿园允许其家长陪同学习,只要家长愿意,可以允许一道参加幼儿园的各种活动。

英国幼儿园课程分为六大领域,目标是促进幼儿全面发展,让儿童在丰富多彩的活动中获得知识、培养能力、发展个性。六大领域的目标均是通过幼儿大量的感知、探索、操作活动完成的。幼儿学校所采取的教育方法都适合儿童的需求,并且提供完整的机会让儿童发展学习。幼儿学校没有正式的教学大纲,儿童可以利用教室里的多种材料开始学习简单的读、写、算和参加各种活动。在英国幼儿学校的教学组织中,最有特点的是所谓"开放教学"。课程的基本内容是"游戏"。对这个阶段的儿童来说,工作与游戏没有什么区别,儿童也分辨不出学科与学科之间的不同。

法国:法国重视对幼儿教育的管理,具有全国统一的教学大纲《幼儿学校教学大纲》。课程的目标主要有:发展和谐的人格,促进身体的发展,发展幼儿的表达能力,启发思维、想像力和好奇心,并拓宽其视野,养成初步的分辨和鉴赏能力。根据教育目标,法国幼儿园课程的主要内容和教学活动为以下几方面:

(1)身体的活动;(2)口语和文字表达及沟通活动;(3)艺术及美育活动;(4)科学与技术活动。这四方面的内容构成了法国幼儿园课程的总体框架,在大、中、小班各有侧重,从小班到大班,教育内容逐渐丰富,要求也逐步提高。同一活动的内容和要求也随着年龄而增加。但任何年龄阶段都强调教师在教学的过程中,应适当选择、运用科学而又合理的方法指导幼儿开展各种活动,使幼儿在轻松愉快的气氛中学习,获得发展。重视幼儿教育与小学教育的衔接是法国幼儿园课程的一大特色。20世纪90年代初,为了加强学前教育与小学教育的衔接,法国的幼儿学校开始实施跨两校(幼儿学校和小学)的新教学组织形式,根据全国统一的培养目标、课程计划和评估标准进行教育。

俄罗斯进步教育家古格里等人于1832年自筹资金设立了一所很小的实验幼儿学校,幼儿学校分为两班,小班为4～6岁儿童,大班为6～8岁儿童。小班没有严格的作业和上课时间表。古格里认为小班教育的主要目标是发展幼儿的感受性和观察力,使之获得初步的道德概念,培养良好的行为习惯。而大班则要掌握书写、朗读、计算等技巧。当前,俄罗斯学前教育的内容有体育活动、游戏、本族语言、认识环境、图画、泥工、音乐、初步数概念等,主要通过游戏活动、自由活动、教学活动、特殊活动以及交往活动等途径进行。

意大利的学前教育课程模式曾影响了整个世界。蒙台梭利教育方案是国际著名的早期教育模式之一。蒙台梭利认为教育的目的是帮助儿童形成健全人格和建设理想的和平社会。方案包括日常生活练习、感觉教育、数学教育、语言教育和文化科学教育。蒙台梭利的教育法包括三要素:有准备的环境、教师和教具。瑞吉欧教育方案是意大利又一个颇具特色的幼教体系,1990年,瑞吉欧教育体系被美国《新闻周刊》评为"全世界最好的教育系统之一"。瑞吉欧没有预设的课程内容,没有固定教材或预先设计好的活动方案。课程内容来自周围的环境,来自儿童生活中感兴趣的事物、现象和问题,来自儿童的各种活动。瑞吉欧的课程主要是以项目活动的方式开展的。这种课程形式具有独树一帜的特点:弹性计划,合作教学,档案支持,小组工作,深入研究,图像语言。

通过以上具体分析,可以把五个国家分为两类:混龄编班,不进行读、写、算等基本教学,没有统一的教学大纲为一类,如德国、英国、意大利;按年龄分班,进行初步的读、写、算教育,有统一的教学大纲为另一类,如法国、俄罗斯。

四、师资培养

欧洲国家学前教育师资的培养任务主要由高等院校承担,如技术学院、大学、培训学院、高等师范专科学校、幼儿教育学院等。但不同的国家,培训时间的长短、培训课程的内容以及教育实习的安排等有所不同。

德国:学前教育教师要接受3年以上的教育;设立的课程有:体育、德语、社会学、宗教教育、卫生保健、心理学、教育学、教学理论与方法、儿童文学、美术、手工、音乐、律动、游戏等。

法国:学前教育教师要接受2年的教育;设立的课程有:哲学、历史、法律、心理学、教育学、教育科学、课程教学法等;教学计划总学时大约为1500~1700学时,其中1000~1200学时用于理论教学,500学时(大约18~19周)用于教学实习。

英国:学前教育教师要接受4年的教育;设立的课程有:英语、数学、宗教、体育、教育学、心理学、教育史、幼儿教育法、幼儿保健法、游戏等;教学实习包括观察儿童、照顾儿童以及教学实践。

俄罗斯:开设的课程有:外语、生理学、儿童文学、儿童语言发展、儿童身体训练、儿童音乐活动、律动、学前教育学、各科教学法等。

意大利:只有取得初等教育学的学历,才有可能成为幼儿学校的教师这一规定,使得学前教育教师的培训必须包括有关初等教育学知识的科目,这样,学前教育教师至少要接受2年的基础学习才能取得初等教育学的学历。

在这些具体规定的差异中,我们也能发现一些共同的东西:各国学前教师培训的课程主要是在低年级开设公共基础课,在高年级开设学前教育专业课;各国在重视向学生传递学前教育理论知识的同时,也重视培养学生的实际运用能力(安排教育实习);另外,欧洲国家还重视教师的在职学习和提高,法国规定教师每5年要轮训1次;英国采取短期培训、课程学习、学术交流、现场指导、外出参观等多种形式,提高教师的专业水平;俄罗斯认为职前教育知识是教师工作的起点,在职时仍需接受教育,以提高学前教育教师的职业道德水平和自身修养。

欧洲各国对幼儿园教师的待遇也有所不同。例如,德国幼儿园教师无论在地位方面,还是工资方面,都不同于学校教师;法国的教师及所有的教育行政人员都是国家公务员,他们的待遇列入国家预算,教育方面的重要开支根据国家的财政预算决定。法国注意幼儿园与小学的衔接,教师有相同的职称,由相同的学校培养。

五、家庭与社区的作用

欧洲各国都很重视儿童的家庭教育,家长也积极配合幼儿园做好孩子的教育工作。

德国幼儿教育的特色是把教育的责任归之于父母,认为婴幼儿阶段父母是家庭教育的主体。德国宪法明文规定：教养儿童是父母的自然责任和义务，政府对幼儿教育站在辅助的立场上，真正担任教育责任的是父母。所以，家庭教育在德国尤受重视。德国家长在家教中十分注意对孩子成长关键时期的指导。

法国家长与社区成员也积极配合幼儿园教育，他们采用参加、支持家长委员会，参与幼儿园教育活动，利用接送时间与园方交流，主动与教师交谈，组织幼儿参观展览、郊游等来参与、支持幼儿教育。

家庭和社区在今天的意大利学前教育中起着非常重要的作用，瑞吉欧的"市委员会"等社区管理模式以及社区—教师合作关系充分展示了家长和社区在学前教育中的重要性。

各国也注意加强对家庭教育的指导，在不同的国家有不同的指导形式。例如，德国在家庭中推行婴儿读书计划，倡导开展父母教育活动，实施家庭助手计划，发放家庭教育津贴，组织家庭互助活动，研究儿童的消费教育和理想教育等；英国家庭教育的指导形式主要有父母联系卡片、父母屋、布告栏、家庭教育讲座、家长参观、家长委员会、邻里互助小组、专题辅导班、非正式会谈、家长专题讨论会、家长信函等；意大利积极为家长的参与提供机会，如班会、小组会议、个别讨论、专家座谈等。

另外，欧洲各国还充分利用社区资源对儿童进行教育。例如，英国经常组织儿童春游，参观玩具馆、美术馆、科学馆、博物馆等；法国也常常为儿童安排游览动物园、参观博物馆的活动；意大利的幼儿教师经常组织孩子们去春游、野营、远足等。

第三章 美洲的学前教育

地理上的美洲包括南美洲和北美洲两个大陆及邻近的许多岛屿。美洲现有35个国家,人口以欧洲移民的后裔、混血种人(印欧、黑白混血种)占多数,其余为黑人、亚洲移民后裔和原住居民印第安人、因纽特人。美洲国家之间由于历史、文化、政治、经济诸因素的不同,而呈现不同的社会形态,其中北美洲的美国、加拿大为世界上的发达国家,而美国以南33个国家的语言均属拉丁语系,俗称拉丁美洲国家,同属发展中国家。考察美洲国家的学前教育,离不开对这些国家所处的宏观背景的考察。

第一节 美国的学前教育

美国位于北美洲的中南部(另外两个州阿拉斯加在北美西北角,夏威夷在太平洋中部),美国的人口约为2.5亿,其中白人占总人口的73%,黑人占12%,其余为拉丁美洲移民和亚裔人、印第安人等。现代美国为世界上头号经济强国,伴随着美国经济上的强大,美国的教育也迅速发达起来。美国教育既是美国经济发展的原因,也是美国经济发展的结果。在这一点上,美国学前教育的发展最具有说服力。当然,除了经济因素对教育的影响或教育对经济的影响之外,美国的教育还带有鲜明的美国历史、文化烙印,美国的学前教育也见证了这一点。

一、发展简史

(一) 学前教育机构的初创和学前教育理论的"引进"

追溯起来,美国学前教育机构的出现已有一百多年的历史,美国的学前教育一开始就深受德国的影响。1837年,福禄贝尔在德国的勃兰登堡开办了世界上第一所幼儿园,随后,福禄贝尔的思想就传播到了美国。福禄贝尔理论中尊重儿童,认为儿童具有积极能动的特征,强调给儿童以自我表现和自由活动的机会,注重在活动中发展儿童的天性以及重视培养儿童的社会合作精神等,对当时的美国来说,是很先进的,因此很快就被"引进"到了美国。1856年,德国移民舒尔茨夫人(1832—1876)在威斯康星州的瓦特镇创办了美国第一所福禄贝尔幼儿园。这所幼儿园以教授德语会话为主,招收当时因反对普鲁士政府而遭受迫害后移居美国的德国移民的子女。舒尔茨夫人运用福禄贝尔的教育方法指导孩子进行游戏、唱歌和作业。她的做法对当时美国的学前教育产生了很大的影响。到1870年为止,美国约有10所德语幼儿园。

在舒尔茨夫人的直接影响下,1860年,美国妇女皮博迪(1804—1894)在波士顿开办了美国第一所私立英语幼儿园。皮博迪被美国人尊为美国幼儿园的真正奠基人。为了宣传福禄贝尔的思想,她出版了《幼儿园指南》一书。到1867年,虽然她的幼儿园思想和她办的幼儿园已享有一定的声誉,但她却怀疑自己还没有充分理解福禄贝尔的原旨,于是停办了幼儿园,到德国去进一步研究幼儿园。从德国回来以后,她出版了《幼儿园的使者》一书,继续影响着美国幼儿园的发展。

19世纪50年代处于初创阶段的美国学前教育,实现了学前教育机构的从无到有,并接受了以福禄贝尔为代表的欧洲先进教育思想的启蒙。

(二) 慈善幼儿园的发展

在美国工业革命以后,社会的贫富分化加剧,大量的移民涌入城市,找不到工作的移民沦为城市贫民。挣扎在死亡线上的贫苦儿童体弱多病,无人照料,道德败坏,形成严重的社会问题。于是,许多有识之士和各种社会团体或出于人道主义立场,或为扩大政治影响,或为了名誉等,都竞相开办慈善幼儿园。1870年,纽约出现了第一所慈善幼儿园。慈善幼儿园的招收对象主要是贫穷家庭的儿童,它们虽是私立幼儿园,但一般免收学费。到19世纪八九十年代,几乎所有的大中城市都办起了慈善幼儿园。到20世纪初,有30个州建立了4500所幼儿园,其中三分之一属于慈善幼儿园。慈善幼儿园的出现一方面顺应了当时社会的客观需要,另一方面也是教育应该成为穷人和儿童的福祉这样的观点深入人心的反映。当时社会上出现了两种很流行的看法:(1)儿童需要爱和教养,也应该得到爱和教养;(2)应该为贫穷人就业作准备。人们认为幼儿园是能够做到这两点的。

19世纪70年代开始在美国出现的慈善幼儿园,奠定了美国把教育作为帮助贫穷的弱势群体的基础,也是美国把学前教育纳入公共政策和公共福利范畴的先兆。

(三) 公立幼儿园的兴起和发展

19世纪30年代,以新英格兰为中心,在美国兴起了一场以发展初等教育为目标的公立学校运动。通过这场运动,除南部以外,各州都设立了向所有儿童开放的公立学校。19世纪70年代,以中西部密苏里州的圣路易斯市为首,又兴起了公立学校运动。1873年,圣路易斯市的督学官威廉·哈里斯(1835—1909)博士向地方教育董事会提出,要把幼儿园教育作为学校教育制度的一个组成部分。该请求得到有关部门的批准之后,他与布洛(1843—1916)一起在圣路易斯市的德斯皮尔斯学校内建立了美国第一所公立幼儿园。圣路易斯市的公立幼儿园实验成功以后,美国其他一些州也纷纷仿效,兴起了一个公立幼儿园运动。很多公立幼儿园都附设在公立小学内。在此期间,一些私立幼儿园也逐步被纳入公立学校教育系统,成为初等教育的第一阶段。到19世纪的最后10年,公立幼儿园运动在美国各地得到蓬勃发展。

公立幼儿园运动是美国学前教育史上的一件大事。此后,幼儿园从民间的视线开始走入政府的视线,大大推动了学前教育机构在美国的普及,并使学前教育有可能被纳入国家的教育体系之中。

在这个阶段,理论界开始对福禄贝尔的教育理论进行了理性的分析和评价,一方面肯定了福禄贝尔教育理论中尊重儿童、相信儿童的积极能动性,主张通过儿童的自我表达、自由活动而发展其潜在天性等思想的价值;另一方面对脱离儿童经验、脱离社会生活的僵化、教条的内容也予以了否定,从而促进了幼儿园的美国化,推动了美国本土学前教育理论的形成和发展。

(四)第二次世界大战后的学前教育

美国学前教育的迅速发展是在第二次世界大战以后。战争期间,妇女走出家门,投入生产和服务,为此,政府对幼儿学校实行经济资助,使之数量猛增。战争结束以后,政府对学前教育的资助一度撤消,但妇女解放和参与社会生活的呼声不断高涨,职业妇女的孩子入托和接受早期教育的问题再度成为联邦政府不得不关注的问题。1962年,联邦政府通过了《社会安全法案修正案》,重新提出了为职业妇女提供托儿服务的问题。1965年,根据《社会安全法案修正案》,联邦政府向各州福利部门提供了相当数额的补助款,要求他们协助政府改善幼儿教育的标准和计划。

第二次世界大战以后的美国学前教育又以20世纪60年代为分界线,20世纪60年代以前,学前教育的作用不断引起社会的重视,学前教育的性质和职能不断适应社会的需求;20世纪60年代以后,学前教育在国民教育中的地位和作用才发生了根本的变化。

这主要是由于:(1)1956年苏联人造卫星的发射成功,引起了美国朝野的震惊,刺激了美国教育对开发儿童智力、培养科技人才的重视。(2)婴幼儿早期教育的重要性逐渐为人们所了解。1964年,美国心理学家布鲁姆发表《人性的稳定性和变化》,指明从婴儿到4岁以前,智力发展已经完成了人一生智力发展的40%;从四岁到八岁,完成了一生智力发展的30%;八岁以后又将完成30%。就是说,四分之三以上的智慧是在小学三年级以前完成的。人的发展是不可逆的。早期的发展障碍没有得到及时矫正,到了成人期再来矫正就很困难了,甚至不可能。另一位心理学家亨特的研究则发现创设丰富多彩的环境能够加速婴儿的发育;在文化背景方面处于不利地位的婴儿,如使其所处的环境富有教育刺激,则能矫正智力发展的落后,因此,应当对儿童及早进行教育。由于这两方面的原因,当时大量社会人士呼吁政府负责幼儿教育。理由是:贫家孩子在幼儿时期缺乏适当的教育刺激,学习能力受到严重压抑,为防止他们在生活中遭遇失败的命运,必须由政府负起培养重任。再则,绝大多数家长没有认识到早期教育的意义和方法,也缺乏教育的责任心和能力。为此,美国政府于1964年颁布实施了《经济机会法》,该法案规定通过社区的活动计划解决贫穷问题。这就是"先行计划"①。它是一项由联邦政府拨款施行的补偿教育计划。该计划明确规定,至少要以90%以上生活在贫困线以下家庭的3～5岁儿童为对象。它的目的是:(1)改善儿童身体健康和体育技能;(2)增进情感和社会发展;(3)改善认知能力,尤其是运用语言和概念方面的技能;(4)建立能使将来学习获得成功的态度和信心;(5)帮助儿童与其家庭建立积极的联系;(6)帮助儿童和他们的家庭逐步形成对社会负责任的态度,同时鼓励社会帮助穷人;(7)增进儿童和家庭的自尊和尊严。1965年3月18日,约翰逊总统

---

① Head Start Project 又译为开端计划、启蒙方案。

发布赞成意见,同意建立1676个先行计划项目,建立9508所中心,为375842个儿童提供服务。"先行计划"不仅是美国教育史上的一件大事,而且是一项"最富有雄心、最有影响和最有争议的社会计划之一"。"先行计划"最初的对象是穷人家的孩子,而今,美国社会各阶层人士都希望他们的孩子从中受益。"先行计划"的本质在于它是一项综合性很强的社区服务方案。它试图通过给社区和家长参与教育儿童的新的机会,进而改善整个社区对儿童教育的现状。"先行计划"在实施过程中,曾经遇到过困难和阻力,经历了从卡特、乔治·布什到克林顿几届总统的政策的调整和变化。总的来说,"先行计划"为贫困家庭、少数族裔家庭的儿童带来了福音。另外,它对儿童和其家庭施行的双管齐下的教育策略,也是行之有效的;对改进处境不利儿童的教育和健康状况,为其在学校的成功作好准备方面,功不可没。

(五)美国现行学前教育发展状况

现当代美国早已把学前教育纳入公共教育体系之中,学前教育已成为基础教育的基石。美国人习惯上把大学前的学制称为K-12,"K"(kindergarden)代表幼儿园,"12"代表从小学到高中的一至十二年级。而且,学前教育的内涵也比以前有了很大的扩展。学前教育不再单指幼儿园,而是延伸至入学前的低幼年龄段的所有教育。目前,美国学前教育的机构除了保留了传统的保育学校、日托中心、幼儿园、"先行计划"外,近些年来又兴起了一种更为灵活的家庭式托儿所。提供学前教育的机构相当多,非牟利团体、营利机构及政府部门都办有不同形式的学前学校,接受教育的幼儿大多为3~5岁。

1. 日托中心的发展现状

传统的日托中心主要是解决妇女外出工作时照顾儿童的需要,只收3~5岁的儿童,现延伸为0~6岁。随着社会的演进,日托中心的功能也变得更加复杂,它不单是托儿所,也负起教育的任务,采取寓教育于游戏的方式,藉着游戏让儿童认识身边的事物。当然,日托中心也因开办者的不同而各具特色,有的着重儿童社交能力的发展,有的着重培养基本学习能力,如认识字母、数字和颜色等。总的来说,日托中心的师资水平较低,大部分教师未受过系统的专业训练,但收费低廉,适应家长需要。

2. 保育学校的发展现状

保育学校招收 2.5～5 岁的儿童,通常以 3～4 岁为主。一般来说,保育学校以半日制为主,注重孩子的教育。课程内容是教师根据所观察到的儿童发展情况而制定的,目的在于增进儿童健康,培养儿童讲究卫生的习惯,通过游戏、音乐、绘画和律动等促进儿童各方面的发展。保育学校的师资水平较高,大多数教师均受过大学以上的专业训练。大部分保育学校为私人开办,收费昂贵,是富裕家庭子女独享的机构。近年来,应家长需要,公立保育学校也逐渐发展起来了。

3. 幼儿园的发展现状

美国把幼儿园教育放在学前教育的优先地位,一般招收 5～6 岁的儿童,但也招收 3～4 岁以下的儿童,以采用半日制的幼儿园为主,也有采用全日制的。幼儿园的任务首先是照顾好幼儿的健康,为幼儿安排好各种小组游戏和集体生活,培养幼儿独立活动的能力和良好的行为品质;其次是培养幼儿对教育的兴趣。幼儿园主要通过游戏、讲故事、音乐、美术和手工等活动,促进幼儿各方面的发展,为将来入小学作准备。

4. 家庭日托中心

家庭日托中心是个人在家中提供的一种托儿服务。这种机构规模较小,如果家长喜欢孩子生活在家庭气氛的环境中,在接送时间上有较大的弹性,或不愿负担昂贵的日托中心费用;家庭托儿是一个选择。家庭托儿一般受州政府的法律监管,需申领牌照,领有牌照的家庭日托中心应该合乎一定的卫生和师资要求。小型牌照可以照料6名儿童,大型牌照可以照料最多不超过12名儿童。由家庭日托中心又衍生了其他机构:(1)家庭游戏团体,即有三四个年龄相近幼儿的母亲负责照看幼儿,她们在早上或下午会面,每天或每一星期轮流在各家聚会,轮到当主人的母亲就是老师,负责孩子的学习和游戏,其他母亲则可自由安排自己的工作。虽然地方改变,但每次作息时间表一致,活动内容包括室外和室内、讲故事、音乐等。(2)父母教师计划,这项计划是由父母在自己家中进行幼儿教育活动,由一位受过训练的教师指导父母安排课程。父母和幼儿一星期到正式学校一次,届时教师给父母个别指导,幼儿可进入教室操作各类教材,每月举行父母教师的专题讨论,并提供进修机会。(3)儿童服务中心,即由一些教堂负责介绍提供托儿服务,需要照看儿童的家长和教堂取得联系,教堂则会为他找到一位受过训练的保姆。幼儿家长自行支付这项服务费用。(4)父母合作托儿计划,这类计划是由一些小孩需要照看的父母们所组成。这项计划每天在不同时段为不须全天工作的父母们服务。

5. 实验托幼机构

学院和大学为了训练教师及进行科学研究附设有实验托幼机构。实验托幼机构的教师,不仅是儿童的老师,而且是通过实习而获得实践经验的大学生。这些机构的经费通常由各单位自己负担,家长常常只付学费。

6. 特殊幼儿教育

为了使每一个儿童都受到教育,美国还有为具有特殊需要的幼儿而制定的专门教育方案。有些机构是为有各种生理缺陷的幼儿服务的,有些机构则专门研究一些发育有特殊问题的儿童,如脑瘫或智力迟钝;还有少数机构是为有严重情绪失调问题的儿童而设计的治疗机构。所有这些机构都配有受过特殊训练的教师,他们与其他专业人员如精神医生、社会工作者和语言治疗专家一起工作。儿童家长必须接受这些机构的建议以配合治疗。在有些情况下也可以把发育不健全的儿童放在正常的幼教机构的班级中。例如,盲童可以进视力正常儿童的班,或脑瘫儿童也可以进正常儿童的班。这样的班上都配有一位受过训练的教养人员,他必须使残疾儿童和其他正常儿童一样得到教育和训练,他应该了解特殊儿童的缺陷,并能帮助家长和班上的其他儿童积极处理一些正常人感到的焦虑以及遇到的问题。幼教优先计划的托幼机构与实验托幼机构都可以招收智力或身体有缺陷的儿童。

7. 企业界创办的托幼机构

从20世纪70年代起,美国经济界人士把学前教育看做是向未来的投资。由一批最具影响力的大公司领导人与大学校长组成的美国经济发展委员会于1985年提出一份报告指出,如果美国的孩子不能受到良好的早期教育,美国就无法在未来的全球市场竞争中取胜,很难想像出有比学前教育更高效益的投资项目。一些大企业纷纷捐赠资金,或建立专项基金,发展本企业的托幼事业。美国最大的电脑商 IBM 公司建立了儿童托育资源发展基金,五年里投入了 2200 万美元用于托幼事业。企业投资托幼事业有几种方式:在企业内或附近设置日托中心,由企业投资、经营;企业所有,委托他人经办,即企业提供硬件,与专业的托幼经营商签订合同,而后者提供教学设备和保教工作人员,经办托幼业务,办得不好,企业可以更换托幼经营商;企业设置托幼机构,提供启动资金,由企业内员工承办。

8. 医院、部队、机关等部门的自办托幼机构

医院系统的保育中心有上千个,部队系统也建立了相当完善的保育系统。20世纪90年代初,政府机关的托幼机构也有250个。

综上可见,现代美国的学前教育机构形式复杂多样,呈现多元化办学前教育的格局。这一方面标志着美国学前教育的繁荣,另一方面却不利于美国学前教育质量的提高,为美国学前教育的规

范化、标准化管理带来了相当的困难。所以,当今美国很多家长面对纷繁的幼儿教育机构也不得不感叹:良莠不齐,需加辨认。

二、杜威实用主义教育思想与幼儿教育

美国南北战争结束以后,进入了大规模的经济扩张和改造阶段。由于大工业生产方式的迅速发展和科学技术的巨大进步,美国的资本主义经济得到了迅猛的发展。到19世纪末,美国的工业生产已跃居世界首位。

美国社会和经济的变化与发展,必然对学校教育提出新的要求。而在当时美国的教育领域,学校制度、课程和教材、教学方法等仍旧沿袭欧洲的旧传统,形式主义占统治地位,教育与社会实际生活严重脱离。杜威实用主义教育思想就是在这样的历史背景下提出并经过他所创办的芝加哥实验学校的长期试验,然后不断更新、丰富而形成的。实用主义教育思想是为了适应20世纪前后美国政治经济的需要而产生的,目的在于克服传统教育的弊病,加强教育与生活、与社会的联系,协调个性化与社会化的关系,改造旧学校,以培养能适应急剧变化的现实生活,能动脑动手,具有一技之长的人。

杜威吸收了西方历史上众多思想家的观点,并结合现代哲学、心理学、伦理学以及实验科学的新成果,进行了批判性的讨论,在此基础上创立了自己的教育理论体系——实用主义教育思想。

(一) 杜威论教育的本质

杜威关于教育本质的论述,可概括为:教育即生长;教育即经验的改造;教育即生活。

教育即生长的含义是:以生长论为基础,强调正确的教育必须从研究儿童心理开始,应当提供机会让儿童生动地表现自己的生命力;要求教育不是单纯的灌输,而应根据受教育者的天赋能力,使之成为儿童自身的本能、兴趣和能力的生长过程;教育方法论的中心须从教师方面转移到儿童方面。杜威认为,是否帮助儿童生长是衡量学校教育价值的标准。

教育即经验的改造:杜威称教育即"经验的继续不断的改组或改造"为教育过程中自始至终都具有的"当前的目的"。儿童经验的改组、改造具有两点意义:其一是"增加经验的意义",即使儿童认识到过去未曾感觉到的事物的联系。其二是"提高指导后来经验进程的能力",就是指儿童在参加某种有意义的活动时,一定"知道他在做什么"和"预料将会发生的结果"。这样获得的经验就是"一种有教育意义和足以提高能力的经验"。总之,儿童通过经验的连续性——一系列行动与后果的关系,"展现着他早先是盲目的和冲动的目的的意义和性质,还展现着他所生活的世界的有关事实和事物",使"知识扩展到自我,也扩展到世界"。在这个过程中,儿童的本能、兴趣、能力得到充分的尊重、利用和发展,社会意识、社会要求也在潜移默化中转化为儿童的信念。杜威这一思想的特点是将目的和过程,将主体与客体,将个性化与社会化通过主体的行动有机结合起来;将认知、获取经验与行动结合起来。杜威认为,一切教育存在于这种经验之中。

教育即生活:杜威认为,教育不应当是生活的预备,而是儿童现在生活的过程,应把学校改造成简化、净化的雏形社会,学校中的课程不应着眼于文字科目,而应着眼于儿童现在的生活经验,教学应从学习者现有的直接经验开始,注重培养儿童对现实社会的适应能力。

教育即生长、教育即经验的改造、教育即生活三者是彼此联系,密不可分的。教育即生长侧重从心理学的角度探讨教育的本质,以解决教育方法论问题,它从一个角度为"儿童中心论"提供了依据。教育即经验的改造侧重从认识论的角度探讨教育的本质,以解决知识、经验如何得来以及心理因素与社会因素的协调问题。二者在教育即生活、学校即社会的观点中得到集中体现。

(二) 杜威实用主义教育思想与幼儿教育

1896年,杜威在任芝加哥大学哲学、心理学和教育学系系主任期间,创办了一所隶属于该系的实验学校(杜威学校)。该校按儿童发展阶段进行编制。其中第一阶段招收4~8岁儿童,称做"幼儿部"。杜威为学校拟定了教育目标和组织计划,并常与教师和家长共同讨论有关问题。杜威夫人曾任该校校长。杜威的实用主义教育思想在幼儿教育领域得到了贯彻和实验。

1. 杜威实用主义儿童观

在儿童教育问外上,杜威深受卢梭的影响,并对传统教育进行了猛烈的抨击。他批评传统教育只是自上而下地把成人的标准、成人所制定的教材与教法强加给正在生长的儿童,所强施给儿童的东西超出了儿童经验的范围。杜威指出,传统教育的主要特点是"消极地对待儿童,机械地使儿童集中在一起,课程和教法的划一。概括地说,学校的重心是在儿童之外,在教师,在教科书以及在其他你所高兴的任何地方,惟独不在儿童自己即时的本能和活动之中。在那样的条件下,就说不上关于儿童的生活;也许可以谈一大套关于儿童的学问,但认为学校不是儿童生活的地方"①。

杜威在其早期著作《我的教育信条》这一权威性的文章中,强调教育过程的组成部分之一是心理学。从教育的心理因素及民主观着眼,他主张教育应建立在儿童的天性、本能的基础上。在他的早期著作中,根据反对传统教育的需要,尤为重视心理的因素,大力倡导儿童中心论。杜威竭力反对传统教育消极地对待儿童,主张把儿童放在教育的中心,使儿童成为教育的主宰。他声称:我们教育中将引起的改变是重心的转移,这是一种变革,这是一种革命,这是和哥白尼把天文学的中心从地球转到太阳一样的那种革命。这里,儿童变成了太阳,而教育的一切措施则围绕着他们转

---

① 《杜威教育论著选》,华东师范大学出版社1981年版,第31~32页。

动;儿童是中心,教育措施便围绕着他们而组织起来。

杜威认为,若将人类幼儿与动物幼崽进行比较,可以看出二者有极大的区别:一般动物出生后不久即能觅食和行走,而婴幼儿则需依靠成人的长期抚养才能独立生活。杜威引用进化论者的观点,认为在进化等级上,凡愈下等的动物,其幼稚期愈短,反之愈高等的动物,其幼稚期愈长。人类之所以能有学习各种事物之容量或可能,即是因为他的幼稚期特别长久。杜威认为,这较长的生长时期正好蕴藏着使他们进行较为复杂而高深的学习的可能,因此幼儿期较长并不是弱点或缺点。杜威还指出:幼儿期是人生打基础的时期,不但是接受中高等教育的基础,尤其是他一生事业、习惯、嗜好的基础。

杜威还主张,研究幼儿,要始于诞生;因为新生的幼儿对于探究生长的性质是一把钥匙。他希望这把钥匙将会揭示在可控制的条件下,人类在体、智方面特殊发展的原理的秘密;而根据这样一种原理,可以建立一种有助于阐明教育理论和实践的有效假设,如同进化论的假设有助于阐明自然界的情况一样。

总之,杜威充分肯定了幼儿期的价值及研究幼儿教育的重要意义。他对卢梭提出的在万物中人类有人类的地位,在人生中儿童期有儿童期的地位,绝不应以成人为标准而抹杀儿童期的尊严等说法深表赞赏。

2. 杜威学校幼儿部的教育实验

由于杜威将学校视为介于家庭和社会之间的机构。学校生活的计划是家庭生活的简化和有秩序的继续。因此,杜威学校的一切活动都从儿童的生活需要引出,儿童的经验成为课程和教材的依据。一切与生活的基本的和持续的需要有关系的实物,如住所、衣服和食物成为发展中的课程的焦点。把具有积极内容,本身具有内在价值,又能唤起学生探究与创造的热情的科目,作为学校工作的核心。课程的计划在性质上不是静止的,需要不断地照顾成为中心的儿童的经验和他们的变动着的需要及兴趣。幼儿部的具体教学内容有：手工劳动、唱歌、讲故事、游戏，取消了福禄贝尔式的"恩物"和作业。

杜威十分重视作业、游戏、工作在学龄前及学龄初期儿童教育中的作用。认为儿童对于游戏有一种天生的欲望，在低年级中最有用处。在杜威这里，作业、游戏、工作三者是有联系并在许多地方是含义相同的概念。在杜威学校，作业往往通过游戏来完成，或者游戏以作业的形式来表现。杜威认为，为儿童安排的游戏应符合儿童的本能、兴趣，同时根据儿童的年龄特征及"随时令的变迁"乃至"随地方情事而异"。此外，杜威还指出，幼儿的兴趣及经验以家庭为中心，对于与他们有切身关系的事物，就是他们所认为最重要的。教育者不妨顺而导之。

杜威学校的教师是向导及领袖，其工作在于查明儿童内在活动的需求，顺而导之，并联系活动，为他们提供适当表现的机会。教师还要注意排除情境中诸如寻找材料和太细致的准备工作等过分困难的因素。教师必须避免使其方法太容易，其计划要有足够的难度及障碍，以激发儿童的机智和判断力，指导儿童对方法或手段的选择，使儿童的游戏和活动的意义不断增加。杜威学校幼儿部强调游戏的教育功能及游戏内容和游戏活动的社会性，重视将游戏、工作合一，引导儿童从做中学，开创了美国幼儿学校中儿童中心主义的鲜明特色。

（三）杜威实用主义教育思想的影响及其评价

杜威在19世纪末断然宣称："儿童变成了太阳，而教育的一切措施则围绕着他们转动；儿童是中心，教育措施便围绕着他们而组织起来。"①这对于新教育的兴起起了振聋发聩的作用。由于杜威的影响，他被视做20世纪上半叶儿童中心主义的重要代表人物。

---

① 《杜威教育论著选》，华东师范大学出版社1981年版，第32页。

作为一位对现实不满,但又企图维护资本主义秩序,怀有改良理想的思想家,杜威在考虑教育问题时,不可能不着眼于社会的需要,杜威明确要求把儿童训练成社会的成员,要用为社会服务的精神熏陶他们并授以有效的自我指导的工具;并认为,只有实现了这一切,我们将有一个有价值的、可爱的、和谐的社会的最深切而最好的保证。在杜威的教育思想中,努力使心理的因素与社会的因素相协调,使儿童的个性化与社会化相协调,而杜威有关这方面的教育思想经常遭致忽视。

杜威的一些新颖的,甚至不无偏激的观点,促使人们更加注重研究儿童的兴趣、需要和能力;注重发挥儿童的主动性、积极性;注重改革教育方法、教学内容,从而推动了教育、教学的理论与实践的发展。但由于杜威过分强调儿童的当前的直接经验,提倡"做中学",忽视间接经验在课程和教材中的地位和作用,从而不可避免地降低智力训练标准。因此,20世纪50年代后杜威在美国遭到了严厉的批判。

杜威的"儿童中心论","教育即生长、即改造、即生活","学校即社会","做中学"等理论,曾被各国的许多幼儿教育工作者作为幼儿教育工作的指导思想,或加以借鉴、利用,从而对幼儿教育的理论与实践产生了重要影响。杜威学校幼儿部的实验被美国学者视为"美国幼儿教育发展史的经典性的记录"。20世纪初至30年代美国的进步主义幼儿园运动是与杜威的教育理论及其芝加哥实验密切相联的。五四运动以后,杜威的教育思想较之任何其他西方教育学说对中国幼儿教育的影响更广泛、更深入,通过杜威的学生陶行知、陈鹤琴的倡导和实践,杜威实用主义教育思想成为我国新式小学和幼儿园的指导思想。

20世纪"50年代后,虽然进步主义势力衰落,但杜威仍对美国学前教育保持重要影响。脱胎于杜威的'自由教育'是现代西方主要幼儿教育指导思想之一"①。

三、法规与体制

众所周知,美国是一个注重法制的国家。在学前教育领域,法制化的过程对学前教育的发展起了很好的推动作用。它表明了美国政府对学前教育的干预,也表明了政府在学前教育领域推行"美国价值"的努力。

现代美国的教育法涉及的面较广,其内容包括学生权利、教师权利、民事纠纷、机会均等、天才和特殊儿童、专业标准、宗教与国家的关系等。各州基本上每年都要编撰"教育法典",为各种法规编号,便于查找和对照,并作出修正。议会及教育行政机关所制定的教育法案甚多。例如,加州每年的教育法规集一般有十多卷,有的地方规定幼儿园的滑梯、单杠下必须是草坪,不能是硬质地面,以确保幼儿在玩耍中不受到意外伤害。对遍及全国的公共校车,其制造、性能、座位标准、紧急疏散门都有成文的法律规定。在交通规则中,又规定校车在接送上下车的儿童途中停车时,后面的车辆一律要停下来等待,不得超车。美国有关教育的法规之多、之细、之繁真是一言难尽。这里只能择其要者加以阐述。

(一)国防教育法案

1958 年通过的《国防教育法》,是美国公共教育法案史上的一个重要的里程碑。1957 年,苏联人造卫星上天的消息刺激了美国朝野的神经,使政府深刻认识到教育的落后将导致美国在科技领域竞争力的落后。紧接着苏联人造卫星上天之后颁布的《国防教育法》共有十章,阐述了为各级教育提供赠予或贷款的计划,它强调了为儿童和青少年提供更充分、更充足的教育机会,加强智力和

---

① 杨汉麟、周采:《外国幼儿教育史》,广西教育出版社 1998 年版,第 275 页。

技能的全面训练。乍看,这个《国防教育法》主要针对美国基础教育领域,与学前教育关系不大。其实,并非如此,正是在美国政府早出人才、快出人才愿望的推动下,政府在改革义务教育的同时,采取了多种措施推广早期教育,扩大学前教育的范围,保证任何天才儿童不因经济困难或其他原因而不能接受应有的教育。社会也注意加强早期儿童发展与教育的研究,并注意从各种心理和教育流派中吸取有价值的东西,丰富自己的教育理论与实践。学前教育开始重视儿童认知的发展,在某种意义上,它促使了学前教育方案向认知领域的转向。一些着重认知发展的早期方案受到重视,如蒙台梭利的感觉训练法、皮亚杰的认知发展阶段说都成为学前教育的理论来源。

(二)经济机会法案

1964年通过的《经济机会法》旨在"动员全国的人力和财力资源向美国的贫困作斗争"。该法案突出了教育的社会价值,教育不仅被承认对个人是有价值的,而且对生产力的发展也是有贡献的。正是在此法案中提出了学前教育的"先行计划",从而在全国范围内掀起了一场"向贫穷开战"的运动。基于这一法案,政府加大了对学前教育的投入,而且把学前教育作为一项社会工程予以重视,"先行计划"执行以来,客观上解决了低收入家庭子女的早期教育问题,力争为处境不利的儿童赢得公平的起跑线。当然,"先行计划"也受到了一些质疑和抨击,主要是针对该计划预算过高而效果不佳,以及该计划中师资不足、师资水平不高等问题。

(三)伤残儿童教育法案

1975年通过的《伤残儿童教育法》规定必须为3～21岁的残障儿童或青少年提供免费教育,并为特殊教育提供额外拨款。自此,美国政府用于这方面的开支不断增加。该法案授权联邦政府向州和地方校区拨款,但款项的分配取决于联邦政府是否批准州的计划。1982年,联邦政府对每个伤残儿童的资助达到州内每个学生平均经费的40%。至于天才儿童教育,全国23个州有法律规定要为"神童"提供特别辅导。美国还成立了一个称为超能儿童局的全国民间家长组织,宗旨是督促教育当局和政府为天才儿童提供适当的辅导。该法案确保了特殊儿童受教育的权利,为特殊教育在美国的发展提供了有利的条件。这是美国式的"机会均等"价值观在学前教育中的体现。

(四)学前教育立法的程序和内容

美国学前教育机构有公立和私立两种。公立由联邦政府、州有关部门、大学、军队、教堂、慈善机关提供经费,均为非盈利性质。它们仅占美国学前机构中的一小部分。另一种是广泛存在的私立机构,大部分均为营利性质。政府为了保证办学的质量而制定了教育法规,以鼓励私人办园,并规定,凡是私人开办幼托机构,必须向当地有关部门提出书面申请报告,经批准后方可开办。1972年,联邦政府制定的标准条例有:办园宗旨、收托规模、工作人员与儿童的比例、各级各类工作人员的资历、场地面积及设备、营养卫生、保险项目(防火、防盗、事故安全等)、日托中心主任的职责、家长参加中心咨询委员会的比例不少于50%等。当地的儿童福利部、儿童和家长服务部根据申请,按规定标准进行审核,如情况属实,符合要求,即可发给牌照,准予开办。这就使私立托幼机构得以纳入地方政府的监管之下,从而保证办园的质量。但联邦政府对私人办园只作法律规定,具体执行由各州自行负责,由于各州对联邦政府所规定的标准把握不完全一致,有的州发牌照的要求比较严格,有的州发牌照的要求则比较宽松。相应地,发牌照要求严格的州,学前教育的水平较高,而发牌照要求宽松的州,学前教育的水平也较低。因此,美国有关学前教育的法律其实是有一定弹性的,而且政府的立法着重于硬件设施、安全、责任这几个方面,而对教育的内容、形式、课程等方面则不作规定。这也就是美国学前教育方案灵活多样的原因之一。

（五）最近的教育立法中涉及学前教育的方面

进入20世纪80年代,美国为了作好迎接日趋激烈的21世纪国际竞争和挑战的准备,实施精英教育,提高教育质量,将教育的视线由强调平等、公平转向强调优异也就显得十分必要。为此,美国教育改革的文件和报告接二连三地出台。1983年4月,美国国家教育优异委员会发表了《国家处于危险之中：教育改革势在必行》一文,全面分析了美国教育质量的堪忧之处。在总统的任命下,国家教育优异委员会制定了国家教育标准和新课程计划。以后又出台了全面普及美国中小学和幼儿园科学教育的《2061计划》,以及1991年和1993年分别由布什政府和克林顿政府公布的指导整个美国教育改革的纲领性文件：《美国2000年：教育战略》和《2000年目标：美国教育法》。美国教育优异委员会提出的新课程计划,被命名为"詹姆斯·麦迪逊课程计划"。该计划是国家推荐的一个课程样板。它分成两个部分七个年级段。第一部分的第一阶段为幼儿园至3年级。这个阶段的课程标准如下：

英语：初步阅读和书写（发音、默读和朗读、基本的语法和发音规则、词汇积累、书写和书法、简单作文、初步的读书技巧）。

社会科学：历史、地理和民法入门（美国人在文明发展中的作用、最早的移民、土著人、美国的节日、习俗和标志、公民、景观、气候、阅读地图）。

数学：数学入门（数、基本运算、简分数和十进分数、圆、几何形状、测量长、面积和体积、图表、近似值和统计知识）。

理科：自然科学入门（植物和动物、饮食、太阳系、岩石和矿物、天气、磁体、运动和能量、物质属性、简单实验）。

艺术：音乐和造型艺术（歌咏、听录音、乐音和乐器、绘画、手工艺术、视觉效果）。

体育和健康：控制身体、协调运动、体育运动、游戏和练习、保险、卫生、饮食与酗酒、与吸毒作斗争的初步知识。

按照这份计划,在英语教学方面,美国学生在幼儿园就开始为阅读、书写作准备。幼儿每天在教养员的指导下讲故事,从而刺激幼儿对阅读和对各种体裁的文学作品的兴趣。课程计划还要求把幼儿带进图书馆,让幼儿从小就了解如何利用和爱惜书籍。虽然这个计划有些宽泛,并不完全针对幼儿教育,但以国家的名义制定幼儿教育的课程标准还是比较罕见的。有评论说,它的积极意义在于"灯塔效应"和"手电筒效应",便于统一目标,认清方向;它的消极意义在于政府对话语权的控制,会演变成一种"政治化"运动,更何况全国统一的高标准让人担心将小学的课程下放到幼儿园,忽视了儿童的个性发展。这也就是后来的发展适应性课程方案出台的背景。

(六)近几届政府重视学前教育,加强立法、增加投入的情况

近几届政府与国会对学前教育愈来愈重视。白宫于1970年和1981年两次作出决定,把发展托幼事业作为国家最重要、最迫切的需要之一。1979年,国会通过了《儿童保育法》,1990年通过了《儿童早期教育法》,同年还通过了《儿童保育和发展固定拨款法》,该法于1995年作了修订。

前总统乔治·布什于1989年召集全国50个州的州长研究制定了《美国2000年教育目标》,提出了六项全国教育目标,其中第一项是:所有的美国儿童都要有良好的学前准备。它的基本内容是:到2000年,所有的美国幼儿都要作好入学准备;所有的残疾儿童和处境不利的儿童都能受到高质量的、与其发展相适应的幼儿教育,以便为入学作好准备;每个家长都应成为儿童的首任教师,每天应花一定的时间帮助幼儿学习;要使家长们都能接受这方面的培训,并得到必要的支持;要使儿童都能得到足够的营养和医护,以便保证在入学时有健康的身体和大脑。克林顿总统上台后,将六项全国教育目标增加到八项,提出《美国2000年教育目标法》草案,于1994年在国会获得通过,成为正式法律。全国教育目标

提出后,美国各级政府纷纷制定计划和措施,与社会各方协力推动教育事业的发展。

始于20世纪60年代的"先行计划",最早的计划拨款为9640万美元,以后金额逐年增长。1975年为4.04亿美元,1985年为10.7亿美元,1993年为27.7亿美元。由于认识到3岁前幼儿发展与教育的重要性,1994年又提出了《早期先行计划》,把教育服务对象延伸到贫困家庭2岁幼儿。1997年"先行计划"共拨款39.8亿美元。

根据1990年国会通过的《儿童保育与发展固定拨款法》,联邦政府从1991年起每年拨予各州发展托幼事业专款,以弥补地方政府这方面经费的不足。1991年拨款7.71亿美元,1995年为9.346亿美元。国会于1988年与1990年两次修订《社会保障法》,增添了向低收入家庭提供孩子入托补贴的条款。1992年这方面的经费支出为15亿美元。另外,联邦政府拨给各地的发展社会服务事业的经费,约有五分之一用于支持早期保育与教育。

1988年,克林顿总统提出幼儿教育五年计划,主要内容包括:增加对"先行计划"的投入,扩充招收名额,到2002年将招收100万名贫困家庭幼儿,即比1997年增加25%,预计届时将年投入50亿美元;加强与扩展师资培训,帮助儿童保育工作者达到认证资格,设立专项奖学金(每年5万个名额,5年共投入2.5亿美元),资助与鼓励立志从事幼教工作的学生。从联邦政府对学前教育事业的财政支持,可以看出美国政府对学前教育事业的重视程度,也是学前教育事业获得发展的外部保证。

四、课程

虽然课程的选择在每个学前教育的机构中有极大的差异,但学前课程必然要包含适合学前儿童特点的特定的课程元素,正是这些元素的组合、搭配以及运用,才产生了不同的课程模式。另外,这些元素也是儿童学习的基本途径,无论是儿童自由进行的游戏活动还是教师预先设计的教学,都离不开这些元素。美国的任何学前课程模式中应起码包含这些元素,灵活运用这些元素是课程设计的最基本的原则。

(一)课程元素

1. 图书角

布置图书角的目的在于促进儿童的语言发展,以讲故事、阅读、游戏、文学欣赏等活动为主要内容。图书角需具备书架、椅子、书、图片、盆景等物品,并有足够的空间放置各类图书,还可以让儿童舒适地躺下听故事。

2. 美工角

美工角是最多姿多彩的地方。美工角需具备颜料、刷子、粘土、蜡笔、手工刀、剪刀、各种美工用纸等。让幼儿尝试使用各类美工材料,指导幼儿正确使用美工教材。美工活动一方面可以宣泄幼儿的恐惧、紧张和敌意,促使同伴之间的非语言沟通;另一方面美工活动还可以锻炼幼儿的想像力、创造力,当儿童描述、解释自己的作品时,又锻炼了他们的语言表达能力,表露了他们的需要和情绪。美工活动还具有一定的实用性,如庆典时环境的布置、室内装饰、手工艺品的制作。学前课程中的美工活动对于儿童创造性的培养尤其重要。

3. 角色游戏角

角色游戏角又叫娃娃角。角色游戏角一般备有各种不同类型的娃娃、镜子、各种娃娃服装、小型的家庭设备或场景设备。年幼儿童就已经很热衷于扮演角色。角色游戏最能激发儿童对生活的认识以及处理人际关系的灵感。从角色的分配到按角色行事,儿童开始了解社会规范,学习社会经验,确定自我同一性。在一些偏重儿童情绪、情感健康的学前教育方案中,常常将角色游戏作为一种治疗手段,帮助儿童消除焦虑,抚慰创伤。

4. 结构角

几乎所有的学前教育教室里都有专门的结构活动区,现代玩具中新材料的运用,使得结构角的材料大大超出了积木的范围,木质的、纸质的、塑料的、金属的、发泡的材料都能制成色彩鲜艳、大小合适、可拼可插、可装可拆的结构玩具。幼儿使用这些材料,可任意制造他们喜欢的物品,飞机、轮船、坦克、城堡等是幼儿的古老结构主题。随着社会的发展、变化,每代幼儿的结构主题也在变化。对于现代美国学前儿童来说,一些高科技的物品必然成为他们感兴趣的结构活动主题。对于儿童来说,结构活动满足了他们动手的愿望;也是他们把想像付诸现实的最好尝试,更使幼儿在不知不觉中学到了尺寸、大小、形状等概念。那些需要高度的注意力和观察力才能完成的拼图,还能使儿童获得一种成就感。

5. 木工活动

很多成人认为木工活动对于幼儿来说太危险,但凭借木工活动,儿童可以了解成人的工具,同时训练幼儿的小肌肉控制、手眼协调和对幼儿个别生理能力的了解。

6. 水和沙的游戏

水和沙都是儿童乐在其中的游戏材料。水可以用来罐装、泼洒、吹泡泡,可以用来试验沉、浮、可溶、不可溶、容积、重量等现象。沙可以用来堆砌、挖掘、填埋、造型等,通过玩沙,儿童的社会性将得到很大的发展。

7. 大肌肉活动

大肌肉活动通常在户外进行,由活动空间决定活动内容。这既是一种学习,也是一种身体锻炼。

8. 音乐活动

在音乐的陪伴下进行的律动、唱歌、游戏等,可鼓励幼儿表达自我、自由创造。音乐活动是一种情绪得到宣泄、放松、抒发的途径,也是儿童自由联想、发挥自身创造力的活动。

9. 语言、数学和常识

教室中不必设立专门的场所来进行这三项学习,几乎任何活动都可用来进行这三方面的学习,让儿童自由地讨论一些问题,辨别一些概念,诉述一些知识,尽可能根据不同的主题组织幼儿的语言、数学、常识的学习。

这些课程的元素,有的本身就是一种隐性课程,有的是可以用于课程的元素。从这些元素中可以看出美国的学前课程内容涉及的领域是多方面的,它对幼儿发展的作用也是全方位的。这些课程元素一般采用分科的形式结合到课程中去,当然也可以根据主题或单元进行一定的综合,并设计出不同的程度,这就产生了不同的课程模式。

美国现代学前教育课程模式走过了从分科到综合的道路,但美国学前教育界发现分科和综合各有弊端,分科有拔苗助长之嫌,综合又有降低学科性之疑。在经历了一番左右摇摆之后,美国学前教育界终于达成了一定的共识,那就是一切从儿童出发,再回到儿童。1992年,全美幼儿教育协会在广泛听取和吸收幼教专家和实际工作者的意见的基础上,制定了《适宜于0~8岁儿童的课程内容与评价指南》。

(二)《适宜于0~8岁儿童的课程内容与评价指南》

《适宜于0~8岁儿童的课程内容与评价指南》有以下主要的课程内容。

(1) 课程内容应当建立在坚实的理论基础上,应能反映儿童学习与发展的最新的研究成果和观点,即发展性的、相互作用的、结构主义的观点,而不是行为主义的观点。

(2) 课程内容应当能使儿童在各方面,包括社会性、情感、认知和身体等方面得到发展,使儿童成为合格的社会成员。

(3) 课程应当在帮助儿童学习和掌握知识与技能的同时,发展他们的智力和对知识的理解,培养学习兴趣,形成良好的学习态度。

（4）课程的内容对于儿童来说，应当是有意义的，内容广泛的，应当是与儿童已有的知识经验相适应，易于他们理解和接受的。

（5）课程内容应该是大多数儿童可以学会的，切合实际的。

（6）课程应当考虑到每个儿童的需要和兴趣。应随时对教学经验、材料和设备、教学策略进行恰当的调整，以照顾到儿童在经验、发展速度、学习方式、需要和兴趣上的差异。

（7）课程应当考虑并尊重个体的、文化的和语言上的多样化，并与儿童家庭建立积极的关系。

（8）课程应当从儿童已有的知识经验出发，来帮助他们巩固知识，学习和掌握新的知识与技能。

（9）课程应当为儿童在已有知识经验基础上理解知识，建构认知结构，并使之日渐复杂化，提供一个概念化的框架，如主题、单元等，使儿童在有意义的情景中学习。

（10）课程既要突出一定的主题或内容，又应当围绕一定的主题把传统的学科知识综合起来。

（11）课程内容应当具有智力上的整体性，同时尊重学科的基本体系，让儿童掌握的知识虽然是浅显的，但必须是科学的、正确的。

（12）让儿童学习的内容应当是目前能够有效学习的内容，而不是那些无意义的，或者说更适宜于以后学习的内容，否则就是在浪费儿童的时间和精力。

（13）课程应能激发儿童的学习积极性，而不是使儿童变得消极被动，应当给儿童提供一定的选择机会。

（14）课程应当重视儿童对知识的主动建构，儿童总是用自己的生活经验去理解生活现象，在这种知识的理解与建构中，会出现一些"错误"的概念，但是，这种"错误"的概念可以让教师了解儿童的认知发展水平和思维推理特点。

（15）课程应当重视发展儿童思维、推理、判断和解决问题的能力。课程既应重视内容也应重视过程，既重视儿童需要知道的，也重视儿童能够做的。课程的内容应当使认知过程变得有意义，应当让儿童在活动的情景中掌握技能。

（16）课程应当重视社会性交往对学习的作用，并且应当提供同伴间互相学习的机会。与成人和伙伴的交往，对儿童真正理解的形成是关键的，社会性交往也为合作及其他积极的社会性行为提供了机会。混合编班的形式是一种促进儿童的社会性交往、提高语言能力、促进儿童发展的行之有效的策略。

（17）课程应当满足儿童对活动、感官刺激、新鲜空气、休息、健康和营养（或代谢）等的需要。课程应当在尊重儿童生理需要的同时，促进儿童的独立性和对生活自理能力的发展，不要把剥夺这些需要作为对儿童的惩罚。

（18）课程应当让儿童有心理安全感，即让儿童觉得轻松、愉快、舒适，而不是恐惧、担忧或有压力感。

（19）课程应当让儿童获得成功的学习体验，能增强儿童的成就感及对学习的兴趣与好感。

（20）课程应具有灵活性，以便教师根据个别和集体的情况进行调查，给教师提供的课程应当有多种可选择的方案，以便教师根据具体情况进行选择。[①]

以上20条课程内容都以"应当如何"的方式加以表述，具有很强的可操作性和实际指导意义。在课程内容的基础上，还有课程评价指南，用于为教育干预提供决策工具。

[①]《学前教育研究》，1995年第2期第20～22页。

五、师资培养

(一) 教师资格证书制度

在美国,有32个州和哥伦比亚特区为公立学校的幼儿教师建立了早期儿童教育证书制度。由于各州对早期儿童的定义不同,证书的情况也不尽相同。有些州对早期儿童的定义为从出生到5岁,或从出生到8岁,有的是5~9岁,也有一些州定义为3~8岁,但一个共同点是小学教师不需要特殊的培训即可在幼儿园任教。另有13个州没有建立儿童教育证书制度,但对已获小学证书的教师,要求学至少2门以上的早期儿童教育课程,并且有幼儿教学的实践后才能做幼儿教师。在所有的州,证书都授予那些获得学士学位的人和接受过国家认可的教师培训的人。

20世纪80年代以前,美国各州对从事幼教工作的新教师的任职资格还没有明确的规定。近些年来,许多州规定了幼儿教师起码要获得学士学位。与早期儿童教育体系的不同层次相适应,美国的幼儿师资培训制度也是多层次的。目前,美国幼儿师资队伍设有五种职务,即园长(或主任)、教师、保育员、助理教师和助手。这五种职务要求具备不同的知识和能力,承担不同的责任。培养幼儿师资的机构有高中和职业技术学校、2年制社区学院、4年制学院和大学的早期教育系和研究生院等。高中和职业技术学校的幼师课程通常培训日托中心的助手或保育员。社区学院的幼师课程培训小学低年级的助理教师,或日托中心和保育学校的教师。学院、大学和研究生院培养幼儿园或小学低年级的助理教师,或日托中心和保育学校的教师。学院、大学和研究生院培养幼儿园或小学低年级教师。高等师范教育培训幼儿师资,是近30年美国幼儿教育领域的一项重大改革。

为了保证早期儿童教育的师资质量,幼儿园和小学低年级教师必须获得教学证书。教学证书由各州教育厅发给修完幼教专业课程并获得学士或硕士学位的申请人。此外,许多州还要求这些申请人参加"国家教师考试"。保育学校和日托中心的教师不需要教师证书而需要教育文凭。教育文凭由独立的机构或幼教协会颁发给受过幼师培训的人。目前有两种文凭影响最大,一是国际蒙台梭利协会或美国蒙台梭利协会颁发的文凭,它是蒙台梭利学校执教的必要条件;二是儿童发展学士文凭,1970年设立,颁发给未受过大学或正规师资培训的在职教师。教学证书和教育文凭制度为保证幼儿师资质量起了重要的作用。

不同类型的幼教机构对教师的学历和资格要求不同。在美国和加拿大,大多数州都要求公立幼儿园和保育学校的教师有教师资格证书,但私立幼儿园一般不受教师资格证书的限制。招收5~6岁儿童的幼儿园,一般都附设在小学内,这种幼儿园教师的要求和小学教师相同,必须具有大学毕业的水平。许多大学的早期教育系是培养8岁以前儿童教师的。5岁以上日托中心的教师,一般要求应是2年制社区学院毕业,具有幼儿教师工作证书;个别地区要求不十分严格,如夏威夷一部分地区的日托中心只要有高中毕业水平,具有两年与儿童接触的经历即可当日托中心的教师,还有些地区则要求高中毕业后培训10个月。在家庭日托中心的教师只要经过一定的培训,有育儿经验,经政府部门批准即可。

(二) 幼儿教师专业标准的制定

由于长期以来幼儿教师的任职资格比较混乱,美国师范教育协会和全美幼儿教育协会于1991年7~8月修订、制定了美国0~8岁儿童教师的职业特征、应掌握的知识和能力。其中,基于幼儿教师职业特征的知识、能力的规定非常具体,它反映了美国幼儿教师专业化的水平。例如,教师对于儿童的生理发育、心理发展和学习活动应具备的理解力和能力就包括:

(1) 幼儿身体发育的理论,包括胎儿期、新生儿期、婴儿期、幼儿期和小学初期儿童的不同的生理特征和行为方式。

（2）幼儿认知发展的理论,包括儿童的早期经验与其认知发展个别差异之间的相互关系。

（3）幼儿对言语交际的感知和表达过程以及语言的发展。

（4）幼儿情绪的、社会的和道德的发展,包括社会同一性的出现和自尊心的发展。

（5）幼儿身心发展各个方面的统一性和综合性,幼儿个性差异是怎样影响其身心各方面的发展的。

（6）游戏的重要性,儿童积极参与游戏对其感知和运动发展以及对以后认知、感知觉和语言发展的重要意义。

（7）儿童周围的生态环境对全面提高儿童的营养水平,促进儿童运动、感知、认知和心理各方面发展的重要意义。

（8）如何发现儿童的情绪障碍,不良行为习惯的苗头。怎样帮助儿童消除情绪障碍,改正不良习惯。

（9）观察和记录幼儿的行为,正确指导、评价孩子的行为,以便能正确认识儿童的个性行为特征。

（10）儿童心理发展检测量表的作用及其局限性。

还有处理家庭和社区关系的能力标准,实施课程结构,教学内容的能力标准,创设健康、安全、营养、预防的管理程序的能力标准以及个人职业修养、职业教育经验的标准。① 可见,美国在规范学前师资方面,是有章可循的,也表明了美国学前师资的培养和充实是有严格的专业标准的,这对于学前师资的专业化是十分必要的,对于其他国家学前师资的培养也具有一定的借鉴意义。

六、家庭与社区的作用

在美国的学前教育机构中,家长的作用从来都是不可忽视的,政府针对学前儿童的教育方案或计划也都把家长考虑在内。在美

---

① 《学前教育研究》,1995 年第 1 期第 59～61 页。

国人看来,只有把家长也纳入到方案中来,才能使学前教育的问题获得标本兼治的效果。

(一)家长与孩子一起成长

美国的家长教育计划从子女生命的第一天就开始了。各社区创办"从出生到 3 岁"培训班,以 1981 年密苏里州教育部创办的"父母作为老师"的项目最为著名。目前,该组织已将它们的项目推广至全美 47 个州,培训了 8000 名"父母辅导者"。这些工作人员主要是每月对每一个家庭进行 1 小时的家访。

美国的另一项以家庭为基础的父母教育计划,称做 HAPPY 计划:学龄前儿童的家庭指导计划。该计划得到了美国前总统克林顿的支持。HAPPY 计划直接把培训带入家庭,计划中的母亲们每周接受一次访问,每隔一周参加一次与其他父母们的集会。

联邦政府早期推行的幼教优先计划和补偿计划是联邦政府和州政府给低收入家庭的儿童们提供经费的教育计划。这些计划希望社区的家长和成员在经过训练的教师的指导下,自愿尽义务协助工作或是领薪协助工作。为了执行这些计划,由家长组成一个合法的地方咨询委员会以直接考虑整个计划决议。

美国有的学者甚至认为家长也需持有执照,培训合格才能当家长,看来这是为提高家长素质而采取的"非常行动",但目前还很难付诸实施。关于合格家长的要求,该学者也作了详尽的描述。

(二)托幼机构是与家长合作的中心站

许多托儿所、日托中心、私人幼儿园都有一长列等待把自己孩子送托的家长名单,这些家长对托幼机构有兴趣,托幼机构就为这些家长办学习班,让他们通过小组讨论、会议和咨询服务站进行学习。大多数托幼机构肩负的另一项工作就是帮助父母运用在学习班里学到的方法,成功而令人满意地当好家长。

文化水平较低的家长可以在学习班里学到帮助孩子学习的方法。在某些实验和联邦政府主办的项目中,教师要深入家庭帮助婴幼儿的母亲寻找丰富她们经验的途径。还有一些项目,要求教师到儿童的家里去做儿童的工作,扩大学校活动的内容,用实例向个别家长说明怎样教导孩子。

家庭教育计划是由一位受过训练的教师,在对儿童进行家访并向家长教授指导儿童的方法的过程中执行的,其中包括促进儿童智力发展的方法。这些计划最近增加了一项有趣的内容,即玩具图书馆,图书馆的玩具可以出借给担任家庭教育的教师或直接借给家长。

美国家长参与学前教育方案的另一种形式是合作机构。由家长们组织起来聘请一位有训练的教师,并协助她执行托幼计划。这些机构由于有内行领导和家长的关心,收费比私立机构低,成绩显著,常常办得很好。许多这样的幼儿班都设在教堂里,也有办得很好的幼儿班自己建造房舍。参加合作托幼机构的家长面临着这样一个特殊问题,就是如何正确处理好自己和自己儿女之间的关系。因为他们在这机构里有双重身份,既是助理教师又是家长,在儿童与家长这两方面,都有双重身份,要很好地解决这个矛盾。这些身份一经明确,儿童与家长就能从经验中得到益处。与发展水平相同的其他孩子的家长保持密切的联系,共同分担应负的责任。商量和处理在机构中所发生的问题,对家长来说是非常重要的,特别对于那些独生子女和头生子女的家长更是如此。由于在这种组织体系内有这些复杂的关系,这种合作托幼机构经常可以从精神病顾问医生那里得到帮助。许多教堂设有托幼机构,由受过训练的工作人员管理,为幼儿和他们的家长服务,或者为合作托幼机构提供房舍。还有家长们组织的非正式的邻里游戏小组,这种小组活动时间短,比较适合当时邻里的需要。

(三) 教师与家长之间的沟通与协调

很多家长在处理有关孩子的教育问题时常感到力不从心,家长在努力实现孩子向他们提出的要求时,常常感到被动和力不从心。因为他们的儿时经历和目前孩子的经历之间存在着一条不易逾越的鸿沟。假如教师能理解这种情况并表示同情,那么,托幼机构就可以成为家长在进行工作时的一种支持力量。家长和儿童都应在"不断成长"的过程中得到满足。为此,家长需要鼓励和积极的指导,并且需要有一个有助于解决问题的环境。教师能够满足家长们的这些需要,就像他们能满足孩子们的需要一样。

教师在托幼机构中也常感到力不从心,教师在努力满足家长和孩子的新要求时,也常会感到被动和困难。如果她们要订立和执行健全的教育方案,就需要家长的帮助;如果教师要很好地了解儿童过去的生活情况、兴趣爱好、在家有什么表现等,也需要家长的帮助。教师在家长的帮助下就能更好地订出适合孩子的计划。家长也需要教师的帮助,以便与孩子继续保持联系。如果他们要了解孩子的发展情况,以及在家还应给他提供什么样的帮助,他们就需要知道儿童在托幼机构中的表现,以及托幼机构向孩子提供的东西。

儿童入托后,家庭与托幼机构就应保持密切联系。如果对儿童提出的要求有分歧,那就要经常交换意见。教师和家长不仅要互相尊重彼此的作用和采取的方法,还要对彼此的问题抱同情态度。

家长和儿童在托儿所、幼儿园或日托中心都像在家里一样;幼儿园随时欢迎并鼓励家长来园观察、参观。教师要经常与家长联系并交换意见,在家长每天接送儿童时,教师可以和他们接触交谈,有时也可以通电话联系。双方应互相交流一些重要情况,以便更好地了解儿童。家长应该毫无拘束地与教师商量,家长与教师共同计划并决定给儿童提供的需要。家庭和托幼机构的工作目标应该是一致的。

家长访问托幼机构时,如果工作人员中有人能向家长介绍正在进行的活动、解释活动的目的或处理某一情况所使用的方法,那么,家长访问的意义就更大了。通过这样的说明,可以防止误解,而且儿童在家时,家长就能更好地支持和巩固托幼机构为儿童所做的工作。为了促进教师与家长之间的相互沟通,托幼机构常常安排家长到活动室观察儿童的活动,让他们进一步了解儿童的成长、发展、学习等方面的情况,进一步了解托幼机构是怎样指导儿童发展的。即使家长不能直接参加教育活动,也会有很多机会互相接触。家长每日来接送孩子时,可以与教师交换一些情况,同时,相互建立友谊。在儿童乘公共汽车或合伙使用汽车来校的情况下,家长与教师联系的机会就减少了,教师与家长可用电话保持联系,也可以在入托时间之外安排教师与家长开会,以增加交谈的机会。家长与工作人员的会议通常定期举行,会议上可以提出问题,并谈论共同感兴趣的问题。这样的会议有时是讨论会的形式,也可由一个人专门谈家长与教师共同感兴趣的问题,然后,回答一些问题。

家长还可参加托幼机构教育方案的制定,有助于家长进一步了解儿童和托幼机构领导的情况。参加工作的家长可以是义务的,也可以是有报酬的。家长参加工作可完善教育计划,并满足个别儿童的需要。

参加工作除了对家长有教育作用外,托幼机构也能从中得到益处,因为这给家长与儿童提供了一个彼此分开的机会。在家庭住房狭小或在非常拥挤的情况下,孩子与家长分开一些时候确实是需要的;当没有户外游戏场地或没有亲戚帮忙时,家长与孩子也需要分开一些时候。孩子经常与家长在一起,家长很可能会觉得孩子不可爱,甚至讨厌孩子,要不就是由于过分亲近和关注而娇惯孩子。一个家庭把焦虑、恼怒或注意完全集中在孩子身上,可能使这个孩子背上沉重的包袱。托幼机构使家长和儿童有机会分开,并得到一点自由,可以避免由于总是在一起而产生的约束。

(四) 社区的作用

社区的了解和支持对于每一个托儿所、幼儿园或日托中心都是很重要的。托幼机构对社区作出了贡献,也需要得到社区的支持。

1996年,由美国总统克林顿夫人希拉里撰著了《全村之力》一书。书中根据美国心理学家布洛芬布列那的发展生态学原理,将儿童发展所处的环境因素进行了分析,特别对信息化社会到来之后,儿童发展生态因素的变化作了认真的研究,提出了整合家庭、社区、学校等各方力量的重要性,为切实解决儿童发展成长过程中的问题提出了可行的建议。

利用社区的公共设施对儿童进行教育也是美国儿童教育的传统,博物馆、动物园、展览馆是儿童经常光顾的地方。儿童在那里不仅学到知识,有时还能亲自动手,做些试验、制作。还有一种靠儿童自己制作、捐赠成立起来的社区博物馆,儿童将自己的"作品"捐赠给博物馆展览,儿童也能在这里完成一些"作品"。

从20世纪70年代起,美国资助、支持学前教育的企业不断增加。这些企业为社区托幼机构提供财力、物力支持,帮助社区托幼机构扩充容量。一些企业向附近的托幼机构捐助,让它们优先招收该企业职工的子女,并在收费上给予优惠。

第二节 加拿大的学前教育

加拿大位于北美洲,幅员辽阔,经济发达。全国面积997万多平方公里,人口3100万(2001年),共划分为10个省和3个地区。加拿大和美国一样,是一直在不断吸纳新移民的国家。多年来,加拿大被联合国评为"最适合人类居住的地区"。

一、发展简史

加拿大学前教育的起源与美国有着十分相似的地方,而且受美国的影响比较大。但加拿大的学前教育与美国学前教育的发展又不完全相同。美国早期的私人幼儿园以及慈善幼儿园开始出现的时候,加拿大学前教育的需求还没有充分表现出来。只是当美国公立幼儿园开始兴起的时候,加拿大才出现了政府资助的托幼机构,其宗旨在于为儿童提供集体学习和交往的场所,扩大儿童的生活经验,客观上也解决了加拿大妇女就业的后顾之忧。当时的学前教育机构种类还不多,主要集中在大城市,由各州自行规划设立。随着加拿大移民潮的到来,城市人口激增,对学前教育的需求逐渐升温,加上早期教育的重要性也逐渐为人们所认识,政府资助办学前教育的积极性高涨,除了对家长送孩子入园给予补贴外,对托幼机构也给予一定的补贴,学前教育机构随之迅猛发展,同时也有私人投资办园,政府出台相关法规予以规范。

2000年,加拿大人力资源发展部认为,加拿大的学前教育还需要加强,因为约18%的学龄儿童入学时,各方面都没有作好学习的准备;入学后,这些儿童在不同程度上存在行为上或学习上的困难。为此,加拿大提出了全国儿童受益计划和早期儿童发展计划。该计划由联邦政府、省或专区政府合作,计划于2004年和2006年,分别投入26亿加元和22亿加元。同时,还提出父母受益计划,促进父母帮助儿童,为其终身学习打好基础。

二、法规与体制

加拿大是一个高福利的国家,社会福利惠及儿童和家庭,为儿童的生活和教育提供了有力的保障,也迫使家庭更好地利用社会提供的福利保障,提高下一代的素质。加拿大儿童享有的社会福利是受法律保护的。

(一)加拿大儿童享有的福利

一是免费教育:所有的加拿大公民和永久居民的子女,只要年龄为5~19岁,都能够享受从幼儿园到十二年级班的免费教育,其中6~16岁的儿童少年,无论其是否有身体残疾或智力障碍,都必须接受义务教育。

其次,加拿大政府向所有未满18岁的儿童提供儿童福利金(俗称牛奶金)。牛奶金具体给多少,依据各家的家庭收入而定。牛奶金不要交税。加拿大公民、永久居民、难民或政府依据移民法特许留在加拿大的人均可以申请。

加拿大儿童享有的这两项福利是其他很多国家的儿童难以望其项背的。

(二)加拿大教育的基本结构和有关法律

教育事业在加拿大极受联邦政府和各省政府的重视。各级政府承担教育的费用支出,但具体的教育管理是省政府和地方政府的职责,所以联邦政府没有教育部一类的全国性教育管理机构。联邦政府只对一般特殊性教育负责,如军事院校、联邦感化院等,此外,还负责一些资助性的活动以支持地方教育。总的来说,加拿大的10个省及3个地区都有其各自的教育制度。在经济比较发达的省份,其教育体系大同小异。

加拿大教育主要由各省或地区政府负责,联邦政府不设管理机构。1867年颁布的不列颠北美法案和1982年颁布的宪法都从法律上赋予省政府教育管理权。各省颁布的教育法或学校法含有政府关于教育的政策。

全国各省或地区的教育体制、结构和培养目标大体相同,但由于历史原因也存在一定的差异。有的省设教育部,有的省设教育与文化部,还有的省设教育与培训部等。虽然教育由各省负责,但是联邦政府的法规和政策也对教育产生直接的影响。不列颠北美法案和此后颁布的接受新省份加入加拿大联邦的法案都要求保证少数宗教群体受教育的权利。在加拿大成立联邦时,少数群体,即主要是魁北克的新教徒和加拿大其他地区的罗马天主教徒,在非宗教公立系统之外又开设了各种宗教学校。1949年纽芬兰加入联邦时,八种不同宗教保留了自己开办中小学校的权利。1982年"加拿大权利和自由宪章"明确保障了各省讲法语和英语少数民族受教育的权利,保证他们不管居住在加拿大的什么地方都有权利用自己的语言接受教育。为帮助各省履行它们对少数民族学生教育的义务,联邦政府每年拨专款资助第二官方语言的教学。1988年颁布的"加拿大多元文化法案",正式承认加拿大种族和文化的多样化,指出所有加拿大人具有相同的机会,可自由分享和增进他们的遗产,并有权受到尊重。

加拿大各省中小学学制主要有两类,一类是小学从幼儿园到8年级,中学从9~12年级;另一类是从幼儿园到6年级,接着是初中7~9年级,高中10~12年级(安大略省和魁北克省例外:安省为13年,魁省为11年)。

双语是加拿大的一大特点,语言政策是其基础教育的重要方面。全国71%的人口讲英语,主要居住在魁北克省以外。加拿大"权利和自由宪章"规定该国儿童尽管在某省是讲英语或法语的少数民族,但他们可以其母语,或其父母接受教育的语言,或家中其他孩子正在接受教育的语言来接受教育。但是母语的条件仅适用于魁北克之外的省和地区,魁省规定需有一定数量的学生才能为他们开设用第二语言讲授的课程。

(三)加拿大的学前教育机构

加拿大的学前教育主要由公共的免费托儿所和幼儿中心完成,3岁以前的婴儿可送入托儿所照管,3岁以上可进入幼儿中心实施学前教育;同时,也有私立的幼儿园。

在加拿大多数的省份和地区,都有两套政府资助的自愿性学龄前教育系统:一个是由学校委员会经营的5岁幼儿园,另一个是由省政府发放执照的托儿所。全国只有爱德华王子岛没有5岁幼儿园制度。幼儿园教育属于非强制性的,但大多数加拿大小孩都上幼儿园。

1. 加拿大的幼儿服务中心

一般全省设立三到五个幼儿服务中心,聘有专家担任顾问,协助工作人员和参与活动的幼儿家长。卫生单位的医生护士、地方机关所属社会工作者,以及其他专业领域的工作人员都可成为幼儿服务中心的顾问。省级教育行政机构负责推举各地幼儿服务中心、卫生单位、地方协调委员会、大专院校、幼儿家长、一般民众的代表,共同组成"幼儿服务决策顾问委员会"。该委员会每年开四次会议,商讨有关幼儿服务之工作,拟订计划和方向,并将达成的决议报告省级教育部门的首长,由首长在内阁会议或议会提出报告。在政府核准的决议中,包括计划的发展和实施以及社会资源的利用。

在地方上,幼儿服务的工作由学校或非营利社团推动。地方成立顾问委员会负责督导。其职责包括协助甄选工作人员,实施亲子关系发展计划,开设玩具图书中心供幼儿借用;同时,委员会也负责引导父母参与社区内的幼儿服务活动,并经常提供父母有关活动的信息,使父母熟知各种活动的特色及性质。

幼儿服务活动分为四大类,参与的对象分别为儿童、父母、工作人员及社区人士。这四大类活动包括:为儿童设计的活动计划,为父母设计的活动计划,为工作人员设计的进修计划,为社区人士设计的活动计划。

为幼儿设计的活动计划有三种方式:

(1)集中式:幼儿每周固定几天(全天或半天)到幼儿服务中心接受辅导。

(2)家庭式:老师定期进行家庭访视,协助父母教导幼儿。

(3)混合式:集中式与家庭式的混合方式。幼儿每周有两个半天到幼儿服务中心,其他时间另安排老师进行家庭访视。

为幼儿设计的活动又可分成三大类:

(1) 为残障儿童提供的服务。在每年9月1日学年的开始,满3.5岁的残障儿童即可参加各项活动。幼儿服务中心将视残障情形的不同,提供适当的活动供儿童自行选择。活动的性质以具有治疗作用和增进社会适应为主。

(2) 为文化不利儿童提供的服务。由于文化背景不同或贫穷造成文化刺激不足的儿童统称为文化不利儿童,满4.5岁才能参加幼儿服务中心的活动。为这类儿童所设计的活动内容以补偿教育、预防适应不良,以及扩充幼儿生活经验为主,富于弹性,可供选择。

(3) 为正常儿童提供的幼儿服务。正常儿童满4.5岁可参加这类活动。

为父母设计的活动计划,包括为家长举办有关儿童发展和养育子女的短期研习会及学习团体,以及邀请家长协助老师辅导幼儿学习。

为工作人员设计的进修计划,包括提供有关幼儿服务的信息,邀请有工作经验的高中学生辅导幼儿,开设有关如何为人父母和改善家庭生活的进修课程。

除了幼儿服务中心的模式之外,加拿大的幼儿教育专家从大教育观出发,提出了若干模式供幼教机构选择。(1)互动学习型模式:这种模式关注个体学习、玩伴游戏和直接经验,并通过主动的探索活动得到发展,而不是教师通过"说教"使幼儿发展。(2)选择学习型模式:加拿大幼教专家主张,早期幼儿教育模式既要适宜幼儿个体的发展,又要适宜幼儿年龄的发展。幼儿来到幼儿园可以自己选择活动区,按自己的意愿选择活动材料。选择型模式的特点是根据孩子的兴趣提供选择,而不是根据教师的需要提供选择。(3)研究学习型模式:让儿童组成研究小组,在一个"工作坊"里,共同对某一个感兴趣的问题开展研究与探索。教师经常做的工作是激发幼儿的探索欲以及对事物的好奇心。鼓励幼儿多尝试、多碰钉子、多走弯路、多犯错误,教师对幼儿的错误采取的是理解和鼓励的态度,这样幼儿就越发有探索的愿望,不会因多次的不成功而失去信心。

2. 加拿大的托儿所

在加拿大,托儿服务一般有以下几种:

(1)全日或部分时间固定寄托孩子的托儿所。

(2)家庭式托儿所。提供夜间、上学后的课前课后时间、周末或较长时间的托儿服务。

(3)社区服务中心托儿服务。不可以定期寄放,只是方便母亲将孩子寄放数小时。

(4)移民语言中心托儿服务。移民语言学校附设托儿服务,为新移民上课时照顾孩子。

(5)学前班及小学附设的托儿所。比如,学前班和小学的孩子们在下午较早时间下课,父母不可能来接他们,就由托儿所照看一段时间。时间一般是在课前、课后或中午。

加拿大的托儿所主要为低幼儿童而设立,从设施到环境全方位考虑低幼儿童的需要。一般托儿所分两个年龄层,分别是18个月以上的婴儿、18~36个月的学步幼儿。对于婴儿来说,托儿所内起码要有七种专门学习环境,其中包括有助于发展视觉及听觉等感官机能的"艺术"环境;包含扮演及想像活动的"戏剧"环境;可让儿童摆布的玩具设施。另外,再加上两种供阅读等活动用的"宁静"环境,以及两种供攀援及爬行用的体力活动环境。学步幼儿的室内活动环境起码要有八种:(1)"艺术"环境;(2)"戏剧"环境;(3)可摆布玩具(积木等);(4)可让儿童营造其自身空间的大件玩具;(5)宁静阅读环境;(6)供1~2人短暂静处的空间;(7)玩水、玩沙等自由玩耍及相关感官活动设施;(8)发展运动神经机能的体力活动空间。

一般来说,这些环境都纳入三大空间之内:

(1) 活动室:要求空间较大,呈正方形,沿墙可布置小间隔作为学习环境。

(2) 运动机能活动室及休息室:供大动作的体力活动之用,同时在适当时段可转换成休息室,应可容纳十几张褥垫供孩子休息时用。

(3) 静修室:可容纳3~4名儿童,作个别辅导时用。

上述各种学习环境,较大的像"戏剧"活动、大件玩具等,在设计图上以直径3米的圆圈代表;较小的像玩积木等"密集"活动则以2米的圆圈代表。由此可以推想所需空间一般有多大。

除了公立的幼儿中心和托儿所以外,加拿大也有私立的托幼机构,收费提供服务。为此,各省都有《私立教育法》,对许可证的办理、管理等方面都有具体规定。魁省的《私立教育法》还提出了政府对私立托幼机构进行财政补助的有关条例。

三、课程

加拿大学前教育的宗旨在于:

满足儿童生理发展的需求,提供身体保健、牙齿健康和营养的服务。

促进儿童社会化及情绪发展。

提供各种有益心理发展的活动。

让儿童获得成功的经验,以建立积极的自我概念。

提供儿童与家人、同伴或社区互动的机会。

提供个人与团体合作的机会,以培养儿童的社会责任感。

(一) 加拿大学前课程领域

与加拿大学前教育宗旨相应的课程包括八大领域:

(1) 健康教育和生理发展;

(2) 社会行为的发展；

(3) 情绪发展；

(4) 自我概念的发展；

(5) 智能的发展；

(6) 创造力的发展；

(7) 家长的参与；

(8) 工作人员的发展和社区服务。

课程的这些领域由专门的户内活动和户外游戏来实现。一般来说,加拿大儿童的户内活动包括:娃娃家、美术活动、音乐活动、戏剧活动、积木游戏、操作游戏、体能活动、烹饪活动、木工、沙和水的游戏、数的游戏、科学游戏、语文游戏。

户外游戏包括:在小山丘上练习滑梯、滑板；沙箱和沙坑游戏；戏水；荡秋千、攀登、园艺活动、饲养小动物、大型玩具活动等。

(二) 加拿大学前教育课程的形式

与美国在分科与综合间摆动的课程模式不同,加拿大的学前教育课程很有特色,有儿童个体学习、同伴游戏和工作、小组共同进行的项目活动三种形式。教师面向全体幼儿进行说教的课程模式,在加拿大学前教育课程模式中是不存在的。加拿大儿童通常都被看成是一个"独立的学习者",他们通过与材料(教材或玩具)、与成人、与同伴的互动获得直接的、感性的经验,从而以他们自己的眼光来理解有关的知识、满足自己的兴趣。正如加拿大教育家所说,我们不能因为要求孩子必须记住一些事实知识而剥夺他们探索事物的兴趣与执着。因此,课程计划既没有硬性的任务,也不必一刀切追求整齐划一的结果。儿童各自按照自己的顺序和节奏获得发展。

在加拿大学前教育课程模式中,教师的角色主要不是教学者,而是组织者、促进者和帮助者。教师的作用更多的是发现每个幼儿的兴趣,创设幼儿感兴趣的环境,提供他们可以探索的教育材料,使幼儿拥有更多的自信心。同时,教师还可以创设模仿学习的环境,即把在某方面能力强的幼儿与该方面能力弱的幼儿安排在一个"工作坊"里,这样能力弱的幼儿能通过观察,模仿学习能力强的幼儿。有时,教师还引导一个小组进行某个项目的活动,藉以让儿童自由分工,各显其能。

(三) 安大略省的《幼儿园大纲》

由于加拿大联邦政府不设教育部,教育政策的制定是省和地方政府的职责,因此,不存在加拿大幼儿教育课程这样大一统的文件,各省有各省自己的教育文件。1988年,加拿大安大略省颁布了《幼儿园大纲》,用于指导安大略省的幼儿园工作。其中的课程内容和目标具有一定的代表性,有助于我们了解加拿大幼儿教育的课程概貌。在此大纲中,幼儿园的课程以儿童的学习划分为五大领域:语言、数学、科学和技术、个人和社会发展、艺术。它在培养目标的价值取向上有以下几个特点。

1. 注重培养儿童的非智力因素

以科学和技术领域为例,他们制定的目标是:

(1) 显示出好奇心及探索与实验的愿望;

(2) 显示出对自然世界的认识和关心;

(3) 显示出对常见物质特点和作用的认识;

(4) 显示出对做计划和组织策略的理解;

(5) 认识和使用常见的技术。

"好奇心"、"愿望"、"关心"等均属非智力因素。艺术领域的"在自己的工作中体验出自豪"和数学领域的"显示出追根究底解决问题的意愿"也属于非智力因素的培养之列。

2. 强调知识的实际应用,注重培养儿童解决问题的能力

在数学领域中,除了基本知识、基本技能外,强调培养儿童"在日常生活中搜集、展示和解释数据,当必要时,寻找进一步的信息、帮助和材料"。

3. 注重培养儿童的自我意识及独立意识

在个人和社会发展领域,他们强调培养儿童的"自我意识和自我依赖",具体的培养目标有:

(1) 认识自己的长处和成就;
(2) 了解和谈论自己的兴趣和爱好;
(3) 表达自己的思想,分享经验;
(4) 适应新情景;
(5) 显示出自我依赖;
(6) 愿意尝试新任务;
(7) 在学校不同的环境里显示出自我控制。

从加拿大学前教育课程中教师和幼儿各自的能动性以及教师与幼儿相互作用的方式,可以看出加拿大学前教育课程的指导思想与美国学前教育课程的指导思想是基本一致的,学前教育课程的方案是有利于幼儿主动探索、生成与发展的方案。

(四) 加拿大学前教育课程中的文化多元性

加拿大的学前教育机构还倡导多元文化教育。加拿大儿童在肤色、语言以及生活习惯上的差异性正是进行多元文化教育的条件。在加拿大幼儿教育课程中让儿童充分认识这种差异,讨论这种差异,并尊重这种差异,有利于儿童对不同文化的互相理解和包容,培养他们的合作精神。因此,从加拿大学前教育机构的环境布置,教具、玩具的使用,图片资料到教学内容的选择都带有多元文化的色彩。在这里,不同的文化都有展示和表现的机会,为儿童学习、了解不同的文化提供了有利条件。

四、师资培养

(一) 学前教育教师的专业培养

加拿大学前教育机构的教师都要求具有大学学历,而且必须主修幼儿教育专业课程。加拿大的学前教育课程主要包括:基础课程,含人文、数学、理科、计算机等课程。专业课程,含心理学、儿童发展、体育运动和卫生保健、课程设计、家庭教育、特殊教育、教育管理等课程。实践课程,含到各类学前教育机构中见习和实习。加拿大安大略省则规定,学生在一般学系取得学士学位后,在教育学院再学习一年,取得教育学学士学位,也能担任幼儿园教师。

(二)教师资格证书制度和督导制度

加拿大还实行严格的教师资格证书制度和教师专业成长督导制度。获得加拿大教师资格证书者,必须经过一定的考试。2000年5月,安大略省公布了安大略教师考评和测验项目。该项目通过一系列措施为新老教师提供专业帮助。具体包括以下内容:(1)所有获得教师资格证书的教师每5年必须进行资格再认证。再认证将涉及一系列必修课程的研修,其中包括书面考试和其他形式的鉴定。(2)所有新教师都必须通过资格证书考试,以获得教师资格证书。此外,要为新教师的专业见习提供指导。(3)全省将研究、制订新的教师考评方案,新方案要前后连贯、适用于全省。家长和社区也将参与教师评估。考试不合格者,将被吊销教师资格证书。(4)母语为其他语言的教师,若在英语学校或法语学校教学,必须通过高等级英语和法语的口试和笔试。

加拿大还十分注意教师的职业成熟,即在教师从教的不同阶段给予相应的指导,使教师在职业上不断成熟起来。学前教育教师一般要经历角色确认阶段:第一个阶段是初始阶段,知道自己所从事工作的性质与要求,主要依靠教科书或现成的教条处理问题,只关心"怎样做",无暇顾及"为什么这样做"。第二个阶段是角色适应阶段:努力运用所学的专业知识,力图扩大自己对孩子的影响,懂得辨别个别儿童的个别需要,注意发展与同事的伙伴关系。第三个阶段是角色成熟阶段:教师已积累了一定的经验,善于启发儿童,并灵活提出不同的方案供儿童选择,注意对个别儿童的影响,成为儿童精神上的指导者。第四个阶段是职业发展的"高原期":对与儿童交往不再感到兴奋和挑战,停止创新,工作流于程式化,安于现状。第五个阶段是成长为模范教师阶段:积极寻求变革,广泛接触外界信息,精于设计教育方案,并有在日常工作中进行研究的能力,与其他幼教机构、其他地区的教师进行合作,积极参加教师专业团体活动。很多学前教育教师往往不能顺利到达职业的成熟期就流失了,或停滞于某个阶段迷惘不前,因此,加拿大教师专业团体的一项重要的工作是引导教师职业的成熟,督促新教师建立良好的专业形象,为教师的专业技能开发提供指导,帮助教师获得更高的专业成就和价值。

在加拿大有的省份,有类似行业协会的"教师管理团"负责教师资格的认定和教师业务的督导。教师专业督导包括四方面的内容:(1)致力于儿童学习和发展的意愿和行动。(2)专业知识。(3)教学实践的改善。(4)作为社区活动的领导。"教师管理团"还对教师工作的绩效进行评估,既保证了教师的准入,又保证了教师的专业发展。

(三) 学前教育教师要求保教并重

在加拿大学前教育机构中的保教人员除了获取幼儿教师资格证书以外,还要获取红十字会颁发的儿童护理资格证书,接受儿童保健护理和急救处理的培训,确保教师与儿童、家长、社区工作人员一起关心、教育好儿童。尤其是托儿所的教师更需持有护理证书。但加拿大近几年的一项调查表明:加拿大学前教育师资的待遇偏低,导致师资队伍不稳定,流失率较高,学前教育教师对素质优秀的年轻人缺乏足够的吸引力,这已引起了加拿大政府的警觉和重视。没有合格的师资,提高教育质量将成为一句空话。

五、家庭与社区的作用

加拿大的学前教育非常注重家庭和社会资源的配置和利用。在加拿大人看来,环境对幼儿人格的影响很大,而控制幼儿环境的主要人物是父母,所以必须用正确的知识引导家长,并让家长参与到幼儿的各项活动中去,以促使父母注意家庭环境中各种影响生理、认知和情绪发展的因素。因此,加拿大的家长每学期都会被多次邀请到学前教育机构,参加研讨会,家长和教师一起制定孩子的人格发展计划,家长汇报孩子在家的表现。平时,托幼机构也与家长保持一定的联系,学前教育机构和家长及时沟通孩子的教育问题。

(一)家长参与教学计划和改革

作为一个移民国家,加拿大教育的特色就在于奉行多元文化主义的教育理念和制度,并与加拿大双语社会和多元文化的特点相适应。加拿大的社区性机构与联合组织在促进种族平等、各种文化之间的相互了解以及公民参与方面起着重要作用。社区工作得到政府各种多元文化计划的支持,这些计划常常为各族裔团体、机构以及个人提供资助和建议。为新移民提供服务是许多社区性计划的重要工作。学前教育机构也参与社区的计划。例如,加拿大著名的幼儿双语教学法就是在家长的联名上书后经社区支持产生的。早在20世纪60年代,魁北克省的英裔加拿大人开始意识到法语对于他们生存的重要性,于是该省蒙特利尔郊区的圣·兰伯特学区的家长们联合起来,向该省教育当局进行请愿,强烈要求改进作为第二语言的法语教学。这些家长为自己的子女学习法语向圣·兰伯特教育当局提交了一个很激进的法语教学方案,要求从儿童进入幼儿园的第一天起,就对母语是英语的儿童全部用法语进行教学,所有在园生活与学习活动均使用法语。这样,儿童在学校里先学第二语言(法语),到小学二年级时才开始开设作为母语的英语语文课程。圣·兰伯特当局迫于家长的压力,接受了这个方案。圣·兰伯特的家长们创立了举世闻名的第二语言浸入式教学法。1977年,加拿大成立了"加拿大家长推动法语学习协会",这个协会共有来自加拿大的12000名家长组成,在全国设有

150个分会,开展圣·兰伯特教学模式的宣传和推广工作。从这一事例可以看出,加拿大家长在儿童教育机构中的参与度以及所起的作用。

(二) 家长教育子女不是一件私事

对于享受完备社会福利的加拿大家庭来说,当家里有了孩子后,便可以领取牛奶金,如果是低收入的家庭,孩子上托儿所的费用政府还有补贴。对于孕妇同样有优厚的待遇,首先,每月一次的免费检查;其次,社区每个星期开办一次妈妈培训班,让准妈妈们接受一些育儿知识,同时提供每个星期一袋4升的牛奶、一罐纯果汁,两个星期一打鸭蛋。另外,加拿大社会对于家长教育子女的行为也有一定的约束,尽管每个家庭管教子女的方式千差万别,但是在加拿大,即使是父母,管教子女也必须遵守法律的规定,否则,父母将会犯法,受到法律处分,留下犯罪记录。在加拿大,父母管教子女不当,违犯了法律,定罪为:虐待儿童。任何发现、觉察或知道情况的人都有责任向警方以及儿童保护会报告。知情不报,政府可以追究法律责任。

儿童保护会是一个民办的但有法律特权的社会服务机构。儿童保护会的宗旨是保证儿童能够在一个安全的、没有虐待和忽略的环境中成长。

根据安大略省的《儿童福利法》,儿童保护会的任务是调查虐待儿童事件,确保儿童安全,对家庭进行辅导,照顾儿童。法律授予儿童保护会特别的权力。必要时,儿童保护会有权将儿童从家庭里强领出来,通过法庭取得对儿童的临时监护权,直到法庭审理了有关虐待儿童的起诉,作出判决为止。

例如,托儿所的老师发现一位小朋友的手上有伤痕。老师就会立刻问小朋友发生了什么事情。小朋友说:妈妈打了我。老师会马上将这件事情报告给儿童保护会。儿童保护会将派工作人员来调查。如果伤得不是十分严重,儿童保护会的工作人员将和孩子的家庭联系,询问到底发生了什么事情,并对父母进行有关教育子女的方法的辅导。如果伤得严重,儿童保护会将会把孩子立刻送到医院检查,医生将记录下孩子受伤的情况,并对伤痕拍照。有了医生的报告和意见,如果儿童保护会认为孩子留在家里有再次受到虐待的危险,儿童保护会可以向法庭申请将孩子置于其保护之下,通常是将孩子交给临时养父母监管。在法院作出决定之前,孩子的父母不会知道临时养父母的地址和电话,也不能与孩子单独接触。儿童保护会可以安排父母与儿童见面,但是儿童保护会的工作人员也会在场。

　　在孩子受伤或受虐待很严重的情况下,警方要起诉孩子的父母,还有可能拘留他们。一旦定罪,孩子的父母有可能受到刑事处分,留下犯罪记录。因此在加拿大,家长合理管教子女不是一件随心所欲的小事,对新移民更是如此。大多数新移民忙于工作或学习,工作和学习的压力很大,孩子的淘气、不听话,或者按照父母的标准来看不争气,就会做出加拿大法律不容许的事,将自己的烦恼发泄到孩子的身上,将孩子痛打一顿,或者不管不问,或者经常骂孩子。这些行为都属于虐待儿童,是犯法的。家长虐待儿童还包括对儿童的忽略。例如,将12岁以下的孩子单独留在家里。孩子冬天穿着过于单薄。孩子吃不饱饭,睡眠不足。父母因为自己的婚姻问题,在孩子面前吵架、打架,完全不顾孩子会受到什么影响。对儿童的忽略,包括身体的和精神上的忽略,都是对儿童的虐待。

　　在加拿大,父母管教儿童的限度是不能伤害儿童。例如,父母不能用巴掌扇脸,不能拳打脚踢,掐身体任何部位,也不能用物件如鞋子或衣架抽打儿童的屁股、腿、手臂等身体各部位。父母不能体罚儿童,罚跪、罚站、罚孩子单独在黑房间里思过等,这些都违反法律的规定。家长无论如何生气,都不能用这样的方法管教儿童。经常挨打挨骂的儿童会变得害怕大人,麻木,或者走极端。

　　对于生活压力很大的移民家庭来说,在遇到管教孩子的问题而发现自己没有比打骂更好的办法时,可以向专业人士求助,却不能将管教子女的事情看做是一件与外人无关、别人管不着的事。

家长如果感到自己管教子女的方法不是很有效,或者发现一些自己不能圆满解决的问题,都可以向有关的机构请求帮助。

儿童保护会向父母提供管教子女方法的辅导和咨询。在加拿大,正确照顾好小孩不是一个道德问题,而是一个法律问题。当一个小孩受到任何形式的虐待(身体的、心理的或性的)时,警察、医生、老师、儿童协助官员都会采取行动。身体虐待包括任何形式的、有意的、导致受伤的打或使用任何工具的打。心理虐待包括恐怖和非人道。性虐待包括成人与小孩之间的任何形式的性接触。疏忽也属于虐待小孩的一种形式。没有保护好自己的小孩或忘记提供他们生活的必需品属于疏忽罪。根据法律,12岁以下小孩没有照顾自己的能力,因此必须有人随时照看。在加拿大,任何形式的虐待小孩都是十分严重的犯罪,甚至可能会将小孩判离父母,由政府安排人抚养。

由此看来,加拿大社会保护儿童的权利是切实可见的,而且已深入到每个家庭,社区起到了监督和指导的职能。

(三)加拿大社区对儿童的熏陶

加拿大很重视利用环境和社区的资源对儿童进行熏陶,加拿大设有很多对儿童免费开放的场馆,而很多公共场所,如车站、银行、购物中心、社区公园都为学前儿童开辟了学习和活动的区域。加拿大儿童在公共场所被要求做一名合格的公民,以此培养儿童的公共道德和公民责任感。

第三节 巴西的学前教育

巴西位于南美洲,按面积计算,巴西是世界第五大国,几乎占了半个南美大陆。1822年,巴西摆脱了葡萄牙殖民统治,建立了联邦共和国,共有 23 个州、3 个地区和 1 个联邦区。

一、发展简史

巴西的基础教育原来十分落后,这是长期的殖民制度造成的。葡萄牙殖民当局在统治巴西的三百多年里,只顾搜刮巴西的财富,对发展教育漠不关心,几乎没有正规的学前教育,只有零星的为殖民统治服务的托幼机构,这些托幼机构为耶稣会传教士所办。20世纪 20 年代以后,随着巴西经济的发展,巴西的教育才开始有所发展。1946 年,巴西颁布的宪法明确规定,巴西每个公民都有接受初等教育的义务。20 世纪 60 年代初,巴西颁布了《教育方针与基础法》,明确了联邦政府和州政府的责任权限,规定初等教育由州教育委员会负责,但其时的学前教育还没纳入初等教育系统之中。学前教育机构仍然稀少,且多为私人所办。巴西实行军政期间(1964～1985),经济滑坡,教育经费大幅度削减,初等教育基础薄弱的问题更为突出,小学生辍学严重,引起了全社会的关注。

从 20 世纪 70 年代中期起,巴西政府认识到要发展初等教育,学前教育是必不可少的基础准备,从而开始对学前教育投入更多的关注。对学前教育这一认识的转变,也是巴西在发展初等教育的过程中产生了很大问题后得出的教训之一。为了在全国范围内加强学前教育,巴西政府在 70 年代中期采取了许多措施。巴西教育部在 1974 年制定了"学前教育计划"。这一计划不仅指出了初等教育问题的根源之一是学前教育不足,而且也提出了学前教育不能只限于学前的教育方面,而必须把儿童的营养和卫生保健也包括进去。该计划提出了一些试验计划和补偿课程,由教育部与卫生保健部门、社会保险部门、全国营养研究所以及其他一些单位共同实施。

1975 年,巴西政府明确规定,4～6 岁为儿童的学前教育阶段。教育部中的基础教育司设立了学前教育处,负责制定学前教育计划和组织学前教育工作。70年代中后期,巴西的学前教育有了很大的发展。1979年,巴西的学前教育机构已有19800所,教师有5.2万人,约有120万儿童进入了学前教育机构。

从20世纪90年代开始,巴西政府从立法上强调发展教育的重要性,推出了一些改革设想和改革措施,有助于全社会关心和重视基础教育。1992年,在日内瓦召开的"第43届国际教育大会"上,巴西所作的"教育发展—国家报告(1990~1992)"中,巴西教育部重申了"学前教育应成为0~6岁儿童的权利,他们应受到托儿所和幼儿园的特殊照顾和教育"。教育部会同卫生部门和社会其他部门共同制定了一系列援助儿童的计划。这些计划规定了援助的方针并设计了一系列活动。在教育方面,这些计划提出,为了为全体0~6岁的儿童服务,应扩大并维持学前教育机构,应不断提高学前教育的质量。

1996年9月12日,巴西议会通过了第14号宪法修正案,再次强调了联邦政府、州、市,以及联邦直辖区对教育的政府责任。1996年12月24日,巴西又颁布了新的《教育方针与基础法》,明确将教育划分为四个层次,即基础教育(学前教育)、初等教育与中等教育、职业教育和高等教育,并对每个层次的教育改革规定了明确的操作措施和规范标准。至此,巴西的学前教育才正式纳入到国家的教育体系之中。

现在巴西的正规教育包括学前教育,其中又含2~3岁的托儿班及4~6岁的幼儿园。近些年来,巴西政府已制定并正在实施"全国全面援助儿童和青少年计划"。该计划的目的是努力确保在儿童发展的过程中儿童最需要的时候,能够及时提供适当的各种帮助。该计划共包括8个项目,其中之一就有发展托儿所和幼儿园的项目。这不仅是增加投入的问题,而且还要寻求儿童的全面完整的发展,要给儿童在教育培养、身体健康、在活动中学习、满足物质和社会需求等多方面提供帮助。

总的来说,巴西近几十年来,发展学前教育的举措是十分有力的,但长期的贫富悬殊、城市化进程的加速,也给学前教育的发展带来很大的困难,学前教育的发展还要走一段艰难的路程。

二、法规与体制

(一) 教育结构和普通教育法

巴西的教育体系分为初等教育、中等教育和高等教育。初等教育是第一级教育,中等教育为第二级教育,高等教育为第三级教育,包括本科教育和研究生教育。从管理体制方面来说,巴西的教育机构有公立和私立两种。公立教育机构又可分为联邦政府级、州级和市级三种。巴西的宪法是巴西教育性质所依据的根本大法。根据宪法的规定,巴西联邦政府负责制定全国的教育方针与基础法、制定和协调全国的教育计划。联邦政府也给各州和市提供技术和财政资助来发展州和市的教育体系,并优先资助义务教育。巴西各州在履行其教育职责时,在遵守联邦宪法和其他法律的基础上,也可以制定州教育体系补充性的法律。根据巴西宪法确定的教育原则精神,巴西联邦政府通过立法机构制定并颁布了指导全国教育的基本法——"全国教育方针与基础法",这是巴西第一部普通教育法,几经修正,于 1996 年 1 月颁布了新的"全国教育方针与基础法"。

根据新的"全国教育方针与基础法",巴西的学前教育或幼儿教育也属于正规教育制度。学前教育的主要目标是促进儿童动作技能、认知、社会情感、语言等各方面的发展;创建获得知识的各种环境。学前教育有三种机构,为不同年龄的儿童提供不同的照顾和教育:(1)为 2 岁前的儿童开设托儿所;(2)为 2～4 岁的儿童开设幼儿园;(3)为 4～6 岁的儿童开设学前学校。还有特殊的学前学校,为满足残疾和有缺陷儿童的需要而设。学前学校这三类机构的入学,家长是可以选择的,招收的人数取决于各机构规定的名额。另外,巴西还有一种新型的学前教育机构叫玩具园,面向6岁以下的儿童;开放的时间很灵活,家长可根据孩子在园的时间长短付费。玩具园环境安全,内有丰富多彩的玩具供儿童尽情玩耍,也有休息室供儿童休息,配备专业人员照看,还有心理学家轮流值班。玩具园灵活的寄托方式很受家长欢迎,在巴西各地很快传播开来。因此,巴西的学前教育对象是7岁以下的儿童,3岁以下的学龄前儿童教育在托儿所和类似机构进行。根据1997年3月的注册统计,在巴西全国81000个学前教育机构里,注册幼儿园和学前班的儿童总数为4292208名,其中联邦政府级为2025名,州级为606858名,市级为2695893名,私立为987432名。按全国该年龄段人口计算,3岁以下儿童的入托率仅达5%,入学前班学习的4～6岁儿童占该年龄段儿童的41.6%。

(二)巴西全民教育十年计划(1993～2003)

1990年3月,巴西参加了在泰国宗迪恩召开的世界全民教育大会。作为大会的一个结果,确定了需要一致努力为全体儿童、青少年和成人提供基础教育。根据世界全民教育会议的精神,巴西作出了承诺,全面实施全民教育。

1993年5月,巴西举行了"全国全民教育周"。此后不久,巴西建立了全国全民教育委员会,并拟定了全民教育十年计划。在经过全国的讨论后,于1993年12月正式公布了全国全民教育十年计划。

巴西全民教育十年计划是巴西加强基础教育的一种重要手段,其基本目标是强迫政府必须履行其职责,按标准调整地区教育差异,使教育资源的使用体现公平性;加强教师培训,改善教师工作条件,提高教师的社会地位,使教师成为提高教育质量的关键人物;加强继续教育,提高教师的素质。

(三)卡多佐总统当政时的举措

1996年,巴西政府隆重推出"巴西教育年计划"。卡多佐总统在会上号召,各行各业联合起来,"改变巴西使受教育不再成为一种特权"。全国21个州的州长和5名内阁部长也出席了大会。在这次会议上,巴西政府宣布了教育领域的三项重大措施:加强基础教育、加强职业教育和轮训师资力量。为了使这三项措施得以落实,巴西政府要求各级地方政府应保证教育经费的专项专用,每年的教育经费应占政府预算的15%以上,近年来,巴西政府的教育投入呈增长趋势。1993年,巴西教育经费占当年国内生产总值的3.5%,1997年已增加到4.6%,10年之后即2007年将进一步增加到6%。在学前教育领域的目标是:改变巴西西北部44%的城市没有公立幼儿园,以及全国5500个城市中有28%的城市没有幼儿园的现状。学前教育机构把学前教育作为整个教育体制的基础,重视读、写、算基本技能的培养,为顺利完成小学阶段的学业而作好准备,从而改变小学阶段留级率过高的状况。

三、课程

巴西学前教育的目标是帮助儿童在心理、认知和社会等方面的发展,并给他们提供获得知识的机会,逐渐使知识系统化。为此,巴西教育部已制定了学前教育大纲。该大纲旨在促进改善和形成令孩子们感兴趣的工作方式,以便通过尊重儿童的需求和兴趣及改善环境条件来帮助解决巴西社会文化与教育问题。

学前教育大纲包括以下内容:
(1) 尽量利用社区现有的物质场地条件;
(2) 尽量利用廉价的物品来为孩子服务;
(3) 重视体育和文艺活动,以发挥儿童个人的表现能力和创造能力以及儿童个性的发展;
(4) 培养儿童主动参与社区活动的精神;
(5) 开展以儿童为主题的社区团体文化活动,作为与学前教育相配合的一种活动;

(6)充分注意年龄在4～6岁儿童的日常活动,通过多种选择,使这些活动与儿童的兴趣、认知结构和身体素质发展相一致,从而使儿童与集体相融合,使学前教育社会化。

与此大纲相配合,巴西许多学前教育机构注重改进幼儿的教育方法,提倡采用示导式的教学方法,提倡用积木、七巧板、剪纸、字母组合游戏来边玩边学。有些幼儿园通过讲故事、表演节目、听音乐、唱歌等方式对儿童进行教育。有些幼儿园注重让儿童自由活动,教他们制作玩具,参加日常的生活料理活动。有些幼儿园还开辟各种园地,教儿童种菜,饲养小家禽,培养他们从小就接近自然,参加力所能及的劳动。总之,巴西的学前教育机构主要通过各种活动来发展儿童的智力、想像力、创造力和主动参与的精神。[①]

近年来,巴西的学前教育比较重视提早开发儿童的读、写能力,人们对幼儿园在培养读、写能力方面的作用有了进一步认识。在巴西教育工作者看来,儿童读、写能力的培养是一个连续的过程,可以从儿童入幼儿园前开始,一直到完成整个基础教育。在课程的安排上,应确保根据不同阶段儿童自身的特点,使他们都能掌握读、写的技能和艺术。

四、师资培养

巴西教师和教育专业人员的培养是通过不同的途径进行的,主要有两种模式:一种是在中等专科学校中进行,另一种是在高等教育机构中进行。学前教育教师一般由学制为4～5年的中等专科学校培养而成,但职前培养往往满足不了需要。在巴西,师资短缺的情况十分严重,据1982年统计,全国有127万名教师,其中:学前教育班教师只占6%,大多为师范学校毕业(相当于3年制的

[①] 顾明远等主编:《世界教育大系》,吉林教育出版社2000年版,第98页。

中学)。教师必须经过注册才能任教,各州或地方教育处及其他教育部的下属机构负责教师注册。很多幼儿教师还在广播电视大学进修。政府还通过设立2年制的短期大学及自学考试来缓解教师的短缺现象。这些考试是为那些完成"进修课程"的教师设立的。在大城市,通常在假期举办系统的进修班。

巴西的师资培养还通过远程教育计划来实现。对于巴西这样一个地域宽广、受教育人口众多的国家来说,远程教育是一种有效的手段。政府早在20世纪80年代就推行远程教育计划培训不合格师资。如今,巴西的远程教育已走出了积累经验的阶段,在师资轮训方面起到了很好的作用。巴西的高等教育机构也培养学前师资和特殊教育师资。

五、家庭与社区的作用

巴西政府在全面振兴基础教育的过程中,逐渐意识到没有全社会力量的参与,没有家庭、社区的配合,基础教育的振兴仍然举步维艰。为此,政府动员全社会的力量加入到教育计划中来就很有必要。

20世纪90年代初,巴西儿童和青少年的教育问题已成为全社会关注的焦点,尤其是贫困家庭的儿童已成为优先照顾的对象。为了保护儿童和青少年的权利,巴西政府制定了并正在实施"全国全面援助儿童和青少年计划"。该计划的目的是促使全社会共同努力来解决巴西儿童和青少年发展中面临的问题,保证及时为儿童和青少年提供适当的帮助。为了落实计划,巴西政府制定了一种双重策略,即既是参与的又是民主的。具体的行动方针包括:(1)家庭和社区直接满足儿童和青少年的基本需求;(2)促进儿童发展是家庭、社区和国家的共同责任;(3)全面提供所有的基本的公共服务,如健康、教育、运动、文化、职业培训和营养等;(4)保证持续提供这些服务。

巴西全面援助儿童和青少年计划共包括八个部分,或称为项目。每个部分均着重于一个优先援助的领域,并适当考虑儿童发展的不同阶段的特殊性、儿童家庭的客观条件以及地方社区的社会、经济和文化环境。该计划的八个部分是:

(1) 特殊儿童和家庭的保护;

(2) 促进儿童和青少年的健康;

(3) 托儿所和学前教育;

(4) 正规学校教育;

(5) 体育运动;

(6) 文化;

(7) 职业教育;

(8) 营养。

为了具体实施该计划,巴西政府在各地区都新建了专门的教育中心,称做"全面援助儿童和青少年中心"。这些中心在全国教育领域中发挥了巨大的作用。由于各地方社区存在的差异,在建立中心前,也适当考虑到以下的几方面:(1)社区的兴趣;(2)提供服务所需的现有力量;(3)合适的地方(如需建造新的设施);(4)地方管理和实施的实际能力等。

巴西全面援助儿童和青少年计划的制定和实施充分表明:巴西已将关心儿童的发展置于绝对优先的地位。作为达到巴西教育目标的一个改革试验,全面援助儿童和青少年计划对全民教育十年计划来说也具有重大意义。

第四节 美洲国家学前教育比较

教育不是孤立的社会现象,因此,不同国家之间的教育比较也不能孤立地进行。任何比较无非产生两种结果:相同还是差异。就美洲国家的学前教育而言,相同之处正是学前教育产生和发展的普遍规律,但相同是相对的,而差异则是绝对的。美洲国家之间既存在着南北的地域差异,也存在着文化、社会制度不同造成的差异。寻找差异不是为了消弭差异,而是为了完美差异,在取长补短的基础上保持各自的特色,这是比较美洲国家的学前教育的真正目的。

一、南北差异

习惯上,人们把加拿大和美国称为北美国家,这不仅是因为美国和加拿大同处美洲北部,还因为美国和加拿大在历史、文化传统等方面的趋同性。美国是一个移民国家,号称"民族熔炉";加拿大也是一个移民国家,居住着来自世界各地的人们。美国是世界上的发达国家,加拿大也跻身于世界发达国家之列。美国人崇尚个人自由,加拿大人注重个人价值。美国是一个法制国家,加拿大的法制也很完备。这些国情反映到两国的学前教育上来,就具有很多相似之处,以致于人们用"北美ECE模式"①这样的概念来概括两国的学前教育。而对于巴西等大量南美国家而言,它们与北美国家之间的差异是很明显的,造成这种差异的既有地域上的原因,更有长期的历史、文化传统及社会制度上的原因。南美以巴西为例的学前教育的总体水平还比较落后,但政府近些年来已认识到学前教育在整个教育体系中的重要地位,正采取一系列措施力转弱势。这已经在前面的小节中有所论述。因此,美洲国家学前教育的比较,首先以南北差异最为显性,其次才是不同国家之间的差异。

(一)起点和历史的差异

北美学前教育的历史比较悠久,特别是美国,学前教育的发展与美国国力的增长几乎是同步的。从最初为解决妇女就业而设立

---

① ECE 即 Early Childhood Education.

的托儿所,到现代名目繁多的各式学前教育机构,政府资助和干预的力度越来越大,学前教育也越来越繁荣,满足了不同阶层、不同种族、不同职业家庭的需求。学前教育的目标在于为儿童提供身体、智力、情感和社会交往方面得以发展的条件,学前教育课程比较强调经验和活动,以儿童的主动参与、教师的适当引导为主。政府和教育行政部门负责制定有关的法规、条例,并监督有关机构的办园条件和教师资格的认定、审查。地方教育部门,甚至各学前教育机构在课程的设置、计划的制定、方法的选择上享有高度的自主。加拿大也是如此。而南美(以巴西为例)的学前教育基础比较薄弱,起步较晚,学前教育机构还不发达,学前教育远未普及。经济的发展制约着教育的发展,政府对学前教育的重要性的认识相对比较迟缓,民众对学前教育的需求意识也比较落后。加上巴西是一个贫富悬殊很大的国家,在很长一段时间内,学前教育成为少数富人的专利,儿童的入园率较低。20世纪80～90年代以来,政府对学前教育重要性的认知度增强,颁布了一系列法规、措施,学前教育才刚刚有点起色。因此,摆在南美国家面前的首要问题是尽快地普及学前教育,提高儿童的入园率。

(二)统一规划、管理与自主决定、安排的差异

北美早期的学前教育带有较强的私人性质,学前教育的性质、目标、内容依据创办者的主观认识和信仰而定,缺乏政府层面的统一规划和管理。20世纪60年代以后,随着政府把教育(也包括学前教育)作为调整社会关系、培养急需人才的工具以来,政府对学前教育的统一规划和管理有所加强,从联邦政府拨款的"开端计划"到全美教育协会颁布的发展适应性课程,再到克林顿政府颁布的2000年美国十大教育目标,都能看出政府的宏观规划和管理有所加强。但北美的学前教育没有一个统一的模式,在学前教育方案的选择、课程的拟订、活动的安排等方面,北美的学前教育机构还是享有很大的自主性。就学前教育方案的选择来说,有以皮亚

杰理论为指导的,也有以弗洛伊德、艾里克森等精神分析的人格理论为指导的,而且学前教育理论界也很善于吸收其他学科的研究成果,这就使得学前教育方案各有所重,真正呈现"百花齐放"的局面。而南美的学前教育归市一级教育部门主管,政府只是负责制定有关的条例和法规。应该说,学前教育机构也是享有一定的自主性和灵活性的,但由于整个学前教育界的经验和理论都不足,资源比较贫乏,导致学前教育方案的单一。因此,从表象看来,似乎南美的学前教育呈统一的模式,实质是学前教育理论的薄弱、经验的贫乏、机构的单调造成的。

(三)课程的设计和安排上的差异

北美的学前课程都以活动为中心,其内容包括身体、情绪和认知诸领域。教育者为儿童提供适宜的环境,并为儿童提供帮助、指导,儿童通过自己的活动获得积极的自我概念,促进身体、认知、社会性的协调发展。所有课程鲜有灌输的成分,也不强调学科的区分和系统性;而南美的学前课程保育的成分比较多,偏重儿童认知的发展,学前教育仅仅是为基础教育作准备,为与小学的有效衔接服务。因此,南美的学前课程从设计和安排上来讲,没有能突出学前教育期本身的教育价值。

(四)学前教育与家庭、社区联系上的差异

北美的学前教育机构本身就是应不同家庭的需求而设的,而且在北美人的观念中,家庭是最理想的育儿场所,因此,学前教育机构与家庭的联系非常紧密;甚至有的学前教育机构就设在家中,由孩子的父母兼任教师。近年来,美国家庭式日托中心的增多,反映了这样的学前教育机构颇受欢迎。政府出台的学前教育的法规、条例也把家长作为重要的教育资源,希望家长藉学前教育方案也能获益。例如"开端计划",把对家长的教育、帮助一并列入计划之中。一般的幼儿园都成立家长委员会,教师也必须掌握与家长沟通的技巧,随时交流孩子的情况,并为家长提供指导。有的托幼机构还派教师登门指导家长或办家长学习班。近几十年来,北美发达国家婚姻状况的变化,传统家庭的解体,使家庭原有成员的关系发生了很大的变化,这些都促使北美国家更加重视家庭在儿童成长过程中应起的积极作用。南美的学前教育开始重视对家庭处境不利儿童的特殊帮助和指导,但目前还无暇顾及广泛渗透到与家庭的协同等方面,家庭贫困仍然是儿童发展的一个重要的制约因素。学前教育机构成为社区儿童的公共场所,对提高儿童的健康水平、增加儿童受教育和发展的机会,起到了积极的作用,但单靠学前教育本身还不足以改变社区的面貌。

综上所述,南北美洲学前教育的反差是很大的,但这种反差是必然的,它正是地区发展不平衡的具体体现。

二、国家之间的差异

通过对南北美洲不同国家学前教育的描述,可以看出不同国家之间的差异。总的来说,不同国家学前教育的差异在有的方面表现得比较明显,而在有的方面则表现得并不明显。

(1) 美国学前教育机构的发展比较快,学前教育为社会服务的功能比较明显。政府、民间机构、慈善团体、商业组织、财团、企业都可参与成立学前教育机构,并采用自己的学前教育方案。政府和教育主管部门负责立法和监督,但不干预教育的具体施行。学前教育的目标、内容都比较自主、灵活,课程也以丰富儿童的生活,培养儿童的自主性、独立性为目的,不强求知识的掌握;较为重视家长的作用,并把家长也纳入学前教育的体系中。在某种程度上,美国的学前教育是一种学制教育与社会教育相结合的产物。

(2) 加拿大学前教育机构的种类没有美国那么多,不像美国那样完全市场化,学前教育机构中公立的成分比较多,且为免费的,可见加拿大的学前教育具有社会福利性质。各办园机构没有经费和营利的压力,因此,更加注重教育的内在品质。儿童的自主性、自我探索和选择的愿望被看成是教育中至高无上的原则,教育的目的在于儿童的自尊和自我价值的实现,所有课程都围绕此目的而设计。加拿大学前教育课程中也能兼顾不同儿童的发展程度和个别差异,力求使每个儿童都能在学前教育机构安排的课程中获得发展。这与加拿大人口稀少,学前教育机构中教师与儿童的数量比例有一定的关系。与美国相比,加拿大的学前教育机构更加注重照顾到每个幼儿的个别情况。

(3) 在教育的民主和平等方面。美国和加拿大奉行同样的价值观念,美国对于少数族裔儿童的补偿教育,对于残障儿童的特殊教育,加拿大学前教育机构的双语教育,以及对有缺陷儿童的随班教育都体现了两国的多元文化政策。但是,仔细辨认可以发现:美国的教育试图同化和覆盖不同文化之间的差异,而加拿大的教育试图镶嵌和拼接不同的文化。两国的教育都为两国政治、经济的发展服务。

(4) 巴西学前教育的起点较晚,且是在基础教育面临巨大社会压力的情况下,不得不采取的紧急措施,因此,巴西的学前教育比较注重与小学的衔接,在课程内容方面和目标上强调读、写、算等基本学习技能。但与美国和加拿大相比,巴西学前教育的发展更多地体现了政府的意志,政府对学前教育的重视带有一种全民动员性质。各种教育法规、法令的出台都由政府定调,地方政府配合执行。与美国和加拿大相比,巴西学前教育机构的种类和层次还比较单一,地区之间的发展还很不平衡,在偏僻的乡村、在经济欠发达的东北地区,学前儿童的入园率还很低。因此,摆在巴西面前的任务是一方面普及学前教育,另一方面提高学前教育的内在质量,普及和提高同时进行,才能更好地发挥学前教育在整个基础教育中的作用,提高巴西下一代的素质。

(5) 三国学前教育理论的差异。在儿童观、教育观,教育的作用、儿童的发展,教育与儿童发展之间的关系等学前教育深层次的理论问题上,美国有很深的理论积淀,早期受欧洲,特别是德国的福禄贝尔、意大利的蒙台梭利的影响比较大,学前教育模式欧化倾向比较明显。19世纪末至20世纪初,美国本土的教育研究开始崛起,特别是杜威的经验主义教育理论的形成,使美国学前教育界获得了摆脱欧洲影响的契机,再加上当时美国心理学、儿童心理学研究的发达,更为美国学前教育理论的形成奠定了坚实的基础。因此,现代美国学前教育的理论基础比较深厚,有关学前教育的研究成果也层出不穷。

　　加拿大的学前教育一开始就受美国的影响,两国之间交往频繁而方便,更利于经验的传播、理论的扩散,但从加拿大学前教育的模式中我们可以看到,加拿大的学前教育也绝非完全照搬美国的模式,加拿大的学前教育机构洋溢着自由而平等的秩序,儿童的自尊、自我价值受到极大的尊重。加拿大的学前教育机构在赋予儿童更多的自由的同时,教师也注意做到面向全体,尽量激发每个孩子参与活动的积极性,发挥小组活动、项目活动中的合作、分工优势,发展儿童的社会交往能力以及树立积极的自我观念。

　　巴西等很多拉美国家,学前教育由不重视到重视,中间走过的道路比较短暂,往往来不及形成适合本国特点的教育理论,因此,"引进"别国的理论是必然的,但引进的理论必须适合本土的国情才能生根、开花、结果。对于巴西这样一个大国来说,如何吸收世界先进的教育理论,又发扬本民族的优秀传统,形成自己的教育理论,是许多后起国家都面临的共同问题。

第四章 亚洲的学前教育

亚洲大陆面积辽阔,国家众多。由于历史发展等诸多因素,亚洲各国的经济水平与教育现状各不相同,存在着巨大的差异。本章将重点描述日本、印度与中国的学前教育之现状,并作一比较。

第一节 日本的学前教育

一、发展简史

日本的学前教育,从1876年(明治九年)创办第一所幼儿园起,至今已有120余年的历史,经过明治、大正、昭和几个时代的众多变革,到今天已经获得了长足的发展。在这一过程中,日本的学前教育从无到有、从小到大、从雏形到逐渐完善而形成了一个比较完整的教育体系,经历了一个曲折而又复杂的变革过程。若从制度化的角度去看这一变革,其过程可以分为以下五个时期。

第一时期,从明治初期到1898年(明治三十一年),为日本学前教育的初创期。在这个时期,经过日本学前教育先驱者的努力,学前教育逐渐为人们所认识,并以率先成立的国立幼儿园——东京女子师范学校附属幼儿园为样板,在全国开设了229所幼儿园。在幼儿园发展的同时,以1890年赤泽钟美夫妇创办的第一所托儿所为起点,托儿所在日本各地也相继设立。初创时期的日本学前教育的主要特点是由集权向分权过渡,由标准高向标准低过渡,由此使公立幼儿园向私立幼儿园转化。

在这个时期,日本学前教育的内容和方法主要是受德国教育家福禄贝尔思想的影响,是按科目分类的。其后,随着幼儿园的不断发展,逐渐摆脱福禄贝尔教育内容和教育方法的束缚,开始追求适合本国国情的教育内容和方法。这个时期可以称为"教育科目时代"。

第二时期,从 1899 年(明治三十二年)到 1925 年(大正十四年),为日本学前教育的发展期。在这个时期,日本政府制定了《幼稚园保育及设备规程》,使幼儿园教育对象的年龄、幼儿园的规模、教育目的、教育内容的范围、设备设施的标准等都有了法律依据。由此使学前教育很快普及到全国各地,其中还出现了由基督教教会设立的幼儿园以及兼有保育所功能的幼儿园,从而使学前教育在质量和数量上都有很大的发展。幼儿园的数量由 1898 年的 229 所发展到 1925 年的 957 所。托儿所在 1925 年也达 196 所。

就教育内容来说,日本政府 1899 年颁布的《幼稚园保育及设备规程》中曾将学前教育的内容规定为"游戏、唱歌、谈话、手技"四个项目,因此,本阶段习惯上被称为"教育四项目时代"。在教育四项目中,游戏居于首位,这说明当时的学前教育界已认识到游戏在学前教育中的地位;同时又将初创时期的核心内容——"恩物"归为最后一项"手技"之中,这说明日本的学前教育以此为转机,已从福禄贝尔的"恩物"、从"完全的舶来品"中摆脱出来,逐步实施符合本国国情的教育内容了。

第三时期,从 1926 年(大正十五年)到 1945 年(昭和二十年),为日本学前教育的装备期和战时时期。1926 年,日本政府颁布了《幼稚园令》,这是日本有关学前教育的第一个单独法令,是日本学前教育实现制度化的重要标志,也是日本学前教育进入一个新的发展阶段的里程碑。《幼稚园令》实际上涵盖了当时有关幼儿园的各项规定:第一,更加明确了幼儿园的目的,"幼儿园以保育幼儿,促进其身心健全发展,涵养良好的情操,及辅助家庭教育为目的";第二,放宽了幼儿园的有关规定;第三,规定了应设园长及教师的资格。正是由于颁布了《幼稚园令》,遂使日本的学前教育实现了制度化而进入了一个大发展的时期。到1941年,幼儿园已发展到2084所,托儿所达1718所。这个时期的主要特点是,不仅学前教育机构的数量有较大发展,而且由于对保教内容的研究较为兴盛,故使保教内容有所充实。例如,在原来教育四项目的基础上,增加了"观察"项目。但是,进入战时时期以后,由于战争的影响,学前教育的发展有所停滞。1941年,日本政府颁布《国民学校令》,把学校改名为国民学校,其目的是以"皇国之道为准则",从小就对孩子进行"忠君爱国"教育。幼儿园也不例外地被改为"国民幼儿园",并增加了国家主义、军事主义的教育内容。在教育方法上,这时期也很少有适合幼儿特点的自由游戏,而是采用集体教育等以教师为中心的方式。战争末期,许多幼儿园甚至不得不闭园。到1946年,幼儿园下降到1303所,托儿所也下降到873所。

第四时期,从1946年第二次世界大战结束到1955年,为日本学前教育的整顿改革期。在这个时期,日本的学前教育同整个日本教育一样,摆脱了国家主义的控制,实现了教育民主化。幼儿园作为新的学校制度的一环,作为以全体国民的孩子为对象的学校教育机关而开始了新的发展。与此同时,托儿所也改称为保育所,由战前主要为贫苦家庭托管孩子转变为对所有缺乏保育条件的家庭的孩子进行保育。到1955年,日本幼儿园已达6426所,保育所达8321所。从教育内容的角度来看,这一阶段又可称为"教育12项目时代"。

第五时期,从1956年至今,为日本学前教育的稳定发展期。从这个时期开始,日本的学前教育已经形成了自己的独特体系。随着战后日本逐渐进入世界教育大国之列,学前教育也加快发展且名列世界前茅。到1985年,幼儿园已达15220所,保育所达

22899所。在教育内容方面,也由长时间的"教育12项目时代"过渡到"教育领域时代"。

上述五个时期,从大的方面来看,可分为战前和战后两个时期。战前时期包括前三个阶段,是日本学前教育从无到有、从小到大、逐步实现制度化的时期。战后时期包括后两个时期,是日本学前教育从战争灾难中崛起,逐步实现体系化的时期。

二、法规与体制

(一)日本幼儿园教育纲要的制定与修改

最初,日本现代学前教育的法律法规文件是在美国政府及教育团体的指导和督促下完成的。战后,随着社会各方面力量的恢复,日本文部省在听取各方面意见的基础上,于1956年制定了《幼稚园教育纲要》。该大纲共由三章组成,第一章为幼儿园教育的目标,第二章为幼儿园教育的内容,第三章为制定指导计划及其经营管理。《幼稚园教育纲要》主要有以下特点:

(1)将"保育"一词改为"教育",更加明确强调幼儿园是属于学校教育系统的机构,试图使幼儿园的教育与小学教育衔接起来;(2)将《保育大纲》中12个项目的经验性教育内容,调整为与小学的教育内容相统一的六个领域:健康、社会、自然、语言、音乐、绘画与手工;(3)将《学校教育法》第七十八条所规定的5项具体目标扩大到11项;(4)强调了幼儿园的教育指导;(5)在此之前颁布的《保育大纲》不光是面向幼儿园,同时也是面向保育所和家庭的参考性指导用书,而《幼稚园教育纲要》则是专门为幼儿园的教育课程所规定的标准。虽然它不是以文部省公告的形式公布,但实际上起了国定标准的作用。

其后,随着中小学《学习指导大纲》的修订,日本政府于1961年3月着手对《幼稚园教育纲要》进行修订,并于1964年最终以文部省公告的形式予以颁布,从而使修订后的《幼稚园教育纲要》正

式作为国定标准而具有法律效力。修订后的《幼稚园教育纲要》与修订前的《幼稚园教育纲要》相比,具有以下一些特点:

(1)修订后的《幼稚园教育纲要》是以文部省公告的形式颁布的,由此使其正式具备了国定标准的性质;(2)进一步明确了幼儿园教育的独特性,在总则的基本方针中,强调要赋予幼儿以适宜的环境,并根据幼儿的生活经验去进行综合指导,即强调了要根据幼儿的发育特点去进行教育和指导;(3)进一步明确了制定课程的指导思想,即在制定教育课程时,必须根据各个领域所提出的目的和要求,充分选择和安排幼儿的经验和活动,以使幼儿获得全面发展;(4)在各个领域项目中提出了具体的目标和要求,从而使各个领域的教育目标更加明确;(5)进一步明确了理想的幼儿经验及其活动的意义;(6)更加明确了指导以及制定指导计划时的注意事项。

之后,这一《幼稚园教育纲要》使用了二十多年。20世纪80年代中期,日本政府根据当时的需要又着手修订《幼稚园教育纲要》,1989年颁发了第二个《幼稚园教育纲要》。该纲要指明"通过环境进行教育是幼稚园教育的基本特征",提出"以游戏为中心进行综合指导"的基本方针,重视培养和发挥孩子的主体性,强调注重个体差异和个性发展,进行个别指导,对日本幼儿教育的改革产生了很大的影响。

为了迎接新世纪,针对目前幼儿教育存在的问题,日本于20世纪90年代后期又一次修订了纲要,1998年12月公布了第三个《幼稚园教育纲要》(以下简称新纲要),于2000年开始实施。

这次纲要的修订工作是在20世纪90年代中期起日本展开新一轮教育改革的大背景下进行的。1996年7月,日本第15届中央教育审议会提出了一份重要报告——《21世纪我国教育的发展方向》。1998年6月,中央教育审议会又提出了一份报告——《从幼儿期开始进行心灵教育》。这两份报告指明了今后日本教育的方向与重要任务,具有普遍的指导意义,并分别对幼儿教育提出了要求。与此同时,文部省组织了一批教育家,专门就幼儿教育的状况、问题及对策进行了深入的调研,于1997年11月提出了调研报告《幼稚园教育如何适应时代的变化》;此外,1998年7月,教育课程审议会经过近两年的研究,提出了改善幼、小、中、盲聋哑及养护学校教育课程基准的报告,对改进幼儿园教育课程作出明确规定;在此基础上于1998年底顺利完成了《幼稚园教育纲要》的修订工作。

这次纲要的修订,继续保持第二个纲要(以下简称原纲要)所体现的以游戏为中心进行综合指导等基本观点,并加以充实与发展;原纲要规定的五个领域(健康、人际关系、环境、语言、表现)维持不变,但对教育目标、内容等方面作了重要的修改与补充。其主要修改点如下:

1. 为培养生存能力奠基,萌发幼儿的道德心

新纲要第一章《幼稚园教育目标》指出:"幼儿期教育十分重要,幼稚园要与家庭合作,为人的终生打基础;幼稚园要根据幼稚园教育基本原则,通过开展幼稚园生活,培育生存能力的基础,努力实现学校教育法中所规定的幼稚园教育目标。"这次修改突出了家、园共育的思想。另一改动是提出幼儿园要培育孩子生存能力的基础。

20世纪90年代中期以来,按照前述中央教育审议会提交的报告,日本在教育改革中提出,要把"在宽松的环境中培养学生的生存能力"作为21世纪基础教育发展的方向。这里提出的"生存能力"不是简单地指生活能力,而是指学生"能够自己发现问题、自我思考,主动作出判断和行动,有较好的解决问题的素质和能力;并且能够自律,善于和他人协调,为他人着想,感情丰富,充满人性,有能坚强地生存的健康体魄"。要培养生存能力就必须减轻和消除过度考试竞争所带来的压力,让学生在宽松的环境中主动学

习,全面发展。《21世纪我国教育的发展方向》报告强调,为了培养适应社会激烈变化的生存能力,需要学校(幼儿园)、家庭、社区相互合作,有机结合。该报告还指出,幼儿期教育是培养生存能力的基础,因而极为重要。据此,新纲要《幼稚园教育目标》中提出"培养生存能力的基础"这一重要目标,并在其他一些部分作了相应的修改,以便贯彻落实。

2. 更加重视游戏与体验

随着城市化、信息化的发展,如今日本孩子游戏的机会少了,尤其是活动全身的户外游戏明显不足,很少接触大自然,直接的生活体验很缺乏。此外,受社会的影响,现在日本早期教育偏向智育的情况比较普遍,许多家长不让孩子多玩,甚至不让玩,而让孩子机械地学识字、学算术,并将其成绩进行横向比较,增加孩子的压力。有些幼儿园也存在着重室内活动、轻户外游戏的倾向。这些情况严重影响了幼儿身心健康的发展。为此,1989年修订的《幼稚园教育纲要》指出,游戏对幼儿与小学生至关重要,要让孩子在自然环境中轻松愉快地游戏,要增加自然体验和社会体验的机会,要纠正早期教育偏向智育的倾向。新纲要加强和充实了游戏与体验,增加了一些新条款。

3. 在集体生活中促进孩子的发展

原纲要注意到要发挥孩子的主体性,强调根据每个孩子的情况具体指导,这是对日本幼儿园教育过去长期存在的刻板划一的教学要求与方法的否定。这无疑是正确的。但要防止另一种倾向,即只重视个别指导,忽视集体生活对孩子成长的作用。新纲要要求注重培养孩子的合群精神与交往能力,加强孩子间的相互交往,在集体生活中发挥每个孩子的自主性,更好地促进幼儿的发展。新纲要"人际关系"领域教育内容上增加了两条:"对与老师和小朋友一起生活感到高兴","加强与小朋友的交往、关心别人"。

4. 明确教师的指导作用

原纲要强调尊重孩子的主体性,重视开展幼儿的自主活动,否定了以往以教师为中心、一切听从教师的安排这种旧教育观点。但是在充分开展幼儿自主活动时,还要不要发挥教师的作用?怎样发挥作用?日本幼教界有不同的理解和认识:在部分教师中一度产生"课程无用论"、"教养无用论"、"行事撤消论"("行事"是指围绕着中心事件,如儿童节、母亲节、爱鸟周、始业式、运动会等有计划组织的集体活动,进行综合性教育)、"静观援助论"(在一旁冷静观看,需要时帮一下)等论调,在实际行动中采取放任不管的态度。这与教师的思想认识有关,但原纲要对这一问题规定不明确也是一个重要原因。新纲要明确了在孩子开展自主活动中教师应起的指导作用,包括起什么样的作用,主要体现在哪里。例如,在总则中新增了这么一段:"为了确保幼儿自主的活动,必须在对每个幼儿行动的理解和预想的基础上,有计划地构成环境;教师要从幼儿与人和物相互作用十分重要这一视点出发,创设物质的、空间的环境。而且,教师要按照每个幼儿的活动情况,采取各种各样的措施,使活动丰富多样。"

5. 支援家教,服务社区,起到地区幼教中心的作用

日本新一轮教育改革十分重视加强学校(幼儿园)与家庭、社区的联系与合作,这次修订纲要体现了这一精神,增加了一些条款。例如,新纲要有这么一条:"幼儿的生活是以家庭为基础逐步扩大到地区社会,因此,幼稚园要十分注意与家庭的联系与合作,幼稚园生活要与家庭、地区社会保持连续性。幼稚园要积极利用地区内自然环境、人才、活动及公共设施,使幼儿获得丰富的生活体验。"这段话前一句是原有的,后一句是新增的。幼儿园一方面要充分利用地区的资源,开展教育活动;另一方面要为社区服务,支援家教,起到地区幼教中心的作用。新纲要增加了这么一条:"在幼稚园的经营管理上,为了支持孩子教育,要向地区公众开放

设施,并组织幼儿教育咨询等活动,努力起到地区幼儿教育中心的作用。"新纲要还专门列了一条有关幼小衔接的条款:"幼稚园教育要为入小学以后的生活与学习打下基础,幼稚园要通过与幼儿期相适应的生活培育创造性思考与积极的生活态度等方面的基础。"新纲要规定,幼儿园教育的时间原则上仍为每日 4 小时,但可根据地区情况和家长的要求,延长时间,即在正常的教育课程结束后,让一些幼儿留在园里继续进行适当的保育和教育。

日本新的《幼稚园教育纲要》反映了现代幼儿教育的发展趋势,并有很强的现实针对性,对其他国家制定和实施幼儿园教育纲要、推进幼教改革具有一定的参考价值。

(二)《幼儿园教育振兴计划》的制定与修改

随着《幼稚园教育纲要》的修订以及进入 20 世纪 60 年代以后世界各国对学前教育的重视,为了进一步促进幼儿园教育的发展,日本文部省首次制定了自 1964 年度开始的《幼儿园教育振兴计划》,以有计划地发展幼儿园教育。1971 年 8 月,中央教育审议会发表了《关于今后学校教育的综合扩充准备的基本措施》的报告。根据该报告精神,文部省又制定了第二次《幼儿园教育振兴计划要项》(1971~1981,又称《幼儿园教育振兴 10 年计划》),提出了今后振兴幼儿园教育的基本方针。作为实现该计划的一环,为了减轻父母的负担,日本政府于 1972 年建立了减免幼儿园的入园费和保育费《幼儿园就园奖励事业》制度。之后,又于 1975 年公布了《振兴私立学校助成法》,以法律形式规定对包括私立幼儿园在内的私立学校由国家给予补助。这样就进一步推动了私立幼儿园的发展及其质量的提高,使幼儿园制度日趋充实和完善。进入 90 年代后,日本政府制定了第三个《幼儿园教育振兴计划》,旨在使 3 岁、4 岁、5 岁的儿童都能入园。1994 年,文部省、厚生省等几个部门联合颁布了《天使计划》,意在调动全社会的力量,对学前儿童进行教育,形成"育子的社会"。为了确保这一计划的实施,政府又相继发布了《紧急保育对策等五年事业》和《儿童育成计划指南》等文件。

三、课程

近代日本学前教育课程的划时代变化是在第二次世界大战后发生的。当时根据《学校教育法》的规定,日本文部省于1948年3月公布了《保育大纲》。此大纲规定了12项教育内容,从而使日本的学前教育进入了"教育12项目时代"。这12个项目是:参观、韵律、休息、自由游戏、音乐、谈话、绘画、制作、观察自然、游戏(模仿游戏、演剧游戏、偶人游戏)、健康教育、节日活动。其总的意图是赋予幼儿以愉快的经验,让学前儿童通过实际经验去达到自我发展和完善。因此,大纲对每项内容都作了具体而又详细的说明。

之后,随着20世纪50年代日本独立自主立国路线的加强,日本文部省公布了符合本国国情的《幼稚园教育纲要》。该纲要规定了学前教育内容按照领域划分,从而使日本学前课程过渡到领域课程的时代。

当时日本学前教育中之所以采用领域课程,是由于考虑到幼儿具体的生活经验是处于横跨几个交错领域的未分化状态,像教科书那样进行系列化教育是勉强的。不过,幼儿期的教育并不是完全杂乱无章、毫无头绪的,也有一定的体系。于是,根据幼儿园的教育目标,将幼儿教育的内容大致划分为六个领域,即健康、社会、自然、语言、音乐、绘画制作。为了落实上述内容,幼儿园根据各自的实际情况制定了系统的教育计划。尽管在当时日本幼教界,有的学者认为由教师事先安排幼儿活动的做法会使幼儿丧失自主性,不利于幼儿独立性的培养,但是大多数学者认为,幼儿的自主性、兴趣、爱好、欲望和要求等必须予以尊重,教育计划正是在尊重幼儿的自主性、兴趣、爱好、欲望和要求的前提下制定的。这样既体现了教师的主导作用,又保证了幼儿独立自主地发展。正是通过制定各种教育计划,保证了课程内容的贯彻。日本当时的教育计划一般是由主题构成的,每个主题代表着一个完整的课程内容。无数个主题的集合就构成了连续的教育活动。由此可见,当时日本的学前教育课程属于预成课程的范畴。

20世纪90年代,应日本文部省的要求,日本教育课程审议会对教育课程改革问题进行了近两年的深入研究,于1998年7月底提出了报告《改善幼儿园、小学、初中、高中、盲校、聋校及养护学校课程标准》。文部省颁发新的《幼稚园教育纲要》,规定从2000年起开始实施。这次幼儿园课程改革的要点集中在以下几点。

(一)积极开展促进身心健康的活动

这次幼儿园课程改革提出要积极开展促进幼儿身心健康的活动,尤其要加强愉快的户外游戏活动。教育课程审议会委员、圣德大学副教授盐美佐枝曾撰文阐述幼儿园教育课程改革。她说,最近孩子的身体健康情况使人担心。幼儿期是身心迅速发展的时期,幼儿的身心健康受生活和环境的影响很大,因此,要重新审视幼儿的生活。现代不少家庭和有些幼儿园总是把孩子关在室内,不让孩子多活动,而快乐的户外游戏对孩子的发展具有重要的作用,能促进身体各方面功能的发展,使其有开放感,有利于培养孩子的生存能力。

(二)重视自然体验、社会体验等直接的具体的社会体验

随着城市化、信息化的发展,如今日本儿童缺少与自然的接触和生活体验,而大自然对培养孩子的丰富心灵、美好情感、好奇心、观察力与思考力具有重要的作用。所以,这次课程改革提出要让孩子愉快地接触大自然,要积极开展园外活动,同时也提出要采取措施,让幼儿与当地老年人等多种人士接触,增加社会体验。

(三)明确与幼儿期相适应的促进智力发展的方法

这次课程改革提出,幼儿是通过体验进行学习的,是在与环境和小伙伴的交往中,怀着好奇心与探究心,接触对象,了解事物,进

行思考,促进智力发展,并通过与伙伴一起游戏,意识到要控制自己的感情,想到他人,学会合作。幼儿通过语言、标志的使用,对文字、数量有了感性认识,从而理解这些符号标记的意思。这是与幼儿期相适应的开发智力的方法,它与以获得知识为中心的整齐划一的指导,并对幼儿这方面成绩进行比较的所谓早期教育是完全不同的。

(四)根据萌发自我意识、自控能力等幼儿期发展特点进行指导

这次课程改革指出,幼儿期是萌发自我意识、自控能力、意识他人存在并开始学会与人相处的时期;要考虑到幼儿期的这些特点,进行指导。尤其是现在3岁幼儿入园急剧增加,更要根据每个幼儿各自发展的特点适当指导。

(五)注重幼儿在集体生活中实现自我,求得发展

这次课程改革要让幼儿在集体生活中实现自我,求得发展。关于这一点,有学者解释说:幼儿在游戏中与小朋友交往,共同的兴趣使他们乐于一起玩,从而产生共同的目标意识,形成密切友好的集体;友好温馨的集体生活比孩子单独生活更充实,并能使孩子发展得更好。因此,这次课程改革提倡要发展孩子之间的相互交往,要大力开展使每个孩子都有兴趣参加的集体活动,在集体生活中培养孩子知道该做什么的责任心、良好的心态、忍耐与自制。

四、师资培养

日本对学前教育的师资培训是非常重视的,政府与教育部门采取了一系列相应的措施来保证、充实、发展和提高教师队伍。由于日本学前教育工作者主要分为两类:幼儿园教师和托儿所保育员,因此下面主要从教师和保育员两个方面论述日本学前教育的师资培养问题。

（一）建立幼儿园教师和托儿所保育员培养制度

早在1947年颁布的《学校教育法》中就规定,幼儿园是正式学校教育体系中的一环,其教师同中小学教师一样具有相同的称呼,即在师资条件上与中小学拉平了。战后日本取消了战前培养师资的中师和高师,所有幼儿园和中小学教师一律改由4年制大学和短期大学培养,即在大学里设教育学部和教育学系。1949年,为了促进幼儿园教育的进一步发展,日本文部省公布了《教育职员许可法及其实行法》,对幼儿园教师应当具备的资格作了详细规定,使战后日本幼儿园师资基本实现了制度化和正规化。之后一段时间内,经过不断修改和充实,日本幼儿园师资培训制度日趋完善并形成了独特的体系。

1948年,日本厚生省同时公布了《儿童福利法施行令》和《儿童福利法施行规则》两个法令。前者规定从事儿童保教工作的女子为保育员,使保育所的保教人员有了统一的正式称呼;后者则详细规定了保育员培养机关的招生对象、应修科目、学分数以及保育员考试的应试资格、考试科目等。此后,厚生省又公布了一系列通知和规定,使战后日本保育所保育员的培养和选拔逐步走上了正轨。

（二）建立幼儿园教师资格证书制度

为了确保各级各类幼儿园师资质量,日本实行教师资格证书制度,即要求教师获得相应的资格证书。作为幼儿园教师,其资格证书制度的主要内容有：

（1）不论公立、私立,凡幼儿园教师,均需具备幼儿园教师资格证书。

（2）幼儿园教师资格证书有普通资格证书和临时资格证书两种。普通资格证书全国通用并终身有效,临时资格证书只限于在招聘不到持有普通资格证书的教师时,作为一种弥补性措施可授予经过考试合格的高中毕业生,工作期限原则上为3年,特殊需要时可延长到 6 年。

(3) 资格证书的授予者为督道府县教育委员会。

(4) 资格证书的取得主要有两种途径。一是在文部大臣认定的培训机构学完规定的课程和学分者,可直接获得相应的资格证书;二是在职教育,即从事幼儿园教育工作若干年后,通过进修等获得一定的学分,并经教师鉴定考试合格后,可授予高一级的资格证书。

(三) 幼儿园教师、托儿所保育员培训机关概况

1953 年通过的修改《教育职员许可法及其实行法》,规定幼儿园教师同其他中小学教师一样,必须在经文部大臣认定的大学、短期大学及其他培养机关等学完规定的学分数,才能获得从教的资格证书,次年认定了 64 所大学和短期大学具有培养幼儿园教师资格。三四十年后,经过认定的具有培养幼儿园教师资格的大学和短期大学达 326 所。

除了大学和短期大学外,日本还设立了由文部大臣指定的幼儿园教师培训机关。这种机关到 20 世纪 90 年代初已有 60 所左右。本来根据修改过的《教育职员许可法及其实行法》的规定,所有教师在原则上都应在大学和短期大学中培养,但由于考虑到特殊情况,允许当大学正规课程所培养的教师不足时,可由文部大臣指定某些机关进行培养。

最初,保育员培训机构的发展比较缓慢,但是从 20 世纪 60 年代起,保育员培训机构数量开始急增,不仅厚生省所辖的公立保育员培训机构有所增加,兼培养幼儿园教师和保育所保育员的短期大学也急剧增加。这些机构的增加和繁荣,使日本保育所保育员的学历结构发生了根本变化,由此,日本建立了一支经过专门培训的保育员队伍。同时,保育所的保教质量不断提高,名副其实地成了与幼儿园教育并驾齐驱的学前教育的重要一环。

(四) 在职教育

随着近代社会的变革,日本在尝试利用新的教育理论和方法去培养学前教育师资力量的同时,还建立了在职进修制度。《教育公务员特例法》规定,在职进修是每个教育者的义务,主管单位应为之提供各种条件;教师的在职进修方式主要有脱产和不脱产两种。特别是在修改过的《教育职员许可法及其实行法》中规定,教师的在职教育与获得更高一级的资格证书结合在一起,由此更激发了在职教师的进修积极性。教师还通过园内培训、"公开保育"活动、园际间研修交流、幼儿自然教育研究会举办的暑期培训班、全日本保育研究集会等多种渠道进行在职进修。

保育员的在职教育,既有全国性的,也有地方性的。全国性的在职教育是由保育员的全国性组织,如全国保育员协会、日本保育协会、全国保育培养协会等所组织的;地方性的在职教育是由都、道、府、县和市、镇、村的保育团体所组织的。各种在职教育的目的是使保育员了解当前世界的保育教育动向,解决在教育实践中遇到的各种问题,以提高保育员教育的质量和自觉性。

自提出"终身教育"的观念后,日本政府对教师的在职教育更为重视,认为在职教育是不断提高教师素质的重要措施和保证。若没有在职教育,只靠学校教育所获得的某些知识,是无法胜任当代教师工作的。由于日本学前教育人员的学历起点本来就高,加之上述的在职教育,这样就更好地保证了日本学前教育的师资质量。

此外,日本在幼儿园教师的性别构成方面也颇有特色,爱聘男教师。1977年,国家认可的具有幼儿园教师资格的男教师,当时大多集中在东京、大阪等大都市。现在男性幼教师资队伍不断壮大,1990~1995年,大体保持在6300人左右,约占总数的6.3%;男性教师的年龄也在走向年轻化,1996年30岁以下的青年人成为主体。另外,在幼儿园行政管理职位中,男性所占的比例也较大,据统计,1995年有4835人任园长,占园长总数的48.6%;有378人任副园长,占副园长总数的10.5%。男性的参与,为幼儿教育注入了新的活力。他们平常不仅与女教师一样担任保教儿童的工作,如带领幼儿唱歌、游戏,而且还修补玩具和用具;此外,在举办游园会、生日会等大型活动中,他们还大显身手。他们的才能促进了幼儿人格的健康发展,得到了女性教师和家长的肯定。

当前,为了稳定教师队伍,日本政府大力提高教师的地位、改善教师的待遇,使教师的工资比普通公务员还要高出约20%。政府的这一举措,吸引了众多的日本优秀青年踊跃从事幼教事业。

五、家庭与社区的作用

(一) 家庭教育

1. 政府重视学前儿童的家庭教育

(1) 开展家庭教育研究。1992年,日本总理府对1762名家长进行"双亲意识调查",发现家长对不同性别的孩子有不同的期望值。例如,在"对孩子将来的受教育程度的期待"上,对男孩为:大学(占70.3%),高中(占9.9%),职业高中(占7.6%);对女孩则为:短期大学即大专(占36.3%),大学(占29.8%),高中(占17.6%)。在"对孩子将来的期待"上,对男孩是:社会信任(占38.3%),生活充实(占35.9%),与人和睦相处(占34.2%);对女孩则是:生活美满(占57.3%),生活充实(占53.7%),社会信任(占9.3%)。政府呼吁要改变家长"男主外,女主内"的传统观念,对儿童提出合情合理的期望,保证儿童的正常发展。

(2) 广泛建立家庭文库。文部省定期为年轻的父母编发幼儿家庭教育资料,普及科学育儿的知识。地方政府、妇女组织积极创办家庭文库,利用车棚、居民自治会会馆等地,存放图书,定期开放。届时,儿童可以坐在地毯上自读,也可以由主人导读或请母亲伴读,《西游记》等国内外古典文学作品已成为儿童阅读的重要图书。此外,还鼓励家长在家中创办家庭文库,如在房间里挤出一角,放几个书架,陈列一些购买的或自制的图书,用孩子的名字来命名,以激发孩子的阅读兴趣;用父母自身热爱阅读的行为,去感染孩子,培养孩子良好的阅读习惯。家庭文库始于20世纪70年代,现在已发展成为"家庭文库运动"。

(3) 倡导推行父亲运动。由战后经济造就出来的新一代父亲,把过多的时间和精力花在工作上,对家庭和孩子缺少关心,使孩子、特别是男孩子与母亲单独相处的时间太长,加上幼儿园和中小学的教师大多也是女性,对孩子呵护、关爱有加,严格要求不足,导致孩子性格的畸形发展,失去男孩子应有的一些男性特征。为了尽快遏制这种养而不教的不良后果的蔓延,政府最近发起了这场旨在提高男子家庭意识和教育责任感的运动,呼吁年轻的父亲要多花一些时间陪伴孩子,不要把家庭的责任全推给女性。

(4) 开通儿童电话咨询热线。1999年,东京一民间自愿者协会开通了日本首家儿童专用电话咨询热线,24小时为儿童服务。儿童可以直接和热线咨询员说悄悄话,倾诉心中的烦恼,整个咨询过程都是由孩子主导谈话内容,因而受到了孩子们的喜爱,同时也博得了家长的欢迎。它多少可以弥补一下家庭教育的缺憾,使孩子有了交流的伙伴、求助的对象,变得活泼开朗起来。鉴于儿童热线在2周的试通期内,就接到了1069个求助电话这一积极作用,日本政府决定其后三年内投资70万美元,在全国47个县建立由当地部门管理的24小时儿童专用热线,以促进儿童的心理健康。

(5) 兴办儿童玩具医院。玩具是儿童的伙伴和心爱之物,儿童在玩耍的过程中,难免会把玩具弄坏,当玩具"生病"的时候,儿童就会产生焦虑感。有识之士认为,及时对玩具进行"治疗",不仅能给儿童带来欢乐,而且还能萌发儿童关心别人的情感,培养儿童体贴别人的习惯,为儿童健康人格的发展建立基础,儿童玩具医院便应运而生。"医生"们利用星期天,在居民区办起临时"医疗站",

开展巡回"医疗"活动。届时,父母陪着孩子来给"生病"的玩具"就诊"。孩子先为"生病"的玩具挂号,再拿着"治疗申请卡"或"病历卡"寻找"医生",在接受医生的"问诊"(如"你动过这个玩具吗?""你给它洗过澡吗?")以后,让"医生"进行"触诊"(如戴上放大镜,用手触摸玩具)。"医生"找到"毛病"和"病因"以后,打开"手术箱",取出"手术器材",移植或调整玩具的各个"器官"或部位,使玩具得以"康复"。

2. 学前教育机构对家庭教育的指导

学前教育机构通过多种形式对家庭教育进行指导。

(1)保育参观。每学期每个班级都让家长来园进行一次保育参观,活动前给家长发出通知,使家长能做好准备工作。参观的时间为半天,先让家长观看幼儿的活动,再组织家长召开恳谈会;当园长介绍完幼儿园的教育目标、内容、途径、方法以后,教师便与家长切磋,交换意见,请家长提出好的建议。

(2)家庭教育讲座。定期向家长传授保健学、心理学、教育学等方面的基础知识,帮助家长掌握保教孩子的技能技巧,学会科学地养育孩子。例如,为了使儿童能获得全面的营养,达到身高的标准,幼儿园在举办讲座时,向家长讲解日本川田博士的研究成果,推荐川田博士提出的 5 种有助于身材长高的食品:(1)牛奶,这对儿童骨骼的生长极为重要;(2)鱼类,这是蛋白质的宝库;(3)菠菜,含有丰富的维生素;(4)胡萝卜,每天让孩子生吃 100 克大有益处;(5)柑橘,富含维生素 A、B、C 和钙等。

(3)家长委员会。为了加强与家长的交流,每个幼儿园都成立了"家长委员会",选有"会长",邀请他们对幼儿园的重大事情,如"何时接送幼儿"、"如何对幼儿进行防震演习"、"到什么地方去春游"等问题参加讨论,发表意见。当作出某一决定以后,园长还根据家长委员会成员各自的特长、优势进行分工,共同努力,实现教育目标。例如,分管春游的委员,除了负责借车、还车、路途的安全以外,还和教师一起商讨春游的具体内容和注意事项。

(4) 妈妈会议。幼儿园每月举行一次家长会,通过讨论,增进教师与家长之间的联系。日本妇女即便是受过高等教育者,一般也不参加工作,她们把全部的心血都花在孩子身上。针对这一现象,许多幼儿园都召开"妈妈会议",讨论"如何爱孩子才是真正的爱",帮助年轻的母亲意识到留给孩子的不应是金钱而应是教育;在重视幼儿教育家庭化的同时,还要重视社会化,以符合"教育妈妈"的美称。

(二) 社区教育

日本倡导学前教育机构要重视家庭和社区的资源,以丰富、加深儿童对自己、对他人和对社会的认识,并用法律的形式予以确立。

1986 年,日本教育审议会指出,幼儿园、家庭和社区三位一体对学前儿童进行教育是非常重要的,只有这样,才能克服学前教育的封闭性。1990 年,日本文部省颁布的《幼稚园教育纲要》中指出:"幼儿的生活以家庭为主逐渐扩大到社区社会。因此,要注意幼儿园同家庭的联系。幼儿园的生活要同家庭、社区生活保持密切的联系,以利于幼儿的成长。"1998 年,日本政府在颁布的第三个《幼儿园教育纲要》中指出:"幼儿园要十分注意与家庭的联系与工作,幼儿园生活要与家庭、社区保持连续性。"

在社区教育活动中,日本特别重视让儿童体验社会和接触自然,通过了解社会和亲近大自然使儿童身心获得健全发展,要求幼儿园、家庭和社区有计划有意识地增加儿童到社会和大自然中去的机会。

1999 年,文部科学省实施"全国儿童计划",亦称"紧急三年战略",为青少年儿童参加各种实践活动创造条件,不断完善各种设施,如农林省有"儿童长期自然体验村"、环境省有"儿童公园休闲设施"、林野厅有"儿童森林俱乐部"、经济产业省有"儿童实验商店"和"儿童科学和制造教室",大学和科研机关有向青少年开放的计划;此外,还在全国设置 24 小时咨询电话"儿童热线"、"育儿热线"等。

从 2000 年开始,文部科学省又实行"儿童梦想基金"制度,对组织和实施青少年儿童教育活动的团体提供 50 万、100 万和 300 万日元不等金额的资助。这些教育活动包括体验自然(观察自然和野营活动等)、社会志愿活动(护理老年人等)、劳动体验(参加工农业劳动)和参观科研机关等。仅 2002 年一年,日本政府在这方面的经费支出就达 1350 万美元。

资助农户利用闲置农田创办"学童农园"是日本加强青少年儿童社区教育的措施之一。在这里,青少年通过插秧、种菜、栽花、除草、收获等各种劳作,体会"谁知盘中餐,粒粒皆辛苦"的道理,增强爱护大自然的环保意识。日本全国农业合作总社把这一活动取名为"与下一代共生运动"。到目前为止,日本全国有大约三分之一的农业合作社在认真推进这一活动。

第二节 印度的学前教育

印度位于南亚次大陆,是人口仅次于中国的发展中国家。

一、发展简史

印度近代的社会学前教育出现于 19 世纪后半叶,但在 1947 年印度独立前,学前教育长期未得到重视。在英国殖民统治下,学前教育被认为是官方无须过问的事情。1944 年,印度中等教育咨询委员会在其名为《战后印度教育的发展》的报告中首次强调了学前教育的重要性,并建议要适当规定将学前教育作为全国教育系统必不可少的附属成分,但并未付诸实施。印度独立运动领导人圣雄甘地对学前教育十分重视。他认为学前教育具有两个重要作用:第一,使儿童为新的社会作准备;第二,促进社会政治和经济改革。甘地还提出:学前教育应该是学校教师、家庭成员和社会三者结合对 7 岁以下儿童进行的集体教育;教育的目的在于全面促进儿童体、智、德、宗教、精神等各方面的发展。他认为,实行学前教育必须遵循两个原则:(1)家庭、社会和教师密切配合,但应尤为重视教师的作用;(2)教学中所用教具应符合当地生活及传统,力求就地取材。这样做的好处就是方便、价廉。甘地对幼儿教育的倡导及上述意见为独立后的印度政府制定有关幼儿教育政策奠定了思想基础。

印度独立后,政府针对当时社会上由于战争及印巴分治造成的大批儿童流离失所以及工厂对童工的残酷剥削现象,于 1951 年发出了要求全社会关心儿童、反对剥削童工劳动的呼吁,后来还通过了建立健康中心、实行免费初等教育的法令。1953 年,政府成立了一个负责学前教育的委员会,其职责是为政府制定关于未来学前教育机构的政策。同年,政府通过了社会福利部关于建立"巴尔瓦迪斯"——一种面向农村的小型幼儿教育班的提议。这是政府关心部分农村学前教育的开始。

20 世纪 60 年代,随着印度经济建设重点向农村的转移,政府更为重视农村学前教育的发展,强调应满足农村中 6 岁以下儿童受教育的需求;又针对文盲家长不懂幼儿教育的状况,提出在对学前儿童进行教育的同时,给予这类母亲以必要的教育。

20 世纪 70 年代末,政府又把学前教育的重点放在城市贫困家庭儿童及发生自然灾害的农村部落中的儿童上,要求对这些儿童进行综合教育。印度较正规、质量较高的学前教育机构则一直在城市,并为中、上阶层子女所享有。

1985 年,国家教育政策涉及学前儿童的保育和教育工作,指出对儿童进行正规的读、写、算训练是极其有害的,强调通过游戏来教育儿童。

二、机构和课程

印度的学前教育机构种类较多,课程理论多来自于西方,但印度一直注重将圣雄甘地的有关幼儿教育的论述作为指导思想。目前,印度的学前教育机构主要有以下五类。

(一) 蒙台梭利幼儿学校

蒙台梭利幼儿学校是印度独立前就已建立的私立学前教育机构。蒙台梭利20世纪20年代曾去印度传播自己的幼儿教育思想,受到印度各界人士的欢迎和拥护。印度蒙台梭利幼儿学校即是在蒙氏的影响下产生的,印度独立后得到更大的发展,现已遍及印度各大城市。这些幼儿学校声称其主要任务是使每个幼儿的潜能在一个有准备的环境中获得发展。其课程重视蒙台梭利倡导的感知觉训练,努力使儿童智力和个性协调发展。这种类型的幼儿学校在印度受到上层人士的欢迎。

(二) 福禄贝尔幼儿园

福禄贝尔幼儿园是20世纪初由外国移民带入的德国式幼儿园。在印度,福禄贝尔幼儿园严格按照福氏的幼儿教育思想进行教学。课程以游戏为主,兼以宗教、自然科学、数学、语言、艺术等课程,注重从各个方面来促进幼儿发展。此类型的幼儿园开设在印度各大城市,尤为中、上阶层所垂青。

(三) 巴尔瓦迪斯

巴尔瓦迪斯是印度农村中的保育学校,隶属于社会福利部。由政府于1953年倡议建立。它属于私立性质,但由政府给予适当的补助。一般每所学校有6岁前儿童几十人。巴尔瓦迪斯一般要求提供包括保健、营养和教育的综合性计划,以满足儿童的全部需要,其任务主要包括:促进儿童健康成长;帮助发展儿童的各种器官(如触觉、味觉、嗅觉、视觉、听觉);帮助儿童学习社会调节的行为,以学会与其他儿童及成人建立良好的关系;训练儿童锻炼自己的能力并形成良好的习惯;发展儿童的智力并向他们提供探究周围环境的机会;培养儿童的纪律性和注意力并发展他们关于语言和数的基本概念;鼓励儿童运用周围的各种工具以锻炼手的灵活性。其教育目的是促进儿童身体、智力及情操的发展,使儿童作好接受义务教育的准备。学校的课程保留传统色彩,以讲民间故事为主,并利用当地原材料制作的玩具进行教学。由于政府的大力提倡,加之办学方式灵活、收费低廉,所以此类学校发展很快。到1973年,农村中已有13500个巴尔瓦迪斯,直接受益儿童达65万名,其数量与城市幼儿园的总量几乎持平;但由于印度人口众多,上述数字(无论城乡)还是微小的。

(四) 流动托儿所

流动托儿所也可称为日托中心,是随城市复合区村庄的产生而出现的。这些村庄是由工业家为那些在工厂里做工的农村人建立的。这些人的工作流动性大,并且往往夫妻都上班做工,孩子无人照顾,故产生了建立流动托儿所的需要。流动托儿所的特点是:建立在入托幼儿父母的工作地点附近,随母亲工作地点的变换而相应变换地点。这些托儿所因陋就简,常常利用幼儿父母工作地区附近的地下室等空房作为办所地点;但注意将房间装饰得鲜艳夺目,充满家庭气氛,以此补偿孩子享受家庭温暖的不足。流动托儿所的教育内容以讲授民间故事和教唱歌曲为主。它们是根据政府的一项非强制性的法规而建立的。

(五) 实验幼儿园

实验幼儿园是附属于大学的一种幼儿园,印度独立前已有开设。这种幼儿园一般招收2.5岁到5.5岁的儿童。实验幼儿园办园的目的一是为大学研究生提供实验及教育实习场地;其二是为幼儿准备良好的环境,以促进幼儿身心的发展。实验幼儿园课程一般包括:言语、认知发展和身体发展。言语主要是发展幼儿的口语,丰富词汇,增强其语言的流畅性。认知发展包括发展幼儿认识自然能力、数学能力以及解决问题的能力和技能。身体发展包括发展幼儿肌肉的协调性、眼手协调性,并养成良好的卫生习惯。

印度的学前教育机构是适应不同阶层的需要而建立的,教育水准、设备彼此相差很大。目前,印度全国的学前教育机构城市和乡村约各占一半。它们大多以私立为主,由政府与私人机构共同管理。课程理论虽基本来自西方,但注意结合本国的文化传统。

印度学前教育事业在独立后取得了很大发展,但与学龄前儿童数相比,幼儿入园率仍很低。

三、师资培养

印度幼儿教师正规的公立培训机构有中等幼儿师范学校。私立培训机构则有巴尔瓦迪斯教师中心、幼教人员培训班及只介绍福禄贝尔思想的福禄贝尔幼儿教师培训中心等。

幼儿教育工作者有教养员和保育员,他们在不同的培训机构接受教育。教养员主要由幼儿师范学校培养,学生高中毕业后,在此学习 2 年,第一年学习的课程是:儿童发展和教育活动、学前教育计划的制定、健康和营养等;第二年学习的课程是:儿童发展、与父母和社区人士的合作、班级活动计划的设计等。每年除了学习教育理论知识以外,还要参加教育实践活动,使集体教学与个别指导、教师的演示与学生的观察、模仿与创造能有机结合起来。这种理论联系实际的教育形式,不仅锻炼了学生教育教学的技能,提高了学生准备教学材料及组织音乐活动、戏剧活动、木偶活动、创造活动的能力,而且还发展了他们的社会交往能力,进行家访和组织父母活动、帮助父母组织儿童活动的能力,同时也增强了观察儿童、管理儿童、对儿童进行案例研究的能力。

巴尔瓦迪斯教师培训中心只为巴尔瓦迪斯幼儿教育机构培训工作人员,一般培训期限为 1 年。课程是一些简单的幼儿教育专业知识。培训人员领取毕业合格证书后,便可担任教师。

幼儿园一般工作人员培训班招收高中毕业生,学习 2~4 个月的专业课程,然后到幼儿园担任保育工作。

此外,印度有 34 所大学开设了学前教育专业或课程。印度高等师范学前教育专业课程一般有教育学、教育心理学、青年心理学、幼儿教育专业课程、职业训练及学术研究、工作情境培训等。大学毕业生一般不到幼儿园,而是去幼儿师范学校担任教职,或去各种幼儿教育组织充当管理人员。

在职后短期培训中,注意增强教师的责任感,丰富教师关于不同文化传统和价值观念的知识,训练他们同儿童父母、特别是儿童母亲保持密切联系,为父母提供儿童健康、营养和发展最新信息的技能,提高他们促进儿童全面发展、参与社区活动的能力。

学前教育工作者还要定期接受由教育专家、管理者和教师组成的评估委员会的评估,委员们要实地观察教师的工作,对教师进行口试,让教师进行自我评价,并要求教师的同伴及儿童、家长也对教师进行评价。

四、社区教育

近年来,印度政府越来越意识到学前教育机构与社区的沟通和结合对儿童教育发展的作用。为了更好地实现学前教育的目标,印度政府制定了以社区为依托的学前教育方案。

以社区为中介,教育学前儿童的方案主要有两种。(1)母亲教育孩子的方案:社区工作者对母亲进行专门培训,教给母亲保育、教育儿童的基础知识和基本技能,使母亲能更好地发挥自身独特的教育作用,促进孩子身心的健康发展。(2)大孩子帮助小孩子的方案:由于许多父母要外出工作,照料弟妹的任务落在哥哥姐姐的身上,社区工作者就对年长儿童进行简单的培训,使他们拥有一点健康、卫生、营养、游戏、歌舞等方面的常识及技能,能更好地关爱、帮助年幼儿童。

地方政府利用社区促进儿童教育发展成绩最为卓著的是印度喀拉拉邦倡导的"民众科学运动"(KSSP)教育改革。该运动中有著名大学的院士,有原子能专家、物理学家。"民众科学运动"的科学家们从1988年底开始,发起全民识字运动,数以千计的志愿者到各识字率低的社区开办识字课,并用科学家们一贯充满创意、活力与欢乐的方式,如街头剧、集体读报等方式,吸引民众的参与,还在一个地区开办了24小时开放的教育中心。到1990年2月,这个区民众的识字率达100%。识字方式与文化表演带来的欢乐气氛,帮助民众克服了不识字的自卑感,自愿加入识字班。在识字班开办后,"民众科学运动"进一步举办各类文化活动,让村民能表演所学到的知识,以增强自信与学习兴趣。

喀拉拉邦的教育最值得称道的一点是,识字班将村中妇女团结在一起,让她们有机会发出自己的声音。而最初她们聚在一起只是学习文化,渐渐地开始谈论生活中的问题与感觉,很快她们就意识到彼此支持与团结的力量,并具体动手,要求政府官员改善她们的基本生计设施,比如提供干净水、改善交通、促进儿童的教育等。因此,喀拉拉邦倡导的"民众科学运动"社区教育改革极大地促进了印度儿童教育的发展。

第三节 中国的学前教育

一、发展简史

中国的学前教育发展历史从时间的角度划分,可以分为三个阶段:中国古代的学前教育;中国近代的学前教育;中国当代的学前教育。

（一）中国古代的学前教育主要是指从先秦至鸦片战争前这一阶段

在这段漫长的社会发展过程中,中国古代发展史和浩瀚的古代文化遗产为我们提供了丰富的研究资料,并在学前教育基本形式、胎教及学前教材等方面具有一定的特色。

中国古代学前教育的基本形式是家庭教育,儿童的父母是其老师。在古代许多书香世家中,其子弟的教育大多完成于家庭教育之中,如孔子家族的经学,司马迁、班固家族的史学都是世代相传。各类技艺之学更是如此,一般都是祖传密授,不教外人,甚至传子不传女。古代家庭教育的发达是由古代家庭所处的特别重要的经济、政治和社会地位所决定的。在以农业和手工业为主的小生产条件下,最基本的生产单位就是家庭,最基本的物质生活资料均从家庭内部生产出来,社会产品的交换占次要地位。古代家庭的这种高度凝聚力和多功能性决定了家庭教育的必要性及其广泛的施教内容。

中国古代学前教育的另一个特点就是十分重视儿童的早期教育,提倡"早谕教",早至生命的胚胎时期即进行胎教。世界上最早提出并进行胎教的国家就是中国。中国胎教始于距今约3600年的周文王之母太任。据刘向《列女传》记载,太任在妊娠期间,"目不视恶色,耳不闻淫声,口不出敖言,能以胎教"。在中国古代思想史上占统治地位的儒家思想也颇为重视早期教育,而胎教是早期教育中最先实施的内容,汉代思想家多言胎教。贾谊、刘向、戴德、王充等人在他们的著作中都涉及胎教问题。由于时代的原因,古代胎教论的有些部分夹杂着封建意识和迷信色彩,但也积累了不少为当代科学所证实的合理的、宝贵的经验。比如,胎教要高度重视外界环境对胎儿的影响,注重母体的精神因素对胎儿的影响,注重母亲良好生活习惯的培养等,这些都是值得我们重视和学习的。

古代学前教育教材主要包括通俗浅显的诗歌、故事、音乐、游戏等项目。诗歌按内容可划分为三类:第一类为师训类,即进行生活常规、为人处世及伦理道德方面的教育,宋代以后理学家对此最为重视。比如,明代吕得胜撰写的《小儿语》等。第二类为知识掌故类,始创于唐代李翰的《蒙求》,明清时广为流传的《龙文鞭影》和《幼学琼林》也属此类。第三类为识字类,从《仓颉篇》、《急就篇》到《千字文》、《百家姓》均属此类。讲故事是学前儿童喜闻乐见的一种教育形式。专为儿童编写的故事书出自于宋代,如宋代杨亿主编的《日记故事》。明清时儿童故事书开始增多,同时也更注重适合儿童的特点。此时的故事书多采用白话讲解,并增添插图,使每个小故事都有一幅图,如《蒙养图说》、《二十四孝图说》。持儒家思想的许多学者都主张对儿童从小进行健康的音乐教育,提倡合乎礼教之乐,反对邪音淫乐,提倡让儿童嬉戏。

(二) 中国近代的学前教育主要是指从鸦片战争至中华人民共和国成立前这一阶段

清朝末年,中国的封建制度已维系了两千多年,但是随着西方资本主义经济的发展,外国列强强迫中国打开国门,中国由封建社会步步沦为半殖民地半封建社会,中国传统封建教育也逐步向半殖民地半封建教育转化。在此期间,学前社会教育机构产生并获得初步发展,学前教育由家庭教育缓慢地向社会教育转化,同时不少仁人志士也进行了学前教育中国化、科学化的探索。

中国最早出现的学前社会教育机构是蒙养院。蒙养院是与新的学校体系同时产生的。中国最早颁布并实行的成文学制是《奏定学堂章程》,也叫癸卯(1903年)学制。按照癸卯学制的规定,蒙养院成为国家教育体系中的一个组成部分。癸卯学制的规定使得学前教育有了一定的地位,学前教育开始从家庭教育向有组织的社会教育过渡。

随着第一个近代学制的颁布和推行,中国学前教育机构开始创建。清末蒙养院可分为官办和私办两种。中国最早创办的公立幼儿教育机构,是1903年在武昌创立的幼稚园。武昌幼稚园连同其后各地创办的官办幼稚园,其教员都由日本人担任,课程也由日本教养员确定。因此,早期的官办幼稚园多受日本幼教思想的影响。除中国人自己办的蒙养院以外,清末一些资本主义国家也在中国开办了不少幼儿教育机构,他们并不执行癸卯学制中关于蒙养院的规定,其设园宗旨是要培养治华代理人和使中国基督化。本着资本主义国家在华办教育的总方针,他们在中国设立的学前教育机构存在"双轨制",即一部分幼稚园是培养高等治华代理人的预备学校,一部分是收容贫苦儿童,对这部分儿童的培养重点是行为思想的训练。这一时期幼稚园的教育方法和教学内容都是照搬照抄东、西方的学前教育模式,不适合中国的国情。正是在这种情况下,我国幼教战线经历了一个反思与实验的历程,特别是在20世纪20~30年代,一批教育家及儿童教育家在批评中国传统的家庭教育和崇拜外国的洋化倾向的同时,提出了自己的革新主张,并进行了艰苦的实验探索,如陶行知创办的南京燕子矶幼稚园,陈鹤琴进行的南京鼓楼幼稚园的全面实验等。他们的共同目标就是希望找到一条学前教育科学化、中国化的道路。

中国学前教育机构自1903年产生后,发展缓慢。至1930年,全国幼稚园只有630所,幼稚生只有26675名;至1949年也不过一千余所。究其原因,归根结底是社会因素造成的。旧中国,外有强权欺压,内存连年战争,政府无暇顾及学前教育,仅有少数热心学前教育的人士苦心提倡,解决不了全国性的问题。

(三)中国当代的学前教育是指从中华人民共和国成立至今这一阶段

这一阶段,中国的学前教育随着社会的根本改观而进入一个崭新的发展时代。在此期间,中国的学前教育先后经历了稳步发展、遭受破坏和改革振兴三个阶段。

1949年10月,中华人民共和国宣告成立后,人民政府和主管业务的部门为中国学前教育的发展制定了方针和一系列的条例和规程,使学前教育沿着正确的轨道前进。1951年,中央人民政府政务院颁布的《关于改革学制的决定》,将学前教育列入学制体系之中,规定学前教育作为小学教育的基础,从而确定了中国学前教育的社会主义性质。根据这一性质,有关部门对学前教育进行了有计划的整顿和改造。政府接管外国在中国兴办的学前教育机构,收回了教育主权;停办私立幼儿园,取消幼稚生公费待遇;学习苏联的幼儿教育理论和经验;同时确立了统一领导的学前教育管理体制。新中国成立后的最初几年中,由于领导重视,学前教育发展方针积极稳妥,符合国情,切合实际,并与中国当时经济发展的步调相适应,因而,从1949年至1965年这一阶段中,我国学前教育呈现蓬勃发展的趋势。

1966年到1976年"文化大革命",学前教育被视为推行修正主义路线的典型,受到空前的劫难与摧残,严重阻碍了学前教育事业的发展。具体表现为:幼儿教育的理论与实践被全盘否定;将教师热爱儿童视为资产阶级人性论,一批以热爱孩子为天职的教师横遭批判;多年建立的幼儿园有效的管理制度被批判为对幼儿的管、卡、压;玩具、教具与儿童读物被视为禁物等。在"十年内乱"中,农村幼儿园几乎解体,城市幼儿园已失去调控,学前教育专业人员大批流失,不合格人员又随意流入,幼儿园各项工作失去了常态,幼儿园的教育性质被诋毁,教育质量急剧下降。

1976年粉碎"四人帮"后,党和政府采取了一系列措施拨乱反正,恢复整顿,继而在改革中促进了学前教育事业的发展,特别是从20世纪80年代末开始,中国的学前教育已呈现出科学化、规范化的发展趋势。

二、法规与体制

1903年颁布的《奏定学堂章程》包括了为学前教育专门制定

的《奏定蒙养院章程及家庭教育法章程》,肯定了学前教育的重要性,并提出设立蒙养院作为早期教育的专门机构。于是,中国近代史上有了第一个有关学前教育的法规文件。

辛亥革命后,民国政府颁布的《壬子癸丑学制》(1912~1913),将蒙养院改为蒙养园,明确了蒙养园是附属于小学的教育机构,是小学教育的初始阶段,而不只是家庭教育的补充。这无疑在确立中国学前教育制度上前进了一步。但是由于封建势力的顽固,这一步骤仍然没有多少实质性的意义。

五四运动之后,中国大地上掀起的教育改革促使中国新学制的产生。1922年11月,国民政府公布的《壬戌学制》将颇具封建味道的"蒙养院"改名为"幼稚园",并作为初等教育的一部分正式列入学制,改变了学前教育机构在学制中一度"身份不明"的状况。此后,政府的教育法规和文件中越来越多地涉及学前教育的内容。例如,1932年颁布的《幼稚园课程标准》,1939年颁布的《幼稚园规程》,1943年颁布的《幼稚园设置办法》以及《师范教育规程》等文件中有关幼稚师范的设置、课程、入学和毕业标准以及幼稚园教师资格的规定等,都对进一步确立学前教育在学校体系中的地位起到了积极的作用。

学前教育的发展与学前师范教育的发展是互为基础和前提的。在新学制中,已有师范学校、女子师范学校可附设幼稚师范科的规定。在1928年的全国教育大会上,陶行知和陈鹤琴分别对幼教师资培养问题提出提案,促进政府在1932年、1933年颁布的《师范教育法》和《师范学校规程》中,对附设幼稚师范科及其修业年限、学习科目、实习等问题作了更具体的规定。1935年颁布的2年、3年制幼稚师范科的教学计划中,规定了学生除一般的文化和公民课外,应学习《儿童心理》、《幼稚园教材及教学法》、《幼稚园行政》等专业课,并进行见习和实习。这些法规促进了幼稚师范教育的发展,提高了学前师资队伍的水准,因而也从一个重要方面保证了中国幼儿教育在整个国民教育中的地位。

1951年,政务院颁布了《关于改革学制的决定》。在这个新中国的"学制"中,学前教育与初等教育、中等教育、高等教育和各级速成训练班被并列为五个基本部分之一。同时规定,实施学前教育的组织为"幼儿园",从此,沿用了30年的"幼稚园"改称为"幼儿园",开始了它新的生命。

新中国的学前教育具有双重任务:既要担负抚育儿童身心健康发展的任务,又要帮助劳动妇女摆脱家庭负担。1952年,教育部颁布的《幼儿园暂行规程》对此作了明确规定:"幼儿园的任务是根据新民主主义教育方针教养幼儿,使他们身心在入学前获得健全的发育,同时减轻母亲对幼儿的负担,以便母亲有时间参加政治生活、生产劳动、文化教育活动等。"这个双重任务始终是幼儿园工作的基本出发点。在1989年颁布的《幼儿园工作规程》中,仍基本保持不变:幼儿园的任务是:实行保育和教育相结合的原则,对幼儿实施德、智、体、美全面发展的教育,促进其身心全面和谐发展。幼儿园同时为幼儿家长安心参加社会主义建设提供有利条件。

1949年11月,中央人民政府教育部成立,并在初等教育司下设幼儿教育处,同时决定省、市教育厅(或局)设幼教科、组或幼教专干,主管幼教工作。这意味着,从新中国成立起,中国的学前教育事业就纳入了政府的工作范围,有一个统一的管理体系。

1956年,教育部等三部委颁发的《关于托儿所、幼儿园几个问题的联合通知》,进一步明确了幼儿教育"统一领导,分级管理"的原则,规定托儿所由卫生部门统一领导,幼儿园由教育部门领导;托幼机构的园长、教师、保育员、医护人员的再学习问题分别由教育和卫生行政部门负责。各类型托儿所、幼儿园的经费、人事、房屋设备及日常行政事务由主办单位负责管理。主办单位对所办园、所应定期检查,帮助解决存在的问题,同时,及时向当地卫生或教育行政部门报告工作。而卫生、教育行政部门分别对托幼机构实行经常的监督及重点的检查,还应办好几个示范性的托儿所和幼儿园,以点带面,促进整体保教水平的提高。

幼教管理体系建立以后,有力地加强了对幼儿教育的领导和管理,保证了托幼事业健康发展。

国家管理幼儿教育的重要方式之一,是制定和颁布有关政策和法规。

1952年,教育部制定并颁布了《幼儿园暂行规程》和《幼儿园暂行教学纲要》,以全面引导和规范幼儿园的工作。这两个法规是在苏联专家的直接指导下拟定的,吸取了革命根据地的学前教育经验,同时借鉴了苏联学前教育的理论。《暂行规程》在规定幼儿园的双重任务的同时,指出了对幼儿进行初步的全面发展教育的主要目标,规定了教养工作的基本原则,同时进一步规定了幼儿园教养活动的项目及各项教养活动的目标、教学大纲、教学要点和设备要点。《暂行规程》、《暂行教学纲要》的颁布和实施,明确了中国幼儿园的双重任务和教养并重的教育方针,强调了幼儿教育的目的性、计划性以及分科教学的科学性、系统性原则,对中国幼儿园教育产生了极其深远的影响。

党的十一届三中全会以后,中国社会进入了新的发展时期。社会稳定、经济繁荣、学术自由,为中国学前教育提供了良好的发展空间;社会对知识价值的承认、对人才的重视和对高质量人才的需求,为学前教育的普及和提高提出了新的要求。其中,保障儿童受教育权的问题被提到了一个新的高度。1990年8月,经全国人大常委会批准,中国政府正式签署了联合国《儿童权利公约》。之后不久,中国政府又在《儿童生存、保护和发展世界宣言》、《执行90年代儿童生存、保护和发展世界行动计划》等国际文件上庄严签字,向全世界表明了中国保护儿童生存、健康和发展的基本立场。

随着经济体制改革的深入发展,中国政府对发展学前教育事业的政策在20世纪80年代末作了调整,提出动员和依靠社会各方面的力量,有计划、有步骤、多渠道、多形式地发展学前教育事业的方针。1989年,国家颁布了《幼儿园管理条例》,明确规定了政府、社会及有关部门对学前教育承担的责任与义务,明确了管理体制、发展方针、师资资格、教育指导思想等,为保障幼儿园的合法权益提供了法律依据。

三、课 程

中国学前教育课程改革经历了一个多元化—单一化—多元化的发展历程。

新中国成立之前,中国学前教育课程开设比较混乱:有教会幼稚园的宗教课程,有蒙养院(园)的日本式课程,也有福禄贝尔、蒙台梭利的课程,还有美国的以儿童为中心的经验型课程等。这些课程不适合中国儿童学习,不利于学前儿童的发展。为了改变这种情况,陈鹤琴等人致力于幼儿园课程中国化改革与实践,各地自由探索。虽然1932年教育部颁发了中国第一个幼稚园课程标准,但各地的自由度较大,课程的统一性不强。20世纪30年代末至40年代,中国处于抗日战争和解放战争时期,敌占区、国统区和解放区的幼儿园课程也不一样。

新中国诞生后,教育上全面学习苏联,在苏联专家的指导下,1952年教育部颁发了《幼儿园暂行规程》、《幼儿园暂行教学纲要》。从此,中国学前教育有了统一的课程标准。统一课程标准对于尽快恢复和发展中国的幼儿教育事业产生了巨大作用,但同时也使课程内容"苏化",分科教学和分科课程模式成为唯一的课程模式。分科课程强调有计划有目的的教育在幼儿发展及教师教育过程中的主导地位和作用,反对推崇儿童先天能力和创造力的"自由教育";强调系统知识的教学和知识的逻辑性,以及系统知识在幼儿智力发展中的作用;强调集体教育和全面发展教育,不注重幼儿个性的培养和个人主体性的发展。

1966年至1976年的"十年内乱"期间,中国学前教育方针遭到严重歪曲,教育管理体制被彻底破坏,幼儿园课程失去了幼儿特性。1976年粉碎"四人帮"以来,特别是1978年党的十一届三中全会以来,中国进入了全面改革开放的新时期。在新形势下,学前教育得到前所未有的发展,学前教育课程也随之出现新的发展局面。在改革开放初期,为了迅速走向正常化,学前教育继续沿用了从苏联学习来的分科课程模式,课程组织主要采用教学形式,主张以教师为主导,以学生为主体。分科课程强调课程内容的系统性和逻辑性,强调发展学生的智力,这是其优点。但是"十年内乱"期间对幼儿教师培训制度的严重破坏,造成幼儿教师、特别是比较优秀的幼儿教师的严重缺乏,一般教师不能正确理解分科课程的内涵,只能教"六科"中的某些科目。因此,幼儿园中教师个人单科独教、不管其他的现象比比皆是。过分强调各科目自己的系统性和逻辑性,造成课程内容相互分裂,或彼此重复,加重了幼儿学习的负担,影响了幼儿的整体发展。在这样的情况下,幼儿园课程改革就成为迫在眉睫的大事。

20世纪80年代,中国学前课程的改革主要集中进行"综合课程"模式的探讨。

20世纪90年代之后,中国学前课程总的发展趋势是强调以"教育活动"为基本组织形式,活动在幼儿发展中的作用。《幼儿园工作规程》(1989年)明确提出:"幼儿园的教育活动应是有目的、有计划引导幼儿生动、活泼、主动的,多种形式的教育过程。""教育活动"这一概念的提出,逐渐改变了过去以"上课"为主的分科课程模式,引发了广大幼教工作者研究设计适合幼儿发展的教育活动。为了迅速反映新时期幼儿教育的这些根本变化,及时和准确贯彻《规程》的精神,总结课程改革以来的经验和成绩,把幼儿园课程改革推向深入,人民教育出版社组织全国几十位幼教专家,经三年努力,第一次以《幼儿园教育活动》为书名,编辑出版了一套幼儿园教师指导用书。这套学前教育课程指导用书,在我国第一次以"领域"划分和组织幼儿园课程,体现了通过教育活动促进幼儿整体和谐发展的精神,代表了20世纪90年代中国学前课程发展的方向;1996年,南京师范大学出版社出版的《幼儿园课程指导丛书》也采用"领域"划分课程。此后,中国学前课程出现了分科课程与领域课程并存的局面。

四、师资培养

中国最早的学前教育师资培训是从清末开始的。当时为了促进幼稚园的发展,张之洞主持在蒙养院附设了女子学堂,招收15~35岁的女子,专门学习幼儿师范课程。这是中国幼儿师范教育的萌芽,是当时了不起的新生事物,成为轰动一时的新闻。但女子去学堂上课,在那时被视为一大怪事,引起路人争相观看,甚至与学堂门卫发生纠纷。张之洞对此很是敏感,决定立即停办,将亲手办起来的女子学堂扼杀了。

正式的学前教育师资培训是从民国时期开始的。在此阶段,幼教师资由不够正轨向严格化、标准化转变。民国建立以后,按照壬子癸丑学制的规定,幼教师资的培训被正式引入师范学校的培养目标;师范教育的招生对象、学制也逐渐趋于严格化,对女子师范生的培养目的和学科设置作了进一步的严格规定;1932年12月国家为统一掌握师资的培训公布师范学校法,制定了师范学校及其特别师范科、幼稚师范科的教育科目及课程标准、实行规程;同时,制定了幼稚师范学生入学、转学、休学、复学、退学及毕业的办法;20世纪40年代,政府对各级各类学校的教员制定了鉴定标准,就是具备什么条件才能担任教员,其目的是要严格规定师资水平,提高师范教育的程度。这些规定在当时可能不太符合中国的实际状况,但却是中国幼稚师资培训向严格化、标准化迈进的重大步骤。

新中国建立后,国家有关部门对学前教育师资的培训十分重视。经过几十年的建设,目前中国已形成了以师范院校为主体,其他教育机构共同参与的多渠道、多层次、多规格、多形式的幼教师资培养培训体系。

(一) 中等幼儿师范教育

根据中国的实情,幼儿园教师主要靠中等幼儿师范教育培养和培训。

1. 学前教育新教师的培养

学前教育新教师的培养由幼儿师范学校、普通师范学校附设的幼师班、职业高中附设的幼师班来完成,招收初中毕业生(以女生为主),学制3～4年,培养德、智、体诸方面发展,能适应当代幼儿教育发展和改革需要的幼儿教师,为幼教队伍输送中级幼教人才。

2. 在职幼儿教师的培训

在职幼儿教师的培训,即通过学历和非学历的继续教育,使在职幼教师资队伍中非正规幼儿师范学校毕业的教师,能达到相当于中级幼教师资的水平。以江苏省为例,全省有区(县)级教师进修学校80所,省、市两级幼教师资培训中心,省、市、区(县)三级教育研究室,教育科学研究所(室)以及幼儿教育研究会(群众性学术团体)等,从不同渠道,采取多种形式共同进行在职教师的培训和提高工作:

(1) 幼儿园教师获得"专业合格"证书的培训。以区(县)为单位,让幼儿园教师中具有初中文化者接受专业培训,分别开设"三学"(幼儿教育学、幼儿心理学、幼儿卫生学)和"六法"(幼儿园语言、计算、常识、音乐、体育、美术等科教学法)的专题培训班,经九门科目考试合格后,发给"专业合格"证书。这样,她们不仅具有了幼儿园教师的任职资格,而且也具备了申请教师职称晋升的资格。

（2）相当于中等幼儿师范学校毕业资格的学历教育。在区（县）教师进修学校内开设业余幼儿师范班，通过2~3年的业余学习，考试合格者，发给业余幼儿师范学校毕业证书（其价值与正规幼儿师范学校的毕业证书相当）。此类学历教育的方式有函授、夜校、全日制脱产班及由省教委统一组织的自学考试。

（3）幼儿教育专题培训班。由省、市幼教培训中心和师范及进修院校举办的专题培训班，为幼儿园教师提供既能适应普通需要又能针对个人特点的进修机会。例如，南京市玄武区先后举办了游戏、美术、音乐、科研方法等专题班，南京师范大学经常为省内外举办幼儿园课程改革、幼儿园教育活动研究、农村幼儿教育、手工制作等专题班等。

（4）通过经常性的教研、科研活动提高幼儿教师的教育、教学水平。在幼教发展的不同阶段，针对幼儿园实践中出现的普遍性问题，由教育行政部门、教研和科研单位组织研讨，举办讲座，同时在幼儿园内开展教研或科研活动，进行实践探索和研究。

（二）高等幼儿师范教育

高等幼儿师范教育的任务是为幼教队伍输送高级人才，使他们成为幼教队伍中的生力军。

1. 职前高等幼儿师范教育

高等幼儿师范教育分专科、本科（学士）、硕士研究生、博士研究生、博士后等几个层次。

（1）大专

其任务为培养幼儿园的骨干教师，一般有两种招生制度：一种是招收高中毕业生，学制为2~3年；一种是招收幼儿师范学校应届毕业生，学制为2年，实行三、二分段。

（2）本科

其任务为培养幼儿师范学校教育学科的教师和其他幼教工作者。专业素质要求是较好地掌握本学科的基础知识、基本理论和基本技能,了解本学科发展的新成就、新动向,掌握一门外语,能够阅读本专业的外文书刊,具有自学能力与从事教育和科研工作的初步能力,能够适应教育学科的教学和科研工作。本科的招生对象为普通高中毕业生,也有少数幼儿师范学校保送生及外国留学生,学制4年,修业期满成绩合格者,发给大学本科毕业证书,并授予学士学位。本科生毕业后,均由教育行政部门择优分配工作,近几年,根据本人意愿分配到幼儿园任教师的毕业生有递增趋势。本科生不断加入幼教师资队伍,对促进幼教质量的提高,无疑起着重要作用。

(3) 硕士研究生

其任务是为幼教队伍培养高校教师和在职科研人员。业务素质要求是掌握本学科坚实的理论基础及系统的专业知识,能够比较熟练地运用一门外语阅读本专业的外文书刊资料,具有从事科学研究工作和独立担任本专业某一学科教学工作的能力。目前,中国仅有北京师范大学和南京师范大学两校拥有幼儿教育学硕士学位授予权。

(4) 博士研究生

其任务是为高校或科研单位输送幼教学术骨干。专业素质要求是掌握本学科坚实宽广的基础理论和系统深入的专门知识,掌握两门外语,第一外语要能够熟练地阅读本专业的外文资料,并且具有一定的写作能力;第二外语要能够初步阅读本专业的外文资料,能够独立开设两门以上专业课程,并且具有独立从事科学研究的能力,在学术上取得创造性成果。博士生课程一般均为学位课,除公共必修课外,一般只须修学 2~4 门其他基础理论课和专业课即可。博士生的招生对象系具有硕士学位者或具有中级职称(如讲师)的同等学历者(后者在入学考试时需加试两门硕士研究生专业学位课程)。修业 3 年。考试合格,通过论文答辩者发给毕业证书,并授予博士学位。中国唯一的一个幼儿教育博士学位点设在南京师范大学,现有学前教育课程、学前儿童艺术教育、学前儿童品德教育三个方向。

(5) 博士后

博士生毕业后可进博士后流动站进行专业深造,流动站为年轻学者创造了高水平的学术环境,使他们得以进行学术研究,以培养高级幼教专家。

2. 职后幼教高等继续教育

职后的幼教高等继续教育分学历和非学历两种:

(1) 学历教育与职前高等幼儿师范教育相同,也分为大专、本科(学士)、研究生(硕士、博士)、博士后五个层次,课程设置也基本相当。大专:除脱产全日制班修业2年外,函授、夜大均为3年制,自学考试则不受年限限制。本科:一般均为"专升本",即在专科基础上修业3年,考试合格者发给本科毕业证书,加试外语合格后可授予学士学位。硕士和博士研究生:有脱产和不脱产两种,但均为3年制,多数为边工作边学习,也有派往国外留学的。博士后:进博士后流动站是在工作中进行学术研究。

(2) 非学历教育通过专题培训班、教科研活动、学术研讨会等方式进行。研究生层次:零散的进修生(旁听研究生课程);高校助教进修班(脱产1年);硕士研究生课程班,系不脱产的3年学制,考试合格者发给结业证书,外语考试及硕士论文通过者发给硕士学位证书;其他通过派出国内外访学及参加国内外学术会议等途径提高在职幼教工作者的专业水平。

综上所述,中国幼教师资培养培训网络业已形成。多年来,各地通过多种渠道和多种形式培养和培训了大批幼儿教师,使幼儿园教师的合格率有了较大幅度的提高。据1995年统计,全国共有幼儿教师95万人,其中高中毕业以上的占76.2%,受过学前教育专业培训的占50.2%(从师范院校本、专科毕业的占3%;从中等师范学校毕业的占33%;毕业于职业高中幼师班的占13%)。

五、家庭与社区的作用

近年来,尽管中国学前教育机构有了长足发展,但是受经济与人口两大要素的制约,使中国仅依靠发展正规化的托幼机构来满足绝大多数幼儿的需要,还是不能实现。

然而,儿童的成长不能等待。为此,自20世纪80年代以来,中国开始探讨并逐渐形成了一条非正规化的普及幼儿教育的渠道,即一个幼儿家庭教育的社会支持系统,即家庭、社区、教育机构三结合的新型幼教体系;这不仅是为了弥补正规学前教育的不足,而且代表着新的社会背景下幼儿教育发展的趋势。

中国社会支持家庭教育主要通过两种途径:一是国家政策引导;二是社会提供服务。

(一) 国家通过宏观控制和引导,把握家庭教育的方向

中国政府把儿童的健康成长作为社会主义建设的根本大计,积极为之创造良好的社会条件。先后通过立法、制定和颁发儿童工作的纲领性文件等措施,引导和促使家庭教育朝着正确的方向发展。

1991年颁布的《中华人民共和国未成年人保护法》,以法律的形式规定了家长保护和教育儿童的义务和职责,明确了儿童保护的基本原则,规范了家长的保育、教育行为,体现了国家对儿童家庭教育的导向。比如,该法第四条规定,保护未成年人的工作,应当遵循下列原则:(1)保障未成年人的合法权益;(2)尊重未成年人的人格尊严;(3)适应未成年人身心发展的特点;(4)教育和保护相结合。该法中"家庭保护"一章的各条款,则对父母的保育、教育行为作出了更加具体的规定。《未成年人保护法》的颁布,使儿童的家庭教育开始走上了社会化、科学化、法制化的轨道。

1992年,国务院通过的《90年代中国儿童发展规划纲要》(以下简称《纲要》)以制定儿童事业发展蓝图的方式,表达政府对儿童

发展和教育问题的关心和重视。《纲要》特别引人注意之处在于把"使90%儿童的家长不同程度地掌握保育、教育儿童的知识"作为90年代我国儿童生存、保护和发展的主要目标之一。这一指标和"在全国范围内基本扫除青壮年文盲"、"大力开展扫盲后的继续教育,提高文化和技术素质"一样,都属于所谓"与儿童发展至关紧要的非儿童发展指标"。在《纲要》的十条指标中,包含三条这样的"非儿童发展指标",即不直接指向儿童,而指向今天或明天的父母的发展指标,其意义是不言自明的。因为,"儿童作为未成年人群,其发展有赖于成人,特别是父母亲"。国家把指向父母自身发展的目标,列入儿童生存、保护和发展的目标之中,体现了对家庭教育的高度重视和对家庭教育规律的深刻理解,以期通过提高父母的保育、教育水平,进而达到促进儿童发展的目的。

（二）发动社会各方力量,提供多种形式的服务,帮助家长加强和改善幼儿教育

《纲要》指出,"儿童发展是一个系统工程,涉及国家、社会和每个家庭,以及许多科学领域。关心下一代健康成长是全国各民族人民神圣的历史责任,各级政府和每个公民都应该为此作出积极的贡献";应"在全社会倡导树立'爱护儿童,教育儿童,为儿童做表率,为儿童办实事'的公民意识",逐步形成儿童教育齐抓共管的局面。

在齐抓共管儿童教育,为家庭育儿提供实际支持方面,教育部门、妇女联合会、关心下一代工作委员会等社会群体和幼儿园、民政机关等部门,充分发挥了积极性和创造性,因地制宜、多种形式、灵活多样地为家长服务。服务的形式主要有以下几方面。

（1）发展社区教育,创办家长学校,普及家教知识。在居住分散、交通不便的山区、草原,组织"流动的家长学校"——由医生、教师、社区服务人员组成家教宣传小分队,走村串寨,一边为儿童查体看病,一边宣传优生、优育、优教知识。

（2）采用灵活多样的非正规教育形式,如幼儿活动站、游戏小

组、巡回辅导班、"大篷车"流动服务组等,送教上门。

(3) 建立家教咨询服务站,开设热线电话,开展定期或不定期的专家现场咨询服务,为家长解答疑难。

(4) 组织科学研究探讨有效的非正规教育途径。例如,国家教委和联合国儿童基金会组织开展《贫困地区社区、家庭、教育机构共同促进学前儿童发展》项目,将其成果在广西、甘肃等贫困地区推广;"关心下一代工作委员会"组织指导"三优工程"(优生、优育、优教)试点工作,并逐步在较大范围展开。

(5) 组织群众喜闻乐见的家教活动,吸引家长参与。例如,电台、电视台及有关部门,经常组织家庭教育知识竞赛,评选优秀家长和优秀家庭;举办家庭夏令营、家教小品演出等活动,寓教于乐。此外,社会还通过各种大众传播媒介,把优生、优育、优教的知识送进千家万户。

以上政策和措施,都是中国社会为保障幼儿的受教育机会所做的努力。

第四节 亚洲国家学前教育比较

亚洲是世界第一大陆,由于经济发展速度较欧洲缓慢,国家独立早于非洲,传统文化根深蒂固,因而较为重视对学前儿童进行本土文化教育和爱国主义教育,以便把儿童培养成为国家需要的人才。但因为各国在政治制度、经济发展水平、人口增长、自然资源、价值观念、教育投资等方面的不同,在学前教育上也表现出许多差异。例如,印度对学前教育的投入远远低于对国防军事的投入。相比之下,日本较重视对儿童进行外语教育,日本儿童除了学习母语之外,还要学习英语或芬兰语等;中国也比较重视对儿童进行早期素质教育;印度则较重视儿童健康教育,认为教育要为儿童提供营养,培养儿童的健康习惯。

一、中日两国幼儿教育纲要的比较

(一) 教育理念上的比较

中日两国幼儿教育纲要在教育理念上都强调终身教育的观念,强调儿童个体的发展和人性的完善,充分肯定了学前教育的特殊价值。面对21世纪的社会,日本1989年颁布的《幼稚园教育纲要》把幼儿教育作为终身学习的基础,超越了幼儿教育为学校教育作准备的狭隘意义,而将幼儿教育同个人的和社会的长远利益结合起来。关于终身学习的思想本身是从个人和社会两方面的利益出发的,包含了个人终身的人格完善和适应社会变化的需要两方面的目的。幼儿教育被置于终身学习体系之基础位置,这就确立了幼儿教育的自身的独特的价值——为终身的人格完善和为适应社会的不断变化奠定基础。这个基础不单指获得基础知识和基本技能,更重要的是一种求知的兴趣和欲望以及产生这种欲望和兴趣的充满自主探索、学习、创造之乐趣的体验。

同样,中国新颁布的《幼儿园教育指导纲要(试行)》所集中体现的也是终身教育、终身学习的教育理念。《纲要》明确指出,"幼儿园教育是基础教育的重要组成部分,是我国学校教育和终身教育的奠基阶段",它要为"幼儿一生的发展打好基础"。这是一个符合终身教育理念的定位,一个符合社会发展需求的定位,一个符合幼儿长远的可持续发展为本位的定位。

(二) 幼儿教育纲要内容的比较

1. 纲要内容结构的比较

中日两国幼儿教育纲要都包括总则、教育内容与要求、组织与实施、教育活动评价四大部分,篇幅较短,以阐述教学内容(活动内容)为主,总论部分非常简要。日本的幼儿教育纲要除了大纲之外,还有文省省编辑的《幼儿园教育指导书》,对大纲的各部分作了详尽的解释。

2. 课程内容的比较

日本的幼教纲要从儿童发展的五个侧面即健康、人际关系、环境、语言、表现来表述教学目标和内容,所有领域的教学目标都指向情、意、态度的培养。这表明在幼儿阶段培养求知欲、探索、表达的欲望和兴趣以及获得相应的充实感比传授知识和训练技能更为重要。这就是幼儿教育作为终身学习的基础在教学目标上的特点。五个领域的划分同教育基本目标的五个方面相对应。这种划分只是为了表述的方便,在实际的教学中内容却是综合性的,所以大纲明确指出幼儿园不能按这五个领域来相应划分独立的学科和活动。这些事项可以看成教师进行综合性指导的"视点"、创设环境时的"视点",各幼儿园还要根据儿童具体的发展状况,组织更具体的目标和内容,编制成课程。从内容看,根据儿童生活环境的变化以及产生的相应的社会问题,如核心家庭和单亲家庭的增加、电子游戏的泛滥、自然环境的破坏等导致儿童缺乏真实的自然体验、社会体验,不少儿童性格孤僻、抑郁,产生极端行为等,纲要调整了教学内容,将原来的健康、社会、自然、语言、音乐、绘画与手工六个领域改为健康、人际关系、环境、表现五个领域。健康的含义超越了体育的含义,不仅指机体运动技能和机体健康,还包括心理健康、安全保护、生活习惯等内容;人际关系和环境代替了原来的社会、自然,从培养儿童认知自己的生存环境、积极与环境相互作用的能力和培养热爱环境的情感这一角度出发,把社会环境、自然环境、人文环境作为一个整体,综合为环境领域;另外由特别强调原来"社会"中的人际交往和道德部分,单独列为人际关系领域;表现的含义远远超出了美术、手工、音乐、舞蹈等艺术表现形式。

中国《幼儿园教育纲要》将幼儿学习的范畴按学习领域相对划分为广大教师所熟悉的健康、语言、社会、科学和艺术五个领域,并同时强调了"各领域的内容相互渗透,从不同的角度促进幼儿情感、态度、能力、知识、技能等方面的发展"。《纲要》遵循我国基础教育课程改革的精神,强调幼儿的主动学习,改革教学方式,希望教师不要把关注点过分集中在具体知识或技能的教学上,不要仅仅以固定的知识点为目标来设计教学活动,而是着手组织适合幼儿的活动,创造适宜的教育环境,从幼儿的实际生活中去发现教学赖以展开的资源;通过作用于幼儿的活动来对幼儿发生实质性的影响,让他们获得体验,获得一定的知识或技能。因此,《纲要》在每个领域中都没有单独列出一个知识点或技能要求的细目,而是从活动的角度附带提出知识或技能要求。

中日两国课程内容所共同体现的是课程的综合性趋势。课程内容的综合化不仅符合当今学科综合化的倾向,符合综合解决各种复杂的地球问题的社会需要,而且也适应幼儿的思维特点。传授远离幼儿生活和社会现实的学科知识已经受到了批判,尽管在教育实践中这种现象仍然存在。幼儿的学习内容更需要同幼儿自身的生活联系起来,并让幼儿认识到任何学习对象都同自己的生活相关,以使他们学会将各种自然物质、自然现象、社会事物以及自身的生活联系起来,从而能够积极地作用于这些对象,干预周围的生活环境。

二、学前教育课程的比较

学前教育课程的比较主要集中在学前教育目标、学前教育内容、学前教育策略等方面。

(一)学前教育目标的比较

中日两国都提出学前教育的目的是发展儿童的身心,促进儿童个性生动活泼地成长,但日本比中国更早重视培养儿童良好的个性。1985年,在日本东京召开的"日、美、欧学前教育与保育会议",强调要将学前教育的重心从智育转向个性的培养,这次大会对日本学前教育产生了深远的影响。中国于1996年在上海召开了"海峡两岸婴幼儿人格建构研讨会",标志着中国学前教育工作者已把儿童良好个性的塑造看做是学前教育的一个重要目标。印度学前教育的目的是使每个儿童在认知、语言、身体、社会性等各方面获得全面的发展,为进入小学作好准备。

比较而言,就儿童身心两方面的发展来讲,中国更注重儿童身体的成长,日本更注重儿童心理的发展;就儿童体、智、德、美几方面的发展来说,中国更重视儿童的美育,日本更重视儿童的德育;就儿童能力的发展来说,两国虽都注意提高儿童的思维能力、语言表达能力和对环境的认识能力,但中国更关注儿童动手能力和艺术表现能力的培养,而日本更关注儿童合作能力和创造能力的培养。印度则重视儿童的健康教育,认为教育要为儿童提供营养,培养儿童的健康习惯。

(二) 学前教育内容的比较

中日两国学前教育的内容都受到学前教育法规的制约。在日本,文部省于1990年对1964年颁布的《幼稚园教育纲要》进行了重大的修订,把原来的健康、社会、自然、语言、音乐、绘画与手工六个方面的内容,改为现在的健康、人际关系、环境、语言和表现五个方面。在中国,教育部于1981年就制定了《幼儿园教育纲要(试行草案)》,把学前教育的内容划分为生活卫生习惯、体育活动、思想品德、语言、常识、计算、音乐、美术八个方面。2001年,中国教育部颁发了《幼儿园教育指导纲要(试行)》,将学前教育内容划分为五大领域:健康、语言、社会、科学、艺术。由此可知,中日两国都比较重视对儿童进行健康、语言、音乐和美术等方面的教育,所不同的是,中国更重视儿童的思想品德教育、计算教育,而日本则更重视儿童的人际关系教育和环境教育。印度的学前教育课程内容则主要划分为言语、认知发展和身体发展三大部分。

(三) 学前教育策略的比较

日本强调要根据儿童的年龄特征和个性差异,通过环境来进行教育;以儿童的自主活动为中心,对儿童进行教育;通过游戏活动对儿童进行综合指导;把长期计划和短期安排有机地结合起来;寓教育于儿童的一日活动之中。中国强调要遵循儿童身心发展的规律,因人施教;以教师指导、安排的有目的、有计划的儿童教育活动为中心,以游戏为基本活动,通过组织体育活动、上课、观察、劳动、娱乐和日常生活等多种活动来对儿童进行教育;在儿童的一日活动中,注意动静交替、一贯性和灵活性相结合、集体活动与个别活动相结合。印度强调以儿童为中心,采用游戏的方式,重视儿童的主动探索和学习;广泛开展各种活动,如创造性活动、娱乐活动;为儿童提供价廉物美的图书、图片和磁带、录像带等视听材料;注重综合教育等。

最近几年,三国都很重视挖掘家庭、社区教育资源的潜力,为儿童的发展服务。例如,日本开办了家庭文库、儿童热线电话、儿童玩具医院等,中国兴办了家庭教育热线、儿童玩具馆、流动游戏大篷车等。

三、学前教育师资的比较

亚洲国家学前教育师资的培训机构差异较大,其中日本以大专院校为主,日本《教育职员许可法及其实行法》规定,日本所有教师包括幼儿园教师原则上都应在大学和短期大学中培养,同时许多大学兼培养幼儿园教师和保育所保育员;印度的学前教育师资培训则以中等学校为主,幼儿园的教养员主要由中等幼儿师范培养,学生高中毕业以后,在此学习 2 年。中国的学前师资培训则正由以中等师范学校为主,向以大专院校为主过渡,目前许多中等幼儿师范学校通过多种途径转变为五年一贯制的大专院校,从而为提高中国学前师资力量发挥了重要作用。

日本、印度、中国三国之间学前教师的培训课程也有差别。日本幼儿教师在大学或初级学院接受训练时,学习的课程主要有:儿童健康、儿童心理学、教育原理、早期教育和保育。早期教育内容有健康、人际关系、环境、语言、表现(音乐、律动、绘画、手工等)、儿童福利等,此外,未来的教师还要参加幼儿教育实践活动。中国幼儿教师在校学习的课程主要有:幼儿卫生学、幼儿心理学、幼儿教育学、幼儿语言教学法、幼儿科学教学法、幼儿数学教学法、幼儿音乐教学法、幼儿体育教学法、幼儿美术教学法等,即所谓的"三学六法"。印度幼儿教师在校学习的课程主要有:儿童发展和教育活动、学前教育计划的制定、健康和营养、儿童发展、与父母和社区人士的合作、班级活动计划的设计等。

各国不仅重视幼儿教师职前培训中的实践活动,而且注意加强教师在职教育的实用性。例如,日本有园内培训、园际间研修交流、公开保育活动、假期培训班、研究集会等。

在幼儿教师队伍中,男女性别比例的合理调配有利于儿童身心的和谐发展。中国的这一认识始于20世纪20年代的张宗麟先生,早于日本多年,但在实践上则落后于日本。长期以来,中国幼教师资队伍基本上是女性一统天下,男教师总数仅百余人,实属微不足道,且主要集中在沿海经济发达的大城市;而日本早在1990年就已有6138名男教师,占教师总数的6.3%,其中男园长占园长总数的48.6%,此外还有10.5%的副园长为男性。

四、家庭教育和社区教育的比较

亚洲各国都非常重视学前儿童的家庭教育。例如,日本开展家庭教育研究,广泛建立家庭文库,倡导推行父亲运动,开通儿童电话咨询热线,兴办玩具医院等,强调提高家长的教育能力和合作能力。

中、日、印三国还重视通过多种形式对家庭教育进行指导。例如,日本指导家长的形式有保育参观、家庭教育讲座、家长委员会、妈妈会议等;中国有来园接待、家长会、家庭访问、家庭教育专题讲座、家庭教育黑板与墙报、幼儿园家庭教育学报等。

各国还注意通过社区给家庭以指导。例如,印度实施了以家庭为基础的方案、儿童帮助儿童的方案、视听方案、学校准备方案等。

主要参考文献

1. 李其龙:《德国教育》,吉林教育出版社2000年版。
2. 梅根悟:《世界幼儿教育史》,吉林人民出版社1986年版。
3. 滕大春:《外国教育通史》(第六卷),山东教育出版社1995年版。
4. 戴本博:《外国教育史》,人民教育出版社1990年版。
5. 李生兰:《比较学前教育》,华东师范大学出版社2000年版。
6. 杨汉麟、周采:《外国幼儿教育史》,广西教育出版社2000年版。
7. 顾明远、梁忠义:《幼儿教育》,吉林教育出版社2000年版。
8. 顾明远、梁忠义:《美国教育》,吉林教育出版社2000年版。
9. 顾明远、梁忠义:《巴西教育》,吉林教育出版社2000年版。
10. [美]凯瑟琳·里德、琼·派特申:《美国幼儿教育的理论与实践》,江苏教育出版社1990年版。
11. 梁建锋:《美国教育》,中国科学技术大学出版社2002年版。
12. [德]T. N. 波斯特莱斯维特著:《最新世界教育百科全书》,郑军、王军波译,河北教育出版社1991年版。
13. 《世界教育发展新趋势》(1988—1990),国家教育委员会政策法规司译,北京大学出版社1993年版。

附:《当代世界学前教育》考试大纲

第一章 比较学前教育概论

〔学习目的和要求〕

通过本章的学习,了解比较学前教育的起源与概念、定义与内容、对象与特征、意义与方法等基本理论问题,理解比较学前教育学科的由来,掌握研究比较学前教育的意义与目的,以及一般的研究方法。

〔学习内容〕

第一节 比较学前教育的概念

一、比较教育的历史发展

1. 前学科阶段

比较教育起源于旅行见闻。

2. 学科奠基阶段

法国的朱利安与比较教育。

3. 学科体系形成时期

詹姆斯·E.罗素与英国的萨德勒爵士。

4. 比较教育的现状

第二次世界大战以后,比较教育在方法上有了新的发展,出现了不同的流派。另外一个对比较教育的发展不容忽视的事实就是很多国际组织的建立推动了比较教育的发展。

二、比较学前教育的概念和内容

比较学前教育是比较教育学的一个分支学科,它的基本理论体系以及方法论基础都是承袭比较教育学而来的。比较学前教育又是学前教育科学体系中的一门独立学科,比较学前教育中涉及的问题都来源于学前教育学科门类,它是将比较教育学引入学前教育学科而产生的交叉性学科。

1. 比较学前教育的定义

根据比较学前教育的由来以及比较学前教育的对象、目的和方法,我们可以将比较学前教育定义为:比较学前教育是比较教育学与学前教育学相交叉而产生的,是以比较分析的方法,研究当代世界各国学前教育的理论和实践,揭示学前教育发展的普遍规律和发展趋势,以改进本国学前教育的一门学科。

2. 比较学前教育的研究内容

比较学前教育的研究内容包括区域研究和问题研究两大块。比较学前教育的研究内容具体表现在以下几个方面:

(1) 五大洲各主要国家学前教育的目的及目标;

(2) 五大洲各主要国家有关学前教育的政策和法规;

(3) 五大洲各主要国家学前教育的任务及内容;

(4) 五大洲各主要国家学前教育的机构及课程设置;

(5) 五大洲各主要国家学前教育的师资与培训;

(6) 五大洲各主要国家学前教育与家庭教育、社区教育之间的关系;

(7) 影响世界各国学前教育发展的主要因素;

(8) 各国学前教育发展与改革的经验与教训;

(9) 学前教育的国际化与本土化;

(10) 国际组织对世界学前教育事业的作用和贡献。

第二节 比较学前教育的对象和特征

一、比较学前教育的对象

1. 不同国家学前教育发展的历史及过程。
2. 外国学前教育改革和发展的现状。
3. 当代外国学前教育的理论和实践。
4. 世界学前教育的发展、变化以及走向。

二、比较学前教育的特征

1. 跨学科性。
2. 开放性。
3. 可比性。

第三节 比较学前教育的意义和方法

一、比较学前教育的意义

1. 增强对外国学前教育的认识,开阔视野,增进了解。
2. 借鉴外国学前教育的经验教训,为本国学前教育的改革提供参照。
3. 有助于了解世界学前教育发展的趋势。
4. 有助于促进国际学前教育领域的相互理解、交流和合作。
5. 促进学前教育的国际化。

二、比较学前教育的方法

1. 比较教育的方法

美国比较教育学家贝雷迪的"比较四步法"。贝雷迪提出比较研究有四个步骤或阶段,他称这四个阶段为:"描述"、"解释"、"并列"和"比较"。

2. 比较学前教育的方法

(1) 参观访问法;
(2) 现场研究法;
(3) 问卷调查法;
(4) 文献整理法;

(5) 比较法；

(6) 分析法。

〔考核知识点〕

1. 比较教育的历史发展。
2. 比较学前教育的概念和内容。
3. 比较学前教育的对象和特征。
4. 比较学前教育的意义和方法。

〔考核要求〕

一、比较教育的历史发展

1. 识记：(1)前学科阶段：旅行见闻与比较教育；(2)学科奠基阶段：法国朱利安第一次提出"比较教育"这一术语；(3)学科体系形成时期：詹姆斯·E.罗素在哥伦比亚大学讲授比较教育课程，这是大学课程史上第一次开设比较教育课程。英国的萨德勒爵士发表了一篇著名的演讲文稿，提出了民族性概念，主张用因素分析的方法研究比较教育。这两件大事标志着比较教育学科的形成，同时，也表明了比较教育研究进入了系统研究的阶段；(4)比较教育的现状：第二次世界大战以后，比较教育在方法上有了新的发展，出现了不同的流派，以及国际组织的建立推动了比较教育的发展。

2. 领会：(1)比较教育的历史发展阶段；(2)法国朱利安在比较教育史上的地位。

二、比较学前教育的概念和内容

1. 识记：(1)比较学前教育的定义；(2)问题研究与区域研究；(3)比较学前教育的具体研究内容。

2. 领会：(1)比较学前教育与比较教育、学前教育的内在关系。

3. 简单应用:根据比较学前教育的研究内容,提出一至两个比较学前教育的具体研究课题。

三、比较学前教育的对象和特征

1. 识记:(1)比较学前教育的对象;(2)比较学前教育的特征。

2. 领会:(1)比较学前教育的纵向研究与横向研究;(2)比较学前教育的跨学科性与开放性的含义。

四、比较学前教育的意义和方法

1. 识记:(1)比较学前教育的意义;(2)比较学前教育的方法。

2. 领会:(1)贝雷迪的"比较四步法";(2)比较法;(3)分析法。

第二章 欧洲的学前教育

〔学习目的和要求〕

通过本章的学习,了解德国、英国、法国、俄罗斯、意大利五个欧洲国家的学前教育发展史,理解五个国家在学前教育制度与教育体制、课程、师资培训、家庭教育及社区教育等方面的特点,掌握其异同。

〔学习内容〕

第一节 德国的学前教育

一、发展简史

二、法规与体制

1. 相关法规。

2. 体制。

三、课程

四、师资培养

五、家庭与社区的作用

1. 推行婴儿读书计划。

2. 开展对父母的教育活动。

3. 实施家庭助手计划。

4. 补贴家庭教育金额。

5. 组织家庭互助活动。

第二节 英国的学前教育

一、发展简史

二、法规与体制

1. 法规。

2. 体制。

三、课程

四、师资培养

1. 任用资格。

2. 职前教育。

3. 在职培训。

五、家庭与社区的作用

1. 家庭。

（1）父母联系卡。

（2）父母屋。

（3）布告栏。

（4）参与家庭教育讲座。

（5）成立家长委员会。

（6）参与学校的工作。

（7）参加各种辅导班。

2. 社区。

（1）组织春游活动。

（2）玩具图书馆。

第三节 法国的学前教育

一、发展简史

二、法规与体制

1. 法规。
2. 体制。

三、课程

四、师资培养

1. 任用资格。
2. 职前教育。
3. 在职培训。

五、家庭与社区的作用

1. 参加、支持家长委员会。
2. 参与幼儿园教育活动。
3. 利用接送时间与园方交流。
4. 组织幼儿参观展览、郊游等活动。

第四节 俄罗斯的学前教育

一、发展简史

二、法规与体制

1. 旧俄罗斯的学前教育法规及体制。
2. 苏联的学前教育法规及体制。
3. 苏联解体后的俄联邦前教育法规及体制。

三、课程

四、师资培养

五、家庭与社区的作用

第五节 意大利的学前教育

一、发展简史

二、法规与体制

三、课程

1. 蒙台梭利教育方案。
2. 瑞吉欧教育方案。

四、师资培养

五、家庭与社区的作用

第六节　欧洲国家学前教育比较

一、发展简史

二、法规与体制

三、课程

四、师资培养

五、家庭与社区的作用

〔考核知识点〕

1. 德国的学前教育。
2. 英国的学前教育。
3. 法国的学前教育。
4. 俄罗斯的学前教育。
5. 意大利的学前教育。
6. 欧洲国家学前教育比较。

〔考核要求〕

一、德国的学前教育

1. 识记:(1)福禄贝尔的教育理论和方法;(2)19世纪上半叶德国各邦幼儿教育政策及与其他国家的明显不同点;(3)德国学前教育的四种主要形式;(4)德国幼儿教育课程新思路。

2. 领会:(1)德国学前教育发展简史;(2)联邦德国四级教育行政体制;(3)德国学前教育师资培养制度、内容及培训机构;(4)家长在家庭教育中的指导及家庭、社区的作用。

二、英国的学前教育

1. 识记:(1)英国主要的学前教育机构;(2)幼儿学校课程形态;(3)家长了解、参与幼儿园活动的形式。

2. 领会:(1)英国学前教育发展简史;(2)幼儿教育师资的任用资格、职前教育及在职培训。

三、法国的学前教育

1. 识记:(1)法国幼儿教育的功能;(2)法国幼儿教育的原则;(3)法国学前教育机构;(4)在《幼儿学校教学大纲》中反映的幼儿园课程基本精神;(5)幼儿园课程目标。

2. 领会:(1)法国学前教育发展简史;(2)幼儿教育师资的任用资格,职前教育及在职培训;(3)家庭与社区参与幼儿教育的形式;(4)法国学前教育的发展方向。

四、俄罗斯的学前教育

1. 识记:(1)1996年,俄联邦颁布《俄联邦教育法》(修订本)后,俄罗斯教育和改革的新动向;(2)俄联邦学前教育的主要途径;(3)俄联邦对学前儿童家庭教育指导的明显特点。

2. 领会:俄罗斯学前教育发展的三个阶段。

五、意大利的学前教育

1. 识记:(1)蒙台梭利教育方案;(2)瑞吉欧教育方案。

2. 领会:(1)意大利学前教育师资培养;(2)家长参与幼儿学校的九个重要时机。

六、欧洲国家学前教育比较

1. 识记:德国、英国、法国、俄罗斯、意大利五国课程的比较。

2. 领会:(1)德国、英国、法国、俄罗斯、意大利五国师资培养的比较;(2)德国、英国、法国、俄罗斯、意大利五国家庭教育和社区教育的比较。

第三章 美洲的学前教育

〔学习目的和要求〕

通过本章的学习,了解美国、加拿大、巴西三个美洲国家的学前教育发展简史,理解三个国家在学前教育的发展历史、制度与法规、课程、师资培训、家庭与社区教育等方面的特点,掌握其异同。学会分析造成不同国家学前教育发展差异的原因。

〔学习内容〕

第一节 美国的学前教育

一、发展简史

1. 学前教育机构的初创和学前教育理论的"引进"。
2. 慈善幼儿园的发展。
3. 公立幼儿园的兴起和发展。
4. 第二次世界大战后的学前教育。
5. 美国现行学前教育发展状况。

(1) 日托中心的发展现状。
(2) 保育学校的发展现状。
(3) 幼儿园的发展现状。
(4) 家庭日托中心。
(5) 实验托幼机构。
(6) 特殊幼儿教育。
(7) 企业界创办的托幼机构。
(8) 医院、部队、机关等部门的自办托幼机构。

二、杜威实用主义教育思想与幼儿教育

1. 杜威论教育的本质。
2. 杜威实用主义教育思想与幼儿教育。
3. 杜威实用主义教育思想的影响与评价。

三、法规与体制

1. 国防教育法案。
2. 经济机会法案。
3. 伤残儿童教育法案。

4. 学前教育立法的程序和内容。

5. 最近的教育立法中涉及学前教育的方面。

6. 近几届政府重视学前教育,加强立法、增加投入的情况。

四、课程

1. 课程元素

(1)图书角;(2)美工角;(3)角色游戏角;(4)结构角;(5)木工活动;(6)水和沙的游戏;(7)大肌肉活动;(8)音乐活动;(9)语言、数学和常识。

2.《适宜于0~8岁儿童的课程内容与评价指南》。

五、师资培养

1. 教师资格证书制度。

2. 幼儿教师专业标准的制定。

六、家庭与社区的作用

1. 家长与孩子一起成长。

(1) 家长教育计划。

(2) HAPPY 计划。

2. 托幼机构是与家长合作的中心站。

3. 教师与家长之间的沟通与协调。

4. 社区的作用。

第二节 加拿大的学前教育

一、发展简史

二、法规与体制

1. 加拿大儿童享有的福利。

2. 加拿大教育的基本结构和有关法律。

3. 加拿大的学前教育机构。

(1) 加拿大的幼儿服务中心。

(2) 加拿大的托儿所。

三、课程

1. 加拿大学前教育课程领域。

2. 加拿大学前教育课程的形式。

3. 安大略省的《幼儿园大纲》。

4. 加拿大学前教育课程中的文化多元性。

四、师资培养

1. 学前教育教师的专业培养。

2. 教师资格证书制度和督导制度。

3. 学前教育教师要求保教并重。

五、家庭与社区的作用

1. 家长参与教学计划和改革。

2. 家长教育子女不是一件私事。

3. 加拿大社区对儿童的熏陶。

第三节 巴西的学前教育

一、发展简史

二、法规与体制

1. 教育结构和普通教育法。

2. 巴西全民教育十年计划(1993~2003)。

3. 卡多佐总统当政时的举措。

三、课程

四、师资培养

五、家庭与社区的作用

第四节 美洲国家学前教育比较

一、南北差异

1. 起点和历史的差异。

2. 统一规划、管理与自主决定、安排的差异。

3. 课程的设计和安排上的差异。

4. 学前教育与家庭、社区联系上的差异。

二、国家之间的差异

〔考核知识点〕

一、美国的学前教育
二、加拿大的学前教育
三、巴西的学前教育
四、美洲国家学前教育比较

〔考核要求〕

一、美国的学前教育

1. 识记:(1)美国各类学前教育机构的兴起与发展;(2)杜威实用主义教育思想对美国学前教育的影响;(3)美国学前教育立法的程序和内容;(4)美国学前课程的元素;(5)1992年制定的《适宜于0～8岁儿童的课程内容与评价指南》中的课程内容;(6)美国幼儿师资的培养;(7)美国的家长教育计划以及托幼机构与家庭教育之间的合作与协调。

2. 领会:(1)美国现行学前教育机构的名称、种类及对象;(2)"先行计划"的背景与意义;(3)詹姆斯·麦迪逊课程计划中的幼儿园阶段的课程标准;(4)美国学前教育教师的任职要求。

二、加拿大的学前教育

1. 识记:(1)加拿大学前教育的发展简史;(2)加拿大学前教育的有关法律;(3)加拿大学前教育机构的名称、对象与性质;(4)加拿大学前教育课程的八大领域;(5)加拿大学前教育的教师资格证书与督导制度;(6)加拿大家长参与学前教育的教学计划和改革。

2. 领会:(1)加拿大儿童享有的福利;(2)安大略省的《幼儿园大纲》;(3)加拿大学前课程中的文化多元性;(4)学前教育教师要求保教并重;(5)家长教育子女不是一件私事。

三、巴西的学前教育

1. 识记:(1)巴西学前教育的发展简史;(2)巴西的普通教育法与全民教育十年计划;(3)巴西学前教育大纲的内容;(4)巴西的师资培养途径;(5)全国全面援助儿童和青少年计划。

2. 领会:(1)巴西政府对学前教育的认识与举措;(2)巴西的教育结构以及学前教育所处的地位;(3)巴西的师资培育与远程教育计划。

四、美洲国家学前教育比较

1. 识记:(1)南北差异及其表现;(2)国家之间的差异及其表现。

2. 领会:(1)南北差异的历史与制度原因;(2)国家之间的差异所带来的积极或消极影响。

3. 简单应用:分析南美洲、北美洲不同国家之间学前教育的异同点并指出其原因。

第四章 亚洲的学前教育

〔学习目的和要求〕

通过本章学习,了解日本、印度、中国三个亚洲国家的学前教育发展简史,理解三个国家在学前教育制度与教育体制、课程、师资培训、家庭教育及社区教育等方面的特点,掌握其异同。

〔学习内容〕

第一节 日本的学前教育
一、发展简史
二、法规与体制
1. 日本幼儿园教育纲要的制定与修改。
2.《幼儿园教育振兴计划》的制定与修改。

三、课程

四、师资培养

1. 建立幼儿园教师和托儿所保育员培养制度。

2. 建立幼儿园教师资格证书制度。

3. 幼儿园教师、托儿所保育员培训机关概况。

4. 在职教育。

五、家庭与社区的作用

1. 政府重视学前儿童的家庭教育。

（1）开展家庭教育研究。

（2）广泛建立家庭文库。

（3）倡导推行父亲运动。

（4）开通儿童电话咨询热线。

（5）兴办儿童玩具医院。

2. 学前教育机构对家庭教育的指导。

（1）保育参观。

（2）家庭教育讲座。

（3）家长委员会。

（4）妈妈会议。

3. 社区教育。

第二节　印度的学前教育

一、发展简史

二、机构和课程

1. 蒙台梭利幼儿学校。

2. 福禄贝尔幼儿园。

3. 巴尔瓦迪斯。

4. 流动托儿所。

5. 实验幼儿园。

三、师资培养

四、社区教育

第三节　中国的学前教育

一、发展简史

二、法规与体制

三、课程

四、师资培养

1. 中等幼儿师范教育。

2. 高等幼儿师范教育。

五、家庭与社区的作用

第四节　亚洲国家学前教育比较

一、中日两国幼儿教育纲要的比较

1. 教育理念上的比较。

2. 幼儿教育纲要内容的比较。

(1) 纲要内容结构的比较。

(2) 课程内容的比较。

二、课程的比较

1. 学前教育目标的比较。

2. 学前教育内容的比较。

3. 学前教育策略的比较。

三、学前教育师资的比较

四、家庭教育和社区教育的比较

〔考核知识点〕

一、日本的学前教育

二、印度的学前教育

三、中国的学前教育

四、亚洲国家学前教育比较

〔考核要求〕

一、日本的学前教育

1. 识记:(1)日本学前教育发展的五个时期;(2)日本第三个《幼稚园教育纲要》主要修改点;(3)日本第三个《幼稚园教育纲要》的幼儿园课程改革要点;(4)学前教育机构对家庭教育的指导方式。

2. 领会:(1)日本学前教育师资培训制度、培训机关及在职教育概况;(2)政府对学前家庭教育的重视;(3)日本学前社区教育概况。

二、印度的学前教育

1. 识记:(1)印度目前学前教育机构的主要类型;(2)"民众科学运动"(KSSP)教育改革。

2. 领会:(1)印度学前教育的发展简史;(2)印度学前教育师资培训概况。

三、中国的学前教育

1. 识记:(1)中国学前教育发展的三个历史阶段;(2)《奏定学堂章程》;(3)中国社会支持家庭教育的两种途径。

2. 领会:(1)中国学前教育法规与体制概况;(2)中国学前教育课程改革的"多元化-单一化-多元化"发展历程;(3)中国学前教育师资培养。

四、亚洲国家学前教育比较

1. 识记:(1)中日两国幼儿教育纲要的比较;(2)日本、印度和中国学前教育课程的异同。

2. 领会:(1)日本、印度和中国学前教育师资的比较;(2)日本、印度和中国学前儿童的家庭教育和社区教育比较。